A ARQUITETURA
DA CIDADE

Aldo Rossi (fotografia de Aldo Ballo)

A ARQUITETURA DA CIDADE

Aldo Rossi

Tradução
EDUARDO BRANDÃO

Martins Fontes
São Paulo 2001

1ª edição
julho de 1995
2ª edição
abril de 2001

Tradução
EDUARDO BRANDÃO

Revisão da tradução
Monica Stahel
Revisão gráfica
Maria da Penha Faria
Marise Simões Leal
Produção gráfica
Geraldo Alves

Dados Internacionais de Catalogação na Publicação (CIP)
(Câmara Brasileira do Livro, SP, Brasil)

Rossi, Aldo
A arquitetura da cidade / Aldo Rossi ; tradução Eduardo Brandão. – 2ª ed. – São Paulo : Martins Fontes, 2001. – (Coleção a)

Título original: L'architettura della città.
Bibliografia.
ISBN 85-336-1401-2

1. Arquitetura 2. Cidades 3. Urbanização I. Título. II. Série.

01-1192 CDD-711.4

Índices para catálogo sistemático:
1. Cidades : Urbanismo 711.4
2. Planejamento urbano 711.4

Rua Conselheiro Ramalho, 330/340 01325-000 São Paulo SP Brasil
Tel. (11) 239.3677 Fax (11) 3105.6867
e-mail: info@martinsfontes.com http://www.martinsfontes.com

Índice

Prefácio

Um livro nunca é uma realidade acabada, ele cresce no tempo com uma história própria. Para muitos da minha geração, *A arquitetura da cidade* foi o texto da descoberta da arquitetura, ou, pelo menos, de uma idéia da arquitetura que não se formava apenas no âmbito fechado da academia e da profissão, mas vivia no vasto alento das cidades. Seguindo essa orientação, e outras paralelas, voltou-se a estudá-las e a seccioná-las, procurando aprender com a sua riqueza de acontecimentos e de formas; na realidade, não se fazia mais que repercorrer um velho caminho, que vê na cidade o fruto da história civil dos homens e, ao mesmo tempo, uma referência necessária da arquitetura.

Assim, um livro pode ir além das intenções do autor. Por uma concordância singular com os tempos e as pessoas, transforma-se nesse fervor de tensões e pesquisas; vive na diversidade das leituras, nas teses e nas almas diversas que alimenta.

Em 1978, foi-me colocado o problema de organizar uma nova edição, reconstituindo as notas e renovando as ilustrações. Creio que nas escolhas do trabalho realizado se refletem muitos aspectos daquele tempo e daquele clima: as análises feitas, as leituras, as pesquisas nos arquivos, o valor atribuído a imagens e documentos. Claro, não existem as ilustrações capazes de exprimir um texto, mas várias possíveis, ligadas aos pontos de vista e às experiências, quando não à criação de um contraponto e de uma narração paralela.

Hoje, de novo, as imagens se enriqueceram. "Ninguém desce duas vezes o mesmo rio, porque as águas mudam... Cada vez que lemos um livro, o livro mudou, a conotação das palavras é diferente", escrevia Jorge L. Borges. Vinte anos depois, vemos *A arquitetura da cidade* com olhos transformados pelo acúmulo das vivências, das polêmicas, dos projetos, das coisas aprendidas. Mas, sobretudo, lemo-lo à luz límpida dos outros desenhos e dos outros textos que Rossi sobrepôs; aquele livro, que então nos parecia claro e sólido em seu esforço de certeza, hoje nos aparece como parte de uma construção da arquitetura que se desenvolve no tempo, feita de estudos, de gestos, de pesquisas diferentes.

DANIELE VITALE
Milão, fevereiro de 1987

INTRODUÇÃO

Fatos urbanos e teoria da cidade

A cidade, objeto deste livro, é nele entendida como uma arquitetura. Ao falar de arquitetura não pretendo referir-me apenas à imagem visível da cidade e ao conjunto das suas arquiteturas, mas antes à arquitetura como construção. Refiro-me à construção da cidade no tempo. Considero que esse ponto de vista, independentemente de meus conhecimentos específicos, pode constituir o tipo de análise mais abrangente da cidade; ela remete ao dado último e definitivo da vida da coletividade: a criação do ambiente em que esta vive.

Entendo a arquitetura em sentido positivo, como uma criação inseparável da vida civil e da sociedade em que se manifesta; ela é, por natureza, coletiva. Do mesmo modo que os primeiros homens construíram habitações e na sua primeira construção tendiam a realizar um ambiente mais favorável à sua vida, a construir um clima artificial, também construíram de acordo com uma intencionalidade estética. Iniciaram a arquitetura ao mesmo tempo que os primeiros esboços das cidades; a arquitetura é, assim, inseparável da formação da civilização e é um fato permanente, universal e necessário.

Criação de um ambiente mais propício à vida e intencionalidade estética são as características estáveis da arquitetura. Esses aspectos evidenciam-se em toda pesquisa positiva e iluminam a cidade como criação humana. Mas, por dar forma concreta à sociedade e sendo intimamente ligada a ela e à natureza, a arquitetura é diferente, e de um modo original, de todas as outras artes e ciências.

São essas as bases para o estudo positivo da cidade; esta já se delineia nos primeiros assentamentos humanos. Mas, com o tempo, a cidade cresce sobre si mesma, adquire consciência e memória de si mesma. Na sua construção permanecem os motivos originais, mas, simultaneamente, a cidade torna mais precisos e modifica os motivos de seu desenvolvimento.

Florença é uma cidade concreta, mas a memória de Florença e as suas imagens adquirem valores que equivalem a outras experiências e as representam. Por outro lado, essa universalidade da sua experiência nunca poderá explicar-nos a totalidade daquela forma precisa, daquele tipo de coisa que é Florença.

A oposição entre particular e universal e entre individual e coletivo emerge da cidade e da construção da própria coisa: a sua arquitetura. Essa oposição entre particular e universal e entre individual e coletivo é um dos principais pontos de vista com que a cidade é estudada neste livro. Ela se manifesta sob diversos aspectos, nas relações entre esfera pública e privada, na oposição entre projeto racional da arquitetura urbana e os valores do "locus", entre edifícios públicos e edifícios privados.

Por outro lado, meu interesse pelos problemas quantitativos e pelas suas relações com os problemas qualitativos constitui uma das razões da origem deste livro. Os estudos que empreendi sobre cidades específicas sempre agravaram a dificuldade de estabelecer uma síntese e de poder tranqüilamente proceder a uma apreciação quantitativa do material analítico. De fato, toda área parece ser um "locus solus", ao passo que toda intervenção parece dever relacionar-se a critérios gerais de concepção. Assim, enquanto por um lado eu nego que se possam estabelecer, de um modo racional, intervenções ligadas a situações locais, por outro percebo que essas situações são aquelas que caracterizam as intervenções.

Por isso, nos estudos urbanos, nunca será suficiente a importância dada ao trabalho monográfico, ao conhecimento de fatos urbanos definidos. Se negligenciarmos esses fatos – inclusive nos aspectos da realidade mais individuais, particulares, irregulares, mas, por isso mesmo, também mais interessantes – acabaremos por construir teorias tanto artificiais quanto inúteis.

Fiel a esse tema, procurei estabelecer um *método de análise* que se preste a uma avaliação quantitativa que possa servir para levantar o material estudado segundo um critério unitário. Esse método é proporcionado pela teoria dos fatos urbanos aqui indicada, pela identificação da cidade como artefato e pela divisão da cidade em elementos primários e em área-residência. Estou convencido de que há uma séria possibilidade de se fazerem progressos nesse campo, procedendo-se a um exame sistemático e comparativo dos fatos urbanos com base na primeira classificação aqui tentada.

Acerca desse ponto, devo dizer ainda o seguinte: embora a divisão da cidade em esfera pública e esfera privada, elementos primários e área-residência, tenha sido várias vezes indicada e proposta, nunca teve a importância de primeiro plano que merece. Ela é intimamente ligada à arquitetura da cidade, porque essa arquitetura é parte integrante do homem, é a sua construção. A arquitetura é a cena fixa das vicissitudes do homem, carregada de sentimentos de gerações, de acontecimentos públicos, de tragédias privadas, de fatos novos e antigos. O elemento coletivo e o elemento privado, sociedade e indivíduo, contrapõem-se e confundem-se na cidade, que é feita de inúmeros pequenos seres que procuram uma acomodação e, junto com ela, formando um todo com ela, um seu pequeno ambiente mais adequado ao ambiente geral.

As construções para habitação e a área em que insistem tornam-se, no seu fluir, os sinais dessa vida cotidiana. Vejam-se as seções horizontais da cidade que os arqueólogos nos oferecem: elas são como uma trama primordial e eterna do viver, como um esquema imutável. Quem se lembra das cidades da Europa depois dos bombardeios da última guerra tem diante de si a imagem daquelas casas destruídas onde, entre os escombros, permaneciam firmes as seções das partes familiares com as cores desbotadas das tapeçarias, as pias suspensas no vazio, o emaranhado dos canos, a intimidade desfeita dos aposentos. E sempre, estranhamente envelhecidas para nós mesmos, as casas da infância no fluir da cidade.

Assim, as imagens, gravuras e fotografias das demolições oferecem-nos essa visão. Destruições e demolições, expropriações e bruscas mudanças do uso do solo, assim como especulação e obsolescência, estão entre os meios mais conhecidos da dinâmica urbana – por isso, procurarei analisá-los a fundo. Mas, além de qualquer avaliação, permanecem como que a imagem do destino interrompido do indivíduo, da sua participação, freqüentemente dolorosa e difícil, no destino da coletividade – a qual, como conjunto, parece no entanto exprimir-se com características de permanência nos monumentos urbanos. Os monumentos, sinais da vontade coletiva expressos através dos princípios da arquitetura, parecem colocar-se como elementos primários, pontos de referência da dinâmica urbana. Princípios e modificações do real constituem a estrutura da criação humana.

Este estudo procura, assim, ordenar e dispor os principais problemas da ciência urbana.

O nexo desses problemas e suas implicações relacionam a *ciência urbana* com o conjunto das ciências humanas; mas em tal quadro creio que essa ciência tem uma autonomia própria, ainda que no decorrer deste estudo várias vezes eu me pergunte quais são as características de autonomia e os limites de uma ciência urbana. Podemos estudar a cidade de muitos pontos de vista, mas ela emerge de modo autônomo quando a consideramos como dado último, como construção, como arquitetura; em outras palavras, quando analisamos os fatos urbanos pelo que são – como construção última de uma elaboração complexa –, levando em conta todos os dados dessa elaboração que não podem ser compreendidos pela história da arquitetura, nem pela sociologia, nem pelas outras ciências. Inclino-me a acreditar que a ciência urbana, entendida desse modo, pode constituir um capítulo da história da cultura e, por seu caráter global, um dos capítulos principais.

No curso deste estudo trato de diversos métodos para enfrentar o problema do estudo da cidade; entre eles, destaca-se o método comparativo. Também aqui, a comparação metódica da sucessão regular das diferenças crescentes será sempre, para nós, o guia mais seguro para esclarecer a questão até seus elementos últimos. Por isso, falo com particular convicção da importância do método histórico, mas também insisto no fato de que não podemos considerar o estudo da cidade simplesmente como estudo histórico. Devemos, sim, dedicar particular atenção ao estudo das permanências, para evitar que a história da cidade se resolva unicamente nas permanências. De fato, creio que os elementos permanentes também podem ser considerados como elementos patológicos.

O significado dos elementos permanentes no estudo da cidade pode ser comparado com o que eles têm na língua. É particularmente evidente que o estudo da cidade apresenta analogias com o da lingüística, sobretudo pela complexidade dos processos de modificação e pelas permanências. Os pontos estabelecidos por Saussure[1] para o desenvolvimento da ciência lingüística poderiam ser transpostos como programa para o desenvolvimento da ciência urbana: descrição e história das cidades existentes, pesquisa das forças que agem de maneira permanente e universal em todos os fatos urbanos. E, naturalmente, sua necessidade de delimitar-se e definir-se.

Remetendo a um desenvolvimento sistemático de um programa desse tipo, procurei deter-me particularmente nos problemas históricos e nos métodos de descrição dos fatos urbanos, nas relações entre os fatores locais e a construção dos fatos urbanos, na identificação das forças principais que agem sobre as cidades, entendidas como forças que estão em ação de modo permanente e universal.

A última parte deste livro procura colocar o *problema político da cidade*. Aqui, o problema político é entendido como um problema de escolha, pela qual a cidade se realiza através de sua própria idéia de cidade. De fato, estou convencido de que uma parte importante de nossos estudos deveria ser dedicada à história da idéia de cidade, em outras palavras, à história das cidades ideais e à história das utopias urbanas. Pelo que sei, as contribuições nesse sentido são escassas e fragmentárias, embora existam pesquisas parciais no campo da arquitetura e da história das idéias políticas.

Há, na realidade, um contínuo processo de influências, de intercâmbios, freqüentemente de contraposições entre os fatos urbanos, tal como se concretizam nas cidades, e as propostas ideais. Afirmo aqui que a história da arquitetura e dos fatos urbanos realizados é sempre a história da arquitetura das classes dominantes. Seria necessário ver dentro de que limites e com que sucesso as épocas de revolução contrapõem seu modo concreto de organizar a cidade.

Na realidade, do ponto de vista do estudo da cidade, deparamo-nos com duas posições bastante diferentes. Seria útil iniciar o estudo dessas posições tomando como ponto de partida a história da cidade grega e a contraposição da análise aristotélica do concreto urbano e da república platônica. Abrem-se aqui importantes questões de método. Inclino-me a crer que a concepção aristotélica enquanto estudo dos fatos abriu caminho, de modo decisivo, para o estudo da cidade e, também, da geografia urbana e da arquitetura urbana. No entanto, é indubitável que não podemos perceber o valor concreto de certas experiências, se não agirmos levando em conta estes dois planos de estudo. De fato, algumas idéias de tipo puramente espacial modificaram de maneira notável, em formas e com intervenções diretas ou indiretas, os tempos e os modos da dinâmica urbana. A análise desses modos é, para nós, de extrema importância.

Para a elaboração de uma teoria urbana, podemos nos referir a uma *massa de estudos imponente*, mas devemos iniciar esses estudos a partir das partes mais diversas e valer-nos deles no que têm de importância para a construção de um quadro geral de uma teoria urbana específica. Sem querer esboçar nenhum quadro de referência para uma história do estudo da cidade, podemos afirmar que existem dois grandes sistemas: o que considera a cidade como produto de sistemas funcionais geradores da sua arquitetura e, portanto, do espaço urbano, e o que a considera como uma estrutura espacial. No primeiro, a cidade nasce da análise de sistemas políticos, sociais, econômicos, e é tratada do ponto de vista dessas disciplinas; o segundo ponto de vista pertence muito mais à arquitetura e à geografia. Embora eu parta desse segundo ponto de vista, como dado inicial, levo em conta os resultados dos primeiros sistemas que conseguiram colocar questões muito importantes.

Assim, no curso desta obra, faço referência a autores de várias proveniências, procurando considerar algumas teses que acho fundamentais, independentemente da sua qualificação. Os autores de que me sirvo não são muitos, em vista da massa do material disponível; mas, à parte a observação geral de que ou um livro e um autor fazem parte concretamente de uma pesquisa e seu ponto de vista constitui uma contribuição essencial para essa pesquisa, ou sua citação não tem nenhum significado, preferi discutir a obra de alguns autores que considero fundamentais para uma abordagem desse tipo. As teorias de alguns desses estudiosos, cujo conhecimento me é extremamente familiar, constituem as próprias hipóteses dessa pesquisa. Por onde quer que queiramos iniciar os fundamentos de uma teoria urbana autônoma, não podemos prescindir da sua contribuição.

Naturalmente, permanecem fora da discussão aqui empreendida algumas contribuições que são fundamentais e que serão retomadas: é o caso das profundas intuições de Fustel de Coulanges, Mommsen[2] e outros. No que concerne ao primeiro desses autores, refiro-me em particular à importância dada por ele às instituições como elemento realmente constante da vida histórica e à *relação entre o mito e a própria instituição*. Os mitos vão e vêm, passando um pouco de cada vez de um lugar a outro. Cada geração conta-os de maneira diferente e acrescenta novos elementos ao patrimônio recebido do passado. Mas, por trás dessa realidade que muda de uma época para outra, há uma realidade permanente que, de algum modo, consegue furtar-se à ação do tempo. Devemos reconhecer nela o verdadeiro elemento portador da tradição religiosa. As relações em que o homem vem a se encontrar com os deuses na cidade antiga, o culto que lhes consagra, os nomes pelos quais os invoca, os donativos e os sacrifícios que lhes deve, tudo isso são coisas ligadas a normas invioláveis. Sobre elas, o indivíduo não tem poder algum.

Creio que a importância do rito e sua natureza coletiva, seu caráter essencial de elemento conservador do mito, constituem uma chave para a compreensão do valor dos monumentos e, para nós, do valor da fundação da cidade e da transmissão das idéias na realidade urbana. De fato, neste meu esboço de teoria urbana dou grande valor aos monumentos; e detenho-me com freqüência para considerar seu significado na dinâmica urbana, sem encontrar uma solução de todo satisfatória. Este trabalho deverá ser levado adiante; e estou convencido de que, ao levá-lo adiante, será necessário aprofundar a relação entre monumento, rito e elemento mitológico no sentido indicado por Fustel de Coulanges. Já que o rito é o elemento permanente e conservativo do mito, também o é o monumento, que, no próprio momento em que testemunha o mito, torna possível suas formas rituais.

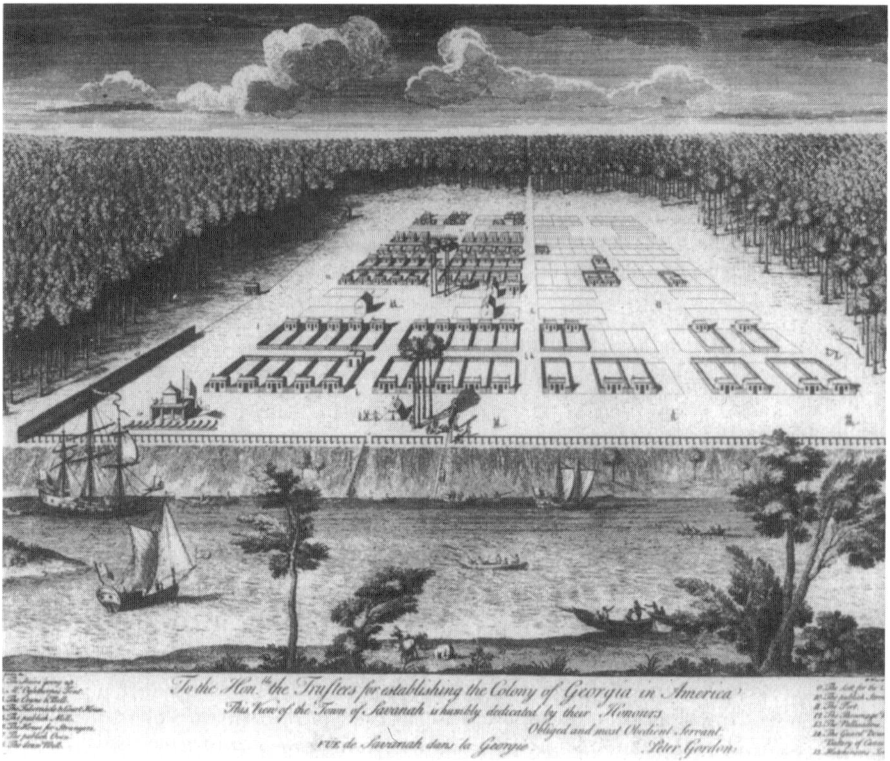

Fig. 1. **Cidade de colonização**: vista de Savannah, na Geórgia (Estados Unidos), em 1734. A cidade fora projetada no ano anterior por James Oglethorpe.

Este estudo deveria ser iniciado a partir da cidade grega; isso nos serviria para dar contribuições notáveis ao significado da estrutura urbana, a qual tem, nas origens, uma relação indissolúvel com o modo de ser e com o comportamento das pessoas. As contribuições da antropologia moderna sobre a estrutura social das aldeias primitivas abrem novos problemas ao estudo das plantas das cidades, impondo o estudo dos fatos urbanos segundo seus motivos essenciais. Por motivos essenciais entendo o estabelecimento das bases para o estudo dos fatos urbanos e o conhecimento de um número cada vez maior de fatos, e a integração desses fatos no tempo e no espaço. Isto é, a determinação das forças que atuam de modo permanente e universal em todos os fatos urbanos.

Tome-se a *relação entre realidade dos fatos urbanos singulares e utopias urbanas*; geralmente essa relação é estudada e dada por resolvida dentro de certo período, com um entorno bastante modesto e com resultados muito precários. E quais são os limites dentro dos quais podemos integrar uma análise setorial desse tipo no âmbito das forças permanentes e universais que atuam na cidade?

Estou convencido de que as polêmicas entre o socialismo utópico e o socialismo científico na segunda metade do século XIX constituem um importante material de estudo, mas não podemos considerá-las em seu aspecto meramente político; elas devem ser cotejadas com a realidade dos fatos urbanos, se não quisermos promover graves distorções. E isso deve ser feito em toda a amplitude dos fatos urbanos. Na realidade, o que vemos é a aplicação e a extensão de resultados parciais à história da cidade. Em geral as histórias da cidade resolvem os problemas mais difíceis fragmentando os períodos, ignorando, assim, ou não podendo apreender, através de resultados diversos que no entanto constituem a importância do método comparativo, as características universais e permanentes das forças da dinâmica urbana.

Os estudiosos de urbanismo, obcecados por algumas características sociológicas da cidade industrial, negligenciaram uma série de fatos de extrema importância, que enriqueceram a ciência urbana com uma contribuição tanto original como necessária.

Refiro-me aos assentamentos e *às cidades de colonização* iniciadas pela Europa, principalmente depois da descoberta da América. Sobre esse tema há pouca coisa. Freyre, por exemplo, trata da influência de certas tipologias edificatórias e urbanas levadas ao Brasil pelos portugueses, e de como estas eram estruturalmente ligadas ao tipo de sociedade estabelecido no Brasil[3]. A relação entre família rural e latifundiária da colonização portuguesa no Brasil, confrontada com a teocrática idealizada pelos jesuítas e com a espanhola e francesa, tem uma enorme importância na formação da cidade da América do Sul. Percebi que esse tipo de estudo pode dar uma contribuição fundamental ao próprio estudo das utopias urbanas e da constituição da cidade, mas o material que possuímos ainda é demasiado fragmentário.

Por outro lado, as mudanças políticas nos estados modernos demonstraram que o esquema urbano se modifica muito lentamente na passagem da sociedade capitalista à sociedade socialista, e nos é difícil imaginar concretamente a medida dessa modificação. Também aqui vale a relação que se instituiu com os fatos lingüísticos.

Dividi este livro em *quatro partes*. Na primeira, trato de problemas de descrição e de classificação, portanto de problemas tipológicos; na segunda, da estrutura da cidade por partes; na terceira, da arquitetura da cidade e do "locus" em que ela insiste, portanto da história urbana; na quarta, enfim, faço alusão às principais questões da dinâmica urbana e ao problema da política como escolha.

Todos esses problemas são percorridos pela questão da imagem urbana, da sua arquitetura; essa imagem abrange o valor de todo o território vivido e construído pelo homem. Essa questão sempre se impôs em nossos estudos, a tal ponto é imanente aos problemas do homem. Vidal de la Blache[4] escreveu: "As charnecas, os bosques, os campos cultivados, as zonas incultas se fixam num conjunto inseparável, cuja lembrança o homem traz consigo". Esse conjunto inseparável é a pátria ao mesmo tempo natural e artificial do homem. Também para a arquitetura vale essa acepção de natural. Penso na definição de Milizia da essência da arquitetura como imitação da natureza: "Na verdade, falta à arquitetura o modelo formado pela natureza, mas ela tem

Fig. 2. Milão depois da guerra: as cariátides dos palácios em ruínas.

outro modelo, formado pelos homens, seguindo a indústria natural na construção de suas primeiras habitações"[5].

Enfim, estou convencido de que o esquema de teoria urbana apresentado neste livro pode comportar mais de um desenvolvimento e que esse desenvolvimento pode tomar inflexões e direções imprevistas. Mas estou igualmente convencido de que esse progresso no conhecimento da cidade só pode ser real e eficaz se não se procurar novamente reduzir a cidade a algum aspecto parcial, perdendo de vista seu significado.

A esta altura, também estou convencido de que é necessário cuidar dos estudos urbanos e da sua organização na escola e na pesquisa, confirmando-lhes aquela autonomia necessária. Este meu esboço de uma teoria urbana fundamentada, como quer que se queira julgá-la em sua estruturação e na sua concepção, é o momento de uma longa pesquisa e pretende abrir o discurso mais para o desenvolvimento dessa pesquisa do que para os resultados por ela alcançados.

CAPÍTULO I

Estrutura dos fatos urbanos

1. Individualidade dos fatos urbanos

Ao descrever uma cidade, ocupamo-nos predominantemente da sua forma; essa forma é um dado concreto que se refere a uma experiência concreta: Atenas, Roma, Paris. Ela se resume na arquitetura da cidade e é a partir dessa arquitetura que tratarei dos problemas da cidade. Ora, por arquitetura da cidade podem se entender dois aspectos diferentes: no primeiro caso, é possível assimilar a cidade a um grande artefato, uma obra de engenharia e de arquitetura, mais ou menos grande, mais ou menos complexa, que cresce no tempo; no segundo caso, podemos nos referir a entornos mais limitados da cidade inteira, a fatos urbanos caracterizados por uma arquitetura própria, portanto por uma forma própria. Em ambos os casos, percebemos que a arquitetura não representa mais que um aspecto de uma realidade mais complexa, de uma estrutura particular, mas, ao mesmo tempo, sendo o dado último verificável dessa realidade, constitui o ponto de vista mais concreto com o qual se pode encarar o problema.

Se pensamos num fato urbano determinado, nós o percebemos mais facilmente e logo se dispõem à nossa frente uma série de problemas que nascem da observação desse fato; além disso, entrevemos questões menos claras, que se referem à qualidade, à natureza singular de cada fato urbano.

Figs. 3, 4. **Pádua, Palazzo della Ragione**, vista da Piazza delle Erbe antes e depois da sua urbanização no século XIX.

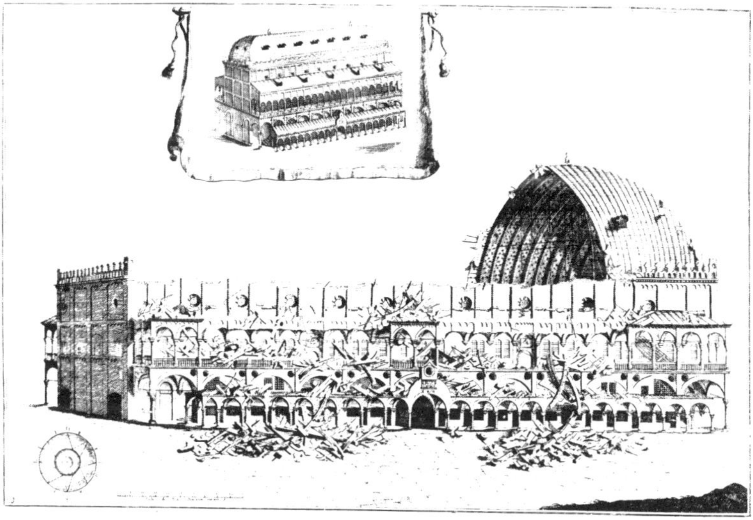

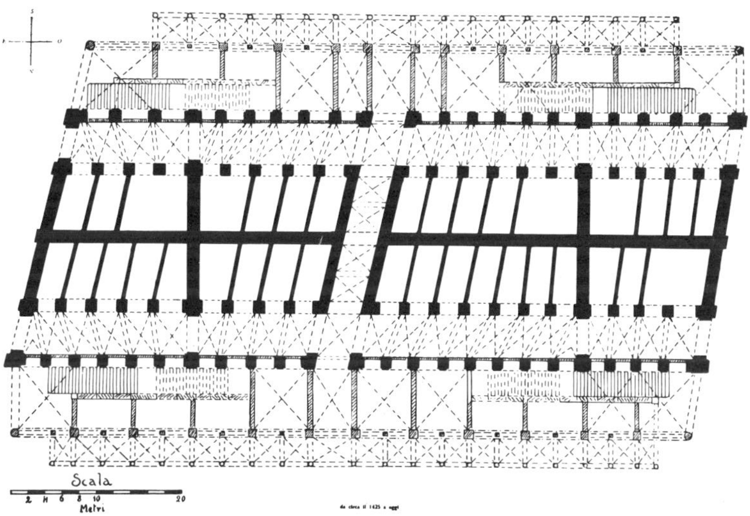

Pádua, Palazzo della Ragione. Fig. 5. "Desenho do que restou do Salone della Ragione de Pádua, arruinado por uma ventania no dia 17 de agosto de 1756", grav. Giorgio Fossati, arquiteto, Veneza. **Fig. 6.** Planta do térreo, de cerca de 1425 até hoje, segundo a reconstrução de A. Moschetti; em negrito, as alvenarias do edifício no século XIII.

Em todas as cidades da Europa existem grandes palácios, ou conjuntos de edificações, ou agregados, que constituem verdadeiros pedaços de cidade e cuja função dificilmente é a função original. Tenho presente agora o *Palazzo della Ragione* de Pádua. Quando visitamos um monumento desse tipo, ficamos surpresos com uma série de questões intimamente ligadas a ele; sobretudo, surpreende-nos a pluralidade de funções que um palácio desse tipo pode conter e como essas funções são, por assim dizer, totalmente independentes da sua forma, mas é precisamente essa forma que fica impressa em nós, que vivemos e percorremos a cidade, e que, por sua vez, a estrutura.

Onde começa a individualidade desse palácio e do que depende? A individualidade depende sem dúvida mais da sua forma do que da sua matéria, ainda que esta tenha um papel importante nela; depende também de ser a sua forma complicada e organizada no espaço e no tempo. Percebemos que, se o fato arquitetônico que examinamos fosse, por exemplo, construído recentemente, não teria o mesmo valor; neste último caso, sua arquitetura talvez fosse julgável em si, poderíamos falar do seu estilo e, portanto, da sua forma, mas ela ainda não apresentaria aquela riqueza de motivos com que reconhecemos um fato urbano.

Alguns valores e algumas funções originais permaneceram, outros mudaram completamente; de alguns aspectos da forma temos uma certeza estilística, enquanto outros sugerem contribuições remotas; todos nós pensamos nos valores que permaneceram e devemos constatar que, embora esses valores tenham uma conexão na matéria e seja esse o único dado empírico do problema, também nos referimos a valores espirituais. Nesse ponto, deveríamos falar da idéia que temos desse edifício, da memória mais geral desse edifício enquanto produto da coletividade e da relação que temos com a coletividade através dele.

Acontece igualmente que, enquanto visitamos um palácio e percorremos uma cidade, temos experiências diversas, impressões diversas. Há pessoas que detestam um lugar porque está ligado a momentos nefastos da vida delas; outras atribuem a um lugar um caráter propício – essas experiências e a soma dessas experiências também constituem a cidade. Nesse sentido, embora seja extremamente difícil para a nossa educação moderna, devemos reconhecer uma qualidade ao espaço. Esse era o sentido com que os antigos consagravam um lugar, e isso pressupõe um tipo de análise muito mais profunda do que a análise simplificadora que nos é proporcionada por alguns testes psicológicos, relativos apenas à legibilidade das formas.

Bastou nos determos a considerar um só fato urbano para que uma série de questões surgissem diante de nós. Essas questões relacionam-se principalmente a alguns grandes temas, que são a individualidade, o "locus", o desenho, a memória, e com elas delineia-se um tipo de conhecimento dos fatos urbanos mais completo e diferente daquele que costumamos considerar. Trata-se agora de ver o que há de concreto nesse conhecimento.

Repito que desejo tratar aqui desse concreto através da arquitetura da cidade, através da forma, pois esta parece resumir o caráter total dos fatos urbanos, inclusive a origem deles. Por outro lado, a descrição da forma constitui o conjunto dos dados empíricos do nosso estudo e pode ser realizada mediante termos de observação. Em parte, é isso que entendemos por morfologia urbana – a descrição das formas de um fato urbano –, mas ela não é mais que um momento, um instrumento. Aproxima-nos do conhecimento da estrutura mas não se identifica com ela. Todos os estudiosos da cidade detiveram-se diante da estrutura dos fatos urbanos, declarando contudo que além dos elementos enumerados estava a "a alma da cidade", em outras palavras, estava a qualidade dos fatos urbanos. Os geógrafos franceses criaram, assim, um importante sistema descritivo, mas não foram além, para procurar conquistar a última trincheira de seu estudo; depois de terem indicado que a cidade se constrói na sua totalidade e que esta constitui a razão de ser da própria cidade, deixaram inexplorado o significado da estrutura entrevista. E não podiam fazer de outro modo, com as premissas de que partiram. Todos esses estudos remeteram a uma análise do concreto que existe em cada um dos fatos urbanos.

2. Os fatos urbanos como obra de arte

Procurarei, mais adiante, examinar esses estudos em suas linhas principais; por ora, é necessário introduzir uma consideração fundamental e aludir a alguns autores que guiam esta pesquisa.

Ao levantarmos questões sobre a individualidade e a estrutura de um fato urbano singular, surgiu uma série de perguntas cujo conjunto parece constituir um sistema capaz de analisar uma obra de arte. Ora, não obstante toda a presente pesquisa seja conduzida de maneira a estabelecer a natureza dos fatos urbanos e a sua identificação, podemos declarar desde já que admitimos que *na natureza dos fatos urbanos há algo que os torna muito semelhantes, e não só metaforicamente, à obra de arte*; eles são uma construção na matéria e, não obstante a matéria, de algo diferente; são condicionados mas condicionantes[1].

Esse caráter artístico dos fatos urbanos está bastante ligado à sua qualidade, ao seu "unicum", portanto à sua análise e à sua definição. Essa questão é extremamente complexa. Ora, deixando de lado seus aspectos psicológicos, creio que os fatos urbanos são complexos em si e que nos é possível analisá-los, mas dificilmente defini-los. A natureza desse problema sempre me interessou particularmente, e estou convencido de que ela tem pontualmente a ver com a arquitetura da cidade.

Tome-se um fato urbano qualquer, um palácio, uma rua, um bairro, e descreva-se-o: surgirão todas aquelas dificuldades que vimos nas páginas precedentes ao falarmos do Palazzo della Ragione de Pádua. Parte dessas dificuldades dependerão também da ambigüidade da nossa linguagem e parte delas poderão ser superadas, mas sempre restará um tipo de experiência possível apenas para quem tenha percorrido aquele palácio, aquela rua, aquele bairro.

O conceito que você tem de um fato urbano sempre será diferente do tipo de conhecimento de quem vive esse mesmo fato. Essas considerações podem, em todo caso, limitar nossa tarefa; é possível que ela consista principalmente em definir esse fato urbano do ponto de vista do artefato. Em outros termos, definir e classificar uma rua, uma cidade, uma rua na cidade; e o lugar dessa rua, a sua função, a sua arquitetura e, sucessivamente, os sistemas de ruas possíveis na cidade e várias outras coisas semelhantes.

Deveremos, pois, tratar da geografia urbana, da topografia urbana, da arquitetura e de outras disciplinas. Já aqui a questão não é fácil, mas parece possível, e nos parágrafos seguintes procuraremos realizar uma análise nesse sentido. Isso significa que, de modo mais geral, poderemos estabelecer uma geografia lógica da cidade; essa geografia lógica deverá aplicar-se essencialmente aos problemas da linguagem, da descrição, da classificação. Questões fundamentais, como as tipológicas, ainda não foram objeto de um sério trabalho sistemático no campo das ciências urbanas. Na base das classificações existentes, há demasiadas hipóteses não verificadas, portanto, necessariamente, generalizações desprovidas de sentido.

Mas no próprio interior das ciências a que me referi, estamos assistindo a um tipo de análise mais vasta, mais concreta e mais completa dos fatos urbanos; ela considera a cidade como "a coisa humana por excelência", talvez também considere aquelas coisas que só se podem apreender vivendo concretamente um fato urbano determinado. Essa concepção da cidade, ou melhor, dos fatos urbanos como obra de arte, percorreu o estudo da própria cidade; sob a forma de intuições e descrições diversas podemos encontrá-la nos artistas de todas as épocas e em muitas manifestações da vida social e religiosa – e, nesse sentido, está sempre ligada a um lugar preciso, um lugar, um acontecimento e uma forma na cidade.

A questão da cidade como obra de arte, porém, foi colocada de modo explícito e científico sobretudo através da concepção da natureza dos fatos coletivos, e considero que qualquer pesquisa urbana não pode ignorar esse aspecto do problema. Como os fatos urbanos são relacionáveis com as obras de arte? Todas as grandes manifestações da vida social têm em comum com a obra de arte o fato de nascerem da vida inconsciente; esse nível é coletivo no primeiro caso, individual no segundo, mas a diferença é secundária, porque umas são produzidas pelo público, as outras para o público; mas é precisamente o público que lhes fornece um denominador comum.

Com essa visão, Lévi-Strauss[2] colocou a cidade no âmbito de uma temática rica de desenvolvimentos imprevistos. Notou também que em muitas das outras obras de arte a cidade está entre o elemento natural e o elemento artificial, objeto de natureza e sujeito de cultura. Essa análise também foi avançada por

Paisagem e construção humana. Gravuras do pintor e gravador R. Dikenmann (século XIX). **Fig.** 7. A Ponte do Diabo, estrada de São Gotardo. **Fig. 8**. Berna vista do Observatório, olhando-se para a cadeia dos Alpes.

Paisagem e construção humana. Gravuras do pintor e gravador R. Dikenmann (século XIX). **Fig. 9**. Zurique: o lago e os Alpes, vistos da Torre de São Pedro. **Fig. 10**. Genebra: o lago, a cidade e os Alpes, com o Monte Branco.

Maurice Halbwachs[3] ao ver nas características da imaginação e da memória coletiva o caráter típico dos fatos urbanos.

Esses estudos sobre a cidade apreendida em sua complexidade estrutural têm um precedente, ainda que inesperado e pouco conhecido, em Carlo Cattaneo. Cattaneo nunca colocou de maneira explícita a questão do caráter artístico dos fatos urbanos, mas a estreita conexão que têm em seu pensamento as ciências e as artes, como aspectos do desenvolvimento da mente humana no concreto, tornam possível essa aproximação. Tratarei, mais tarde, da sua concepção da cidade como princípio ideal da história, do vínculo entre o campo e a cidade, e de outras questões do seu pensamento relativas aos fatos urbanos. Aqui interessa ver como ele se coloca diante da cidade; por sinal, Cattaneo nunca fará distinção entre cidade e campo, na medida em que todo o conjunto dos lugares habitados é obra do homem. "... toda região se distingue das selvagens pelo fato de que é um imenso depósito de fadigas. (...) Aquela terra, portanto, em nove décimos não é obra da natureza, é obra das nossas mãos, é uma pátria artificial."[4]

A cidade e a região, a terra agrícola e os bosques tornam-se coisa humana porque são um imenso depósito de fadigas, são obra das nossas mãos; mas, enquanto pátria artificial e coisa construída, também são testemunhos de valores, são permanência e memória. A cidade é na sua história. Logo, a relação entre o lugar e os homens, e a obra de arte que é o fato último, essencialmente decisivo, que conforma e orienta a evolução segundo uma finalidade estética, impõe-nos um modo complexo de estudar a cidade.

E, naturalmente, deveremos levar em conta também como os homens se orientam na cidade, a evolução e a formação de seu sentido do espaço. Essa parte constitui, a meu ver, o setor mais importante de alguns recentes estudos americanos, em particular da pesquisa de Kevin Lynch[5]; falo da parte relativa à concepção do espaço, baseada em grande parte nos estudos de antropologia e nas características urbanas.

Observações desse tipo também foram feitas por Max Sorre sobre material análogo, em particular com base nas observações de Mauss acerca da correspondência entre os nomes dos grupos e os nomes dos lugares entre os esquimós[6]. Talvez seja útil voltar a esses argumentos; por ora, tudo isso serve-nos apenas como introdução à pesquisa e só deverá ser retomado quando tivermos levado em conta um número maior de aspectos do fato urbano, até tentarmos compreender a cidade como uma grande representação da condição humana.

Aqui, procuro ler essa representação através da sua cena fixa e profunda: a arquitetura. Às vezes pergunto-me por que não se analisou a arquitetura por esse seu valor mais profundo, de coisa humana que forma a realidade e conforma a matéria de acordo com uma concepção estética. Assim, ela mesma é não apenas o lugar da condição humana, mas uma parte dessa condição, que se representa na cidade e em seus monumentos, nos bairros, nas residências, em todos os fatos urbanos que emergem do espaço habitado. A partir dessa cena, os teóricos penetraram a estrutura urbana, sempre procurando perceber quais eram os pontos de referência, os verdadeiros nós estruturais da cidade, os pontos de que procedia a ação da razão.

Retomo agora a *hipótese da cidade como artefato*, como obra de arquitetura ou de engenharia que cresce no tempo. É uma das hipóteses mais seguras a partir da qual podemos trabalhar[7].

Talvez ainda possa valer contra muitas mistificações o sentido dado à pesquisa por Camillo Sitte, quando procurava na construção da cidade leis que prescindissem dos meros fatos técnicos e nos fizessem ver plenamente a "beleza" do esquema urbano, da forma tal como é lida: "Hoje temos três sistemas principais de construção das cidades, o sistema ortogonal, o sistema radial e o sistema triangular. As variantes resultam geralmente das combinações dos três métodos. Todos esses sistemas têm um valor artístico nulo; seu objetivo exclusivo é o de regular a rede viária; é, portanto, um objetivo puramente técnico. Uma rede viária serve unicamente para o tráfego, não é uma obra de arte, porque não é apreendida pelos sentidos e não pode ser abarcada globalmente, a não ser no papel. É por isso que, nas páginas precedentes, nunca discutimos a rede viária, nem falando de Atenas ou da antiga Roma, nem de Veneza ou de Nurembergue. Do ponto de vista artístico, é indiferente. Só é artisticamente importante o que pode ser abarcado com o olhar, o que pode ser visto; logo, cada rua, cada praça"[8].

A observação de Sitte é importante pelo seu empirismo; inclusive, a meu ver, ela pode ser referida aqui a certas experiências americanas de que falávamos acima, em que o caráter artístico pode ser lido como figurabilidade. E disse que a lição de Sitte pode servir contra muitas mistificações, e é indubitável. Ela se refere à técnica da construção urbana, mas sempre haverá o momento, concreto, do desenho de uma praça e um princípio de transmissão lógica, de ensinamento, desse desenho. E os modelos serão sempre, apesar disso, pelo menos de certo modo, a rua em si, a praça em si.

Mas, por outro lado, a lição de Sitte contém igualmente um grande equívoco: o de que a cidade como obra de arte é redutível a algum episódio artístico, ou à sua legibilidade, e não, enfim, à sua experiência concreta. Acreditamos, ao contrário, que o todo é mais importante do que as partes e que somente o fato urbano em sua totalidade, portanto também o sistema viário e a topografia urbana até as coisas que se podem apreender passeando por uma rua, constituem essa totalidade. Naturalmente, como me disponho a fazer, deveremos examinar essa arquitetura total por partes.

Começarei, pois, de uma questão que abre caminho para o problema da classificação: a da tipologia dos edifícios e de sua relação com a cidade – relação que constitui a hipótese de fundo deste livro e que analisarei de diversos pontos de vista, considerando sempre os edifícios como momentos e partes de um todo que é a cidade.

Essa posição era clara para os teóricos iluministas da arquitetura. Em suas lições na Escola Politécnica, Durand escrevia[9]: "Assim como as paredes, as colunas, etc., são os elementos de que se compõem os edifícios, os edifícios são os elementos de que se compõem as cidades".

3. Questões tipológicas

A concepção dos fatos urbanos como obra de arte abre caminho para o estudo de todos aqueles aspectos que iluminam a estrutura da cidade. A cidade, como coisa humana por excelência, é constituída por sua arquitetura e todas aquelas obras que constituem seu modo real de transformação da natureza.

Os homens da idade do bronze adaptaram a paisagem às necessidades sociais construindo abrigos artificiais de tijolos e cavando poços, canais de escoamento, cursos de água. As primeiras casas isolam os habitantes do ambiente externo e fornecem-lhes um clima controlado pelo homem: o desenvolvimento do núcleo estende a tentativa desse controle à criação e à extensão de um microclima. Já nas aldeias neolíticas há a primeira transformação do mundo conforme as necessidades do homem. Portanto, a pátria artificial é tão antiga quanto o homem.

No mesmo sentido dessas transformações constituem-se as primeiras formas e os primeiros tipos de habitação, e os templos e edifícios mais complexos. *O tipo* vai se constituindo, pois, de acordo com as necessidades e com as aspirações de beleza; único mas variadíssimo em sociedades diferentes, ele está ligado à forma e ao modo de vida. Por conseguinte, é lógico que o conceito de tipo se constitua em fundamento da arquitetura e retorne tanto na prática como nos tratados.

Sustento, portanto, a importância das questões tipológicas. Importantes questões tipológicas sempre percorreram a história da arquitetura e colocam-se normalmente quando encaramos problemas urbanos. Tratadistas como Milizia nunca definem o tipo, mas afirmações como a seguinte podem ser incluídas nesse conceito: "A comodidade de qualquer edifício compreende três objetos principais, que são: 1. A sua situação; 2. A sua forma; 3. A distribuição das suas partes"[10]. Penso, pois, no conceito de tipo como algo permanente e complexo, um enunciado lógico que está antes da forma e que a constitui.

Um dos maiores teóricos da arquitetura, Quatremère de Quincy, compreendeu a importância desses problemas e deu *uma definição magistral de tipo e de modelo*.

"A palavra 'tipo' não representa tanto a imagem de uma coisa a ser copiada ou imitada perfeitamente quanto a idéia de um elemento que deve, ele mesmo, servir de regra ao modelo. (...) O modelo, entendido segundo a execução prática da arte, é um objeto que se deve repetir tal como é; o tipo 'é', pelo contrário, um objeto, segundo o qual cada um pode conceber obras, que não se assemelharão entre si. Tudo é preciso e dado no modelo; tudo é mais ou menos vago no 'tipo'. Assim, vemos que a imitação dos 'tipos' nada tem que o sentimento e o espírito não possam reconhecer. (...)

"Em todo país, a arte de fabricar regularmente nasceu de um germe preexistente. Em tudo é necessário um antecedente; nada, em nenhum gênero, vem de nada, e isso não pode deixar de se aplicar a todas as invenções dos homens. Assim, vemos que todas, a despeito das mudanças posteriores, conservaram sempre claro, sempre manifesto, o princípio elementar do sentimento e da razão. É como uma espécie de núcleo em torno do qual se aglomeraram e se coordenaram em seguida os desdobramentos e as variações de formas de que o objeto era suscetível. Por isso, chegaram até nós mil coisas de todo gênero, e uma das principais ocupações da ciência e da filosofia, para apreender as razões delas, é buscar-lhes a origem e a causa primitiva. É a isso que se deve chamar 'tipo' em arquitetura, como em todo outro ramo das invenções e das instituições humanas. (...)

"Entregamo-nos a esta discussão para fazer compreender bem o valor da palavra 'tipo', tomado metaforicamente em inúmeras obras, e o erro dos que, ou o desconhecem porque não é um modelo, ou o falseiam, impondo-lhe o rigor de um modelo que implicaria a condição de cópia idêntica."[11]

Na primeira parte da proposição, o autor descarta a possibilidade de algo ser imitado ou copiado, porque, nesse caso, não haveria, como afirma a segunda parte da proposição, "a criação do modelo", isto é, não se faria arquitetura. A segunda proposição afirma que na arquitetura (modelo ou forma) há um elemento que desempenha um papel próprio; logo, não algo a que o objeto arquitetônico se adequou na sua conformação, mas algo que está presente no modelo. Esse algo, de fato, é a regra, o modo constitutivo da arquitetura.

Em termos lógicos, pode-se dizer que esse algo é uma constante. Um argumento desse tipo pressupõe conceber o fato arquitetônico como uma estrutura que se revela e é reconhecível no próprio fato. Se esse algo, que podemos chamar de elemento típico, ou simplesmente tipo, for uma constante, poderá ser encontrado em todos os fatos arquitetônicos. Também é, por conseguinte, um elemento cultural e, como tal, pode ser procurado nos diversos fatos arquitetônicos; a tipologia torna-se assim, amplamente, o modelo analítico da arquitetura, podendo ser identificada melhor ainda no nível dos fatos urbanos.

A tipologia se apresenta, pois, como o estudo dos tipos não ulteriormente redutíveis dos elementos urbanos, tanto de uma cidade como de uma arquitetura. A questão das cidades monocêntricas e dos edifícios centrais, ou outros, é uma questão tipológica específica; nenhum tipo se identifica com uma forma, mesmo sendo todas as formas arquitetônicas redutíveis a tipos. Esse processo de redução é uma operação lógica necessária; e não é possível falar de problemas de forma ignorando esses pressupostos. Nesse sentido, todos os tratados de arquitetura também são tratados de tipologia, e ao projetar é difícil distinguir os dois momentos.

O tipo é, pois, constante e se apresenta com características de necessidade; mas, mesmo determinadas, elas reagem com a técnica, com as funções, com o estilo, com o caráter coletivo e o momento individual do fato arquitetônico.

É sabido que a *planta central* é um tipo determinado e constante, por exemplo, na arquitetura religiosa; mas, com isso, todas as vezes que se tem a opção de uma planta central, criam-se motivos dialéticos com a arquitetura daquela igreja, com as suas funções, com a técnica da construção e, enfim, com a coletividade que participa da vida da igreja.

Inclino-me a acreditar que *os tipos do imóvel de habitação* não mudaram da Antiguidade até hoje, mas isso não significa em absoluto sustentar que não tenha mudado o modo concreto de viver da Antiguidade até hoje e que não haja sempre novos modos possíveis de viver. O prédio com balcões em torno é um esquema antigo e presente em todas as habitações urbanas que queremos analisar; um corredor que torna os cômodos independentes é um esquema necessário, mas, são tais e tamanhas as diferenças entre as construções que, em cada época, realizam esse tipo, que elas chegam a apresentar enormes diferenças entre si..

Enfim, poderemos dizer que o tipo é a própria idéia da arquitetura, aquilo que está mais próximo da sua essência. É portanto aquilo que, não obstante qualquer mudança, sempre se impôs "ao sentimento e à razão", como o princípio da arquitetura e da cidade.

Fig. 11. Milão, prédio popular de fins do século XIX no bairro de Porta Ticinese, no Corso di San Gottardo, 18. O prédio, desenvolvido num terreno com dupla frente para a rua, é organizado sobre uma área interna única, com distribuição por corredor externo.

O problema da tipologia nunca foi tratado de forma sistemática e com a amplitude necessária; hoje, está emergindo nas escolas de arquitetura e dará bons resultados. De fato, estou convencido de que os próprios arquitetos, se quiserem ampliar e embasar seu trabalho, deverão voltar a tratar de argumentos dessa natureza[12]. Não posso aqui me estender mais no estudo desse problema. Aceitemos que a tipologia é a idéia de um elemento que desempenha um papel próprio na constituição da forma e que é uma constante. Tratar-se-á de ver as modalidades com que isso ocorre e, subordinadamente, o valor efetivo desse papel.

É certo que todos os estudos que possuímos nesse campo, salvo poucas exceções e as atuais tentativas de superação, não colocaram com a devida atenção esse problema. Sempre o eludiram e deslocaram, procurando logo outra coisa – essa outra coisa é a *função*. Já que essa questão da função é absolutamente preeminente no campo dos nossos estudos, procurarei ver como ela emergiu nos estudos relativos à cidade e aos fatos urbanos em geral e como evoluiu. Podemos dizer, desde já, que ela se coloca quando – e esse é o primeiro passo a dar – se trata do problema da descrição e da classificação. Ora, as classificações existentes não foram, em grande parte, além do problema da função.

4. Crítica ao funcionalismo ingênuo

Indicamos as principais questões que surgem quando nos colocamos diante de um fato urbano – entre elas, a individualidade, o "locus", a memória, o próprio desenho. Não falamos da função.

Penso que a explicação dos fatos urbanos mediante sua função deve ser repelida quando se trata de esclarecer sua constituição e sua conformação; poderemos dar exemplos de fatos urbanos preeminentes em que a função mudou no tempo, ou mesmo em que não existe função específica. É evidente, pois, que uma das teses deste estudo, que pretende afirmar os valores da arquitetura no estudo da cidade, é a de negar essa explicação mediante a função de todos os fatos urbanos; melhor dizendo, sustento que essa explicação, longe de ser esclarecedora, é regressiva, porque impede que estudemos as formas e conheçamos o mundo da arquitetura segundo suas verdadeiras leis.

Cumpre dizer, desde já, que isso não significa repelir o conceito de função em seu sentido mais próprio, o sentido algébrico que implica que os valores são conhecíveis um em função do outro e que, entre as funções e a forma, tenta estabelecer vínculos mais complexos do que os lineares de causa e efeito que são desmentidos pela realidade. Aqui, repelimos precisamente esta última concepção do funcionalismo, ditada por um empirismo ingênuo, segundo o qual as funções resumem a forma e constituem univocamente o fato urbano e a arquitetura.

Tal conceito de função, tomado de empréstimo da fisiologia, assimila a forma a um órgão cujas funções são as que justificam a sua formação e o seu desenvolvimento, implicando as alterações da função uma alteração da forma. Funcionalismo e organicismo, as duas correntes principais que percorreram a arquitetura moderna, revelam assim sua raiz comum e a causa da sua fraqueza e de seu equívoco fundamental. A forma é, assim, destituída de suas motivações mais complexas; de um lado, o tipo se reduz a um mero esquema distributivo, um diagrama dos percurso; por outro a arquitetura não tem nenhum valor autônomo. A intencionalidade estética e a necessidade que presidem os fatos urbanos e estabelecem seus vínculos complexos não podem ser analisados posteriormente.

Embora tenha origens mais remotas, o funcionalismo foi enunciado e aplicado claramente por Malinowski. Esse autor também faz referência explítica ao artefato, ao objeto, à casa. "Tome-se a habitação humana. (...) Também nela a função integral do objeto deve ser levada em conta quando se estudam as várias fases da sua construção tecnológica e os elementos da sua estrutura."[13] A partir de um enfoque desse tipo é fácil descer à consideração dos motivos pelos quais o artefato, o objeto, a casa, servem. A pergunta "para que servem?" acaba dando lugar a uma simples justificação, bloqueando uma análise do real.

Esse conceito da função é assumido, depois, por todo o pensamento arquitetônico e urbanístico, em particular no âmbito da geografia, até caracterizar, como se viu, através do funcionalismo e do organicismo grande parte da arquitetura moderna. Na *classificação das cidades*, ele se torna predominante com respeito à paisagem urbana e à forma; embora levantem dúvidas sobre a validade e a exatidão de uma classificação desse tipo, muitos autores consideram que não há alternativa concreta para uma classificação eficaz. Assim, depois de afirmar a impossibilidade de dar uma definição precisa da cidade, pois por trás desta sempre há um resíduo impossível de se discernir de maneira precisa, Chabot[14] estabelece funções, ainda que logo declare sua insuficiência.

A cidade como agrupamento é explicada com base precisamente naquelas funções que os homens queriam exercer; a função de uma cidade torna-se sua razão de ser, e é sob essa forma que ela se revela. Em muitos casos, o estudo da morfologia se reduz a um mero estudo da função. De fato, estabelecido o conceito de função, chega-se imediatamente à possibilidade de uma classificação evidente: cidades comerciais, culturais, industriais, militares, etc.

Conquanto a crítica aqui feita ao conceito de função seja mais geral, é oportuno precisar que, já no interior desse sistema, surge uma dificuldade para estabelecer o papel da *função comercial*. De fato, assim como foi avançada, essa explicação do conceito de classificação por função revela-se demasiado simplificada; ela supõe um valor idêntico para todas as atribuições de funções, o que não é verdade. De fato, uma função preeminente e emergente é a comercial.

Essa função do comércio e dos tráficos comerciais é, efetivamente, o fundamento, em termos de produção, de uma explicação "econômica" da cidade que, partindo da formulação clássica de Max Weber[15], teve um desenvolvimento particular, sobre o qual nos deteremos adiante. É lógico imaginar que, aceitando-se uma classificação da cidade por funções, a função comercial se apresente, na sua constituição e na sua continuidade, como a mais convincente para explicar a multiplicidade dos fatos urbanos e para se ligar às teorias de caráter econômico sobre a cidade.

Mas precisamente a atribuição de um valor diferente a cada função leva-nos a não reconhecer validade ao funcionalismo ingênuo. De fato, mesmo que fosse desenvolvido nesse sentido, ele acabaria contradizendo sua hipótese inicial. Por outro lado, se os fatos urbanos pudessem continuamente fundar-se e renovar-se através do simples estabelecimento de novas funções, os próprios valores da estrutura urbana, realçados pela sua arquitetura, seriam contínuos e facilmente disponíveis; a própria permanência dos edifícios e das formas não teria nenhum significado, e o próprio valor de transmissão de uma determinada cultura, de que a cidade é um elemento, seria posto em crise. Ora, tudo isso não corresponde à realidade.

No entanto, a teoria do funcionalismo ingênuo é extremamente cômoda para as *classificações elementares* e é difícil ver como, nesse nível, ela pode ser substituída. Pode-se, portanto, propor mantê-la numa certa ordem, como mero fato instrumental, sem pretender porém extrair dessa mesma ordem a explicação dos fatos mais complexos.

Basta pensar na definição que procuramos sugerir para o tipo nos fatos urbanos e arquitetônicos, de acordo com o pensamento iluminista. A partir dessa definição de tipo, pode-se proceder a uma classificação correta dos fatos urbanos e, em última instância, também a uma classificação por funções, caso estas constituam um dos momentos da definição geral. Se, ao contrário, partimos de uma classificação por funções, devemos admitir o tipo de um modo totalmente diferente; de fato, se levarmos em conta principalmente a função, deveremos entender o tipo como modelo organizativo dessa função.

Ora, é precisamente esse modo de entender o tipo e, sucessivamente, os fatos urbanos e a arquitetura como organização de uma certa função, o que mais nos distancia de um conhecimento concreto do real. Embora, de fato, se possa admitir a classificação dos edifícios e das cidades de acordo com a sua função, como generalização de alguns critérios de evidência, é inconcebível reduzir a estrutura dos fatos urbanos a um problema de organização de alguma função mais ou menos importante. Esta é, na verdade, uma grave distorção que bloqueou e ainda bloqueia em grande parte um progresso real nos estudos da cidade.

Se os fatos urbanos são um mero problema de organização, eles não podem apresentar nem continuidade, nem individualidade; os monumentos e a arquitetura não têm razão de ser, "não nos dizem nada". Posições desse tipo adquirem um caráter claramente ideológico quando pretendem objetivar e quantificar os fatos urbanos; estes, vistos de maneira utilitarista, são encarados como produtos de consumo. Veremos mais adiante os aspectos mais propriamente arquitetônicos desse enfoque.

Em conclusão, podemos afirmar que um critério funcional de classificação é aceitável como regra prática e contingente, do mesmo modo como outros critérios, por exemplo associativos, construtivos, de exploração da área, etc. Classificações desse tipo têm sua utilidade, mas é indubitável que servem mais para nos dizer algo sobre o ponto de vista adotado para a classificação (por exemplo, o sistema construtivo) do que sobre o elemento em si. É precisamente desse ponto de vista que podem ser aceitas.

5. Problemas de classificação

Ao expor a teoria funcionalista acentuei, mais ou menos voluntariamente, os aspectos que dão a essa interpretação uma forma de preeminência e de segurança. Isso se deve também ao fato de que o funcionalismo teve uma sorte particular no mundo da arquitetura, e todos os que foram educados nessa disciplina nos últimos cinqüenta anos custam a desligar-se dela. Dever-se-ia indagar como ela determinou, na realidade, a arquitetura moderna, bloqueando ainda hoje sua evolução progressiva; mas não é esse o objetivo a que me proponho neste livro.

Considero necessário, contudo, deter-me em *outras interpretações da arquitetura e da cidade*, que constituem os fundamentos da tese que avanço aqui. As teorias sobre as quais me detenho podem ser relacionadas à geografia social de Tricart, à teoria das persistências de Marcel Poëte e à teoria iluminista, em particular à obra de Milizia. Todas essas teorias me interessam, principalmente porque se fundam numa leitura contínua da cidade e da arquitetura, subentendendo uma teoria geral dos fatos urbanos.

Para Tricart[16], a base da leitura da cidade é o *conteúdo social*; o estudo do conteúdo social deve vir antes da descrição dos fatos geográficos que dão à paisagem urbana seu significado. Os fatos sociais, na medida em que se apresentam como conteúdo, precedem as formas e as funções e, por assim dizer, as abrangem.

É tarefa da geografia humana estudar as estruturas da cidade em conexão com a forma do lugar em que se manifestam; trata-se, pois, de um estudo sociológico em termos de localização. Mas, para proceder à análise do lugar, é necessário estabelecer *a priori* os limites dentro dos quais essa análise é definida. Tricart estabelece, assim, três ordens ou *três escalas* diferentes:

a) a escala da rua, que compreende as construções e os espaços construídos que a circundam;

b) a escala do bairro, que é constituído por um conjunto de quarteirões com características comuns;

c) a escala de toda a cidade, considerada como um conjunto de bairros.

O princípio que torna essas quantidades relacionáveis e homogêneas é o conteúdo social que elas apresentam.

Procurarei agora, partindo da hipótese de Tricart, desenvolver em particular um tipo de análise urbana que, coerentemente com essas premissas, se desenvolve em direção topográfica e reveste, a meu ver, notável importância. Antes, porém, de levar adiante essa exposição é bom introduzir uma *objeção* fundamental *sobre as escalas de estudo ou as partes* em que ele divide a cidade. Que os fatos urbanos devem ser estudados unicamente em termos de localização, podemos sem dúvida admitir, mas a objeção é de natureza diferente. De fato, o que não podemos admitir é que existam escalas diferentes e que as localizações se expliquem, de certo modo, pela sua escala ou pela sua extensão; no máximo, poderíamos admitir que isso é válido do ponto de vista didático, ou tendo em vista uma pesquisa prática, mas implica um conceito que não se pode aceitar. Esse conceito concerne à qualidade dos fatos urbanos.

Portanto, não sustentamos simplesmente que não existem diversas escalas de estudo, mas que é inconcebível pensar que os fatos urbanos mudam, de certa forma, por causa da sua dimensão. Aceitar essa tese significaria aceitar, como muitos sustentam, o princípio da cidade que se modifica estendendo-se, ou de que os fatos urbanos em si são diferentes pela dimensão em que se produzem.

Convém fazer aqui uma citação de Ratcliff: "Querer considerar os problemas da má distribuição das localizações somente no contexto metropolitano significa encorajar a asserção popular, mas falsa, de que se trata de problemas de dimensão. Podemos observar tais problemas, em diferente escala, nas aldeias, nas pequenas cidades, nas cidades, nas metrópoles, pois as forças dinâmicas do urbanismo são vitais onde quer que homens e coisas se encontrem compactamente e o organismo urbano esteja sujeito às mesmas leis naturais e sociais, independentemente da dimensão. Reduzir os problemas da cidade a um problema de dimensão significa entender que as soluções estão em projetar no exterior o processo de crescimento, isto é, na desconcentração; hipótese e solução são, ambas, controvertidas"[17].

Um dos elementos fundamentais da paisagem urbana na escala da rua é constituído pelos *imóveis residenciais* e pela estrutura da propriedade fundiária urbana. Falo de imóvel residencial e não de casa, porque a definição é muito mais precisa nas diferentes línguas européias. Com efeito, o imóvel é uma parcela cadastral em que a ocupação principal do solo é constituída de superfícies construídas. No imóvel residencial, a ocupação serve, em grande parte, para residência (falar de imóveis especializados e imóveis mistos é uma divisão importante, mas não suficiente).

Se quisermos classificar esses imóveis, poderemos partir de *considerações planimétricas*. Teremos, assim:

a) casas em bloco circundadas por espaço livre;

b) casas em bloco unidas umas às outras, dando frente para a rua e constituindo uma cortina contínua paralela à própria rua;

c) casas em bloco em profundidade, que ocupam o solo de maneira quase completa;

d) casas com pátio fechado, com jardim e pequenas construções internas.

Uma análise desse tipo, como foi dito, pode ser considerada descritiva, geométrica ou topográfica. Podemos levá-la adiante e conhecer outros dados interessantes, concernentes a essa classificação e relativos aos equipamentos técnicos, aos dados estilísticos, à relação superfície construída/superfície verde, etc. Esses tipos de questões que nascem dos nossos dados podem ser relacionados a filões principais, que são, *grosso modo*, os relativos:

aos dados racionais;

à influência da estrutura fundiária e aos dados econômicos;

às influências histórico-sociais.

É de particular importância o conhecimento da estrutura fundiária e das questões econômicas; esses fatos estão intimamente ligados ao que chamamos de influências histórico-sociais. Para melhor percebermos as vantagens da aplicação de uma análise desse tipo, examinaremos na segunda parte deste livro o problema da residência e o problema do bairro. Abordemos agora, para esclarecer a análise proposta aqui, ainda que sumariamente, o segundo ponto, relativo à estrutura fundiária e aos dados econômicos.

A forma dos lotes de uma cidade, sua formação, sua evolução, representa a longa história da propriedade urbana e a história das classes profundamente ligadas à cidade. Disse Tricart, muito lucidamente, que a análise do contraste no desenho dos lotes confirma a existência da luta de classes. A modificação da estrutura fundiária urbana que podemos seguir com absoluta precisão através dos mapas cadastrais históricos indica o surgimento da burguesia urbana e o fenômeno da concentração progressiva do capital.

Um critério desse tipo aplicado a uma cidade que tem um ciclo de vida extraordinário, como a *Roma antiga*, oferece-nos resultados de uma clareza paradigmática: da cidade de tipo agrário à formação dos grandes espaços públicos da idade imperial e à conseqüente passagem do imóvel republicano com pátio à formação das grandes "insulae" da plebe. Os enormes lotes que constituem as "insulae", com uma concepção extraordinária da habitação-bairro, antecipam os conceitos da cidade capitalista moderna e da sua divisão espacial. E mostram também sua disfunção e sua contradição.

Então, os imóveis que levantamos topograficamente antes, à luz de uma análise topográfica, vistos em termos econômicos e sociais proporcionam-nos outras *classificações possíveis*. Podemos distinguir:

a) casa extra-capitalista, construída pelo proprietário sem fins de exploração;

b) casa capitalista, forma de renda urbana, destinada a ser alugada e em que tudo é subordinado à renda. Essa casa pode ser destinada a ricos e pobres. Mas, no primeiro caso, devido à evolução das necessidades, a casa se degrada rapidamente com a alternância social. Essa alternância social no interior de cada casa cria as zonas "blighted", degradadas, que constituem um dos problemas mais típicos da cidade capitalista moderna e, como tais, são particularmente estudados, em especial nos Estados Unidos, onde são mais agudos que em nosso país;

c) casa paracapitalista para uma família, com um andar alugado;

d) casa socialista. É o novo tipo de construção que aparece nos países socialistas, onde não existe mais a propriedade privada do solo, ou em países de democracia avançada. Um dos seus primeiros exemplos, na Europa, pode ser apontado nas casas construídas pela prefeitura de Viena no outro pós-guerra.

A hipótese da análise do conteúdo social, aplicada com particular atenção à topografia urbana, desenvolve-se assim até nos proporcionar um conhecimento mais completo da cidade; trata-se de avançar por integrações ulteriores de modo que alguns fatos elementares possam ser dispostos através da análise até comporem fatos mais gerais. Também a forma dos fatos urbanos adquire uma interpretação bastante convincente através do conteúdo social; nele, há motivos e razões que têm grande papel na estrutura urbana.

A obra de Marcel Poète[18] é, sem dúvida, uma das mais modernas, do ponto de vista científico do estudo da cidade. Poète ocupa-se dos fatos urbanos enquanto indicadores das condições do organismo urbano; eles constituem um dado preciso, verificável na cidade existente. Mas sua razão de ser é sua continuidade; aos conhecimentos históricos convém acrescentar os conhecimentos geográficos, econômicos, estatísticos, mas é o conhecimento do passado que constitui o termo de comparação e a medida para o futuro.

Esse conhecimento se encontra, pois, no estudo das plantas da cidade, que possuem características formais precisas: o percurso das suas ruas pode ser reto, sinuoso, curvo. Mas também a linha geral da cidade tem seu significado, e a identidade de exigências tende naturalmente a se exprimir em construções que, para além das diferenças pontuais, apresentam inegáveis afinidades. Na arquitetura urbana se estabelece um vínculo mais ou menos visível entre as formas das coisas através das épocas. Através da diversidade das épocas e das civilizações, é possível, portanto, constatar uma constância de motivos que assegura uma relativa unidade na expressão urbana. Daí se desenvolvem as relações entre a cidade e a área geográfica, relações analisáveis de modo positivo pelo valor da rua. A rua adquire, assim, na análise de Poète, uma grande importância, já que a cidade nasce num determinado lugar, mas é a rua que a mantém viva. Associar o destino da cidade às vias de comunicação é, portanto, uma regra fundamental de método.

Neste estudo da relação entre rua e cidade, Poète chega a resultados extremamente importantes. Para uma determinada cidade, pode-se estabelecer uma classificação das ruas que deve ser espelhada pelo mapa da área geográfica. E também é necessário caracterizá-las de acordo com a natureza das trocas que aí se efetuam, as trocas culturais tanto quanto as comerciais. Assim, ele retoma a observação de Estrabão a propósito das cidades da Umbria ao longo da Via Flaminia, cujo desenvolvimento é explicado "muito mais por se situarem ao longo daquela via do que por uma importância particular qualquer"[19].

Da rua a análise passa ao solo urbano, e o solo urbano, que é um dado natural mas também uma obra civil, está ligado à composição da cidade. Na composição urbana, cada coisa deve exprimir com a maior fidelidade possível a própria vida daquele organismo coletivo que é a cidade. Na base desse organismo temos a *persistência do plano*.

O conceito de persistência é fundamental na teoria de Poète; ele inspirará a análise de Lavedan[20], que, pela sua mescla de elementos deduzidos da geografia e da história da arquitetura, pode ser considerada uma das análises mais completas de que dispomos. Em Lavedan, a persistência torna-se geratriz do plano; esta geratriz é o objetivo principal da pesquisa urbana, pois é a partir da sua compreensão que se pode remontar à formação espacial da cidade; na geratriz, está compreendido o conceito de persistência que se estende também aos edifícios físicos, às ruas, aos monumentos urbanos. Junto com alguns geógrafos que citei, como Chabot e Tricart, a de Poète e Lavedan está entre as contribuições mais elevadas da escola francesa à teoria urbana.

A contribuição do *pensamento iluminista* para uma teoria fundamentada dos fatos urbanos mereceria uma pesquisa particular. Em primeiro lugar, os tratadistas do século XVIII procuram estabelecer princípios de arquitetura que podem ser desenvolvidos em bases lógicas, em certo sentido sem desenho; o tratado vem se constituir como uma série de proposições deriváveis uma da outra. Em segundo lugar, o elemento singular é sempre concebido como parte de um sistema, e esse sistema é a cidade; isto é, a cidade é que confere critérios de necessidade e de realidade a cada arquitetura. Em terceiro lugar, eles distinguem a forma, aspecto último da estrutura, do momento analítico desta; assim a forma tem uma persistência (clássica) que não está reduzida ao momento lógico.

Sobre o segundo argumento, poder-se-ia discutir longamente, mas decerto seriam necessários maiores conhecimentos; é claro que, na medida em que abrange a cidade existente, ele postula a cidade nova, e a relação entre a constituição de um fato e o seu entorno é indissolúvel. Voltaire, na análise do "grand siècle", já indicara como limites dessas arquiteturas seu desinteresse com respeito à cidade, ao passo que era tarefa de qualquer construção colocar-se em relação direta com a própria cidade[21]. A concretização desses conceitos dá-se com os planos e projetos napoleônicos, que representam um dos momentos de maior equilíbrio da história urbana.

Procurarei examinar agora, com base nos três argumentos expostos, os principais critérios fornecidos pela teoria de Milizia[22], como exemplo das teorias dos fatos urbanos. A classificação proposta por Milizia, o qual trata precisamente dos edifícios e da cidade ao mesmo tempo, divide os edifícios urbanos em privados e públicos, entendendo pelos primeiros as habitações e, pelos segundos, os elementos principais que chamarei de *primários*. Além disso, Milizia coloca esses agrupamentos como classes, o que lhe permite operar distinções no interior da classe considerada, definindo cada elemento como edifício-tipo no interior de uma função geral, ou melhor, de uma idéia geral da cidade. Por exemplo, na primeira classe há palácios e residências; na segunda, edifícios de segurança, de utilidade pública, de fausto, etc. Entre os edifícios de utilidade pública, distinguem-se as universidades, as bibliotecas, etc.

A análise realizada refere-se, pois, num primeiro tempo, à classe (pública e privada), num segundo tempo à situação do

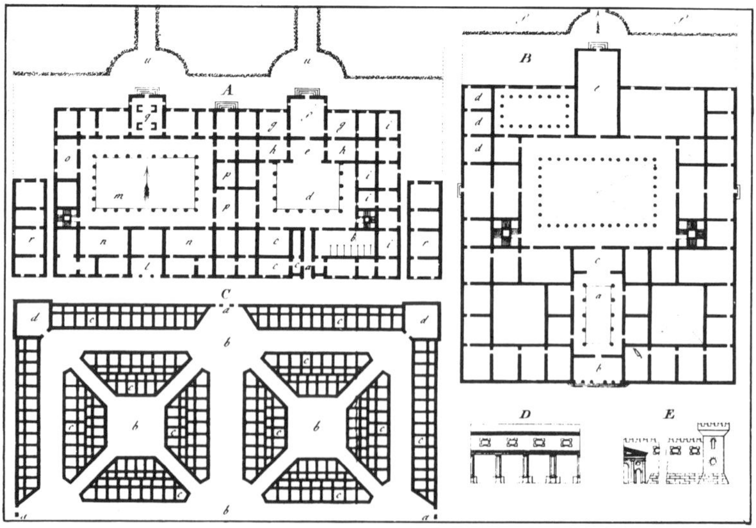

Francesco Milizia, ilustrações de *Principi di Architettura Civile.* **Fig. 12**. Ilustração IV, Parte I: a ordem dórica. **Fig. 13**. Ilustração VIII, Parte II: A, planta de uma casa grega; B, planta de uma casa romana; C, planta da Feira de Verona, por Maffei, metade superior; D, vista das lojas da Feira (indicadas com c na planta); E, vista externa do "muro circundante" da Feira.

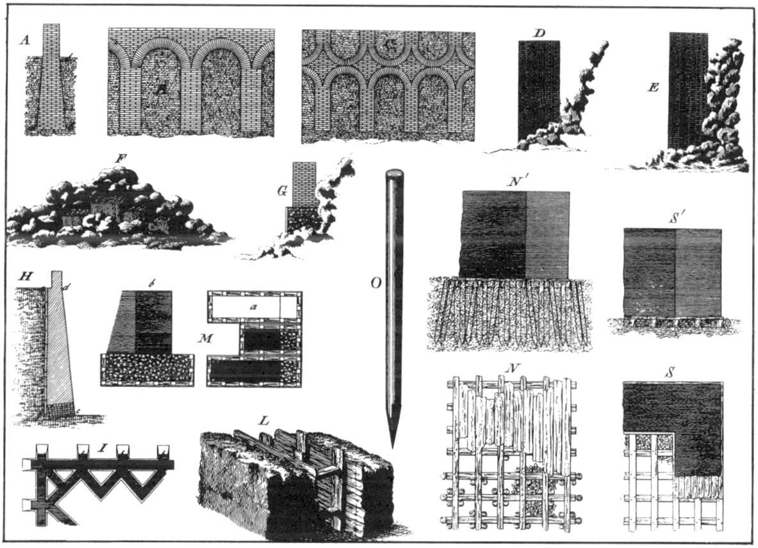

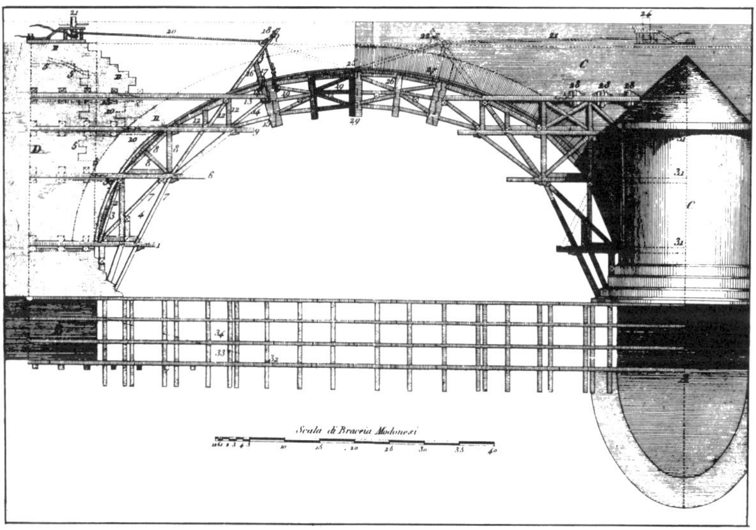

Francesco Milizia, ilustrações de *Principi di Architettura Civile*. **Fig. 14**. Ilustração I, Parte III: os diversos tipos de fundação. **Fig. 15**. Ilustração X, Parte III: as armações de madeira para a construção dos arcos.

elemento na cidade, num terceiro à forma e à distribuição do edifício. "A maior comodidade pública requer que esses edifícios (de utilidade pública) estejam situados não muito longe do centro da cidade e distribuídos em torno de uma grandiosa praça comum."[23] O sistema geral é, pois, a cidade; os esclarecimentos dos elementos são esclarecimentos do sistema adotado.

De que cidade se trata? De uma hipótese de cidade que se constrói juntamente com a arquitetura. "Ainda que sem construções muito suntuosas, as cidades podem parecer belas e respirar formosura. Mas dizer bela cidade é o mesmo que dizer boa arquitetura."[24] Essa afirmação parece decisiva para todos os tratados da arquitetura do iluminismo; bela cidade é boa arquitetura, e a proposição é reversível.

É pouco provável que os iluministas tenham se detido, em algum lugar, nessa afirmação, a tal ponto ela era imanente a seu modo de pensar; sabemos quanto a sua incompreensão da cidade gótica baseava-se precisamente na impossibilidade de apreender uma paisagem sem apreender a validade de cada um dos elementos que a constituíam, sem compreender o sistema. Ora, se por exemplo eles erraram ao não compreenderem o significado e, por conseguinte, a beleza da cidade gótica, nem por isso deixa de ser justo o sistema que seguiram. Para nós, a beleza da cidade gótica aparece precisamente onde ela se mostra como um fato urbano extraordinário, em que a individualidade da obra é claramente reconhecível em seus componentes. É precisamente através das pesquisas empreendidas sobre essa cidade que captamos sua beleza, que também é parte de um sistema. E não há nada mais falso do que definir como orgânica ou espontânea a cidade gótica.

Convirá evocar ainda outro aspecto da modernidade da posição considerada. Como dissemos, depois de estabelecer o conceito de classe, Milizia define cada edifício-tipo no interior de uma idéia geral e o caracteriza através de uma função. Essa função é considerada independentemente das considerações gerais sobre a forma, devendo ser entendida antes como fim do edifício do que como função em sentido próprio. Assim, são enumerados na mesma classe edifícios de uso prático e edifícios empiricamente observáveis como objetos, mas construídos em função de conceitos não igualmente observáveis; desse modo, os edifícios para a saúde pública ou para a segurança encontram-se no interior da mesma classe de edifícios para a magnificência ou para a sublimidade.

Há pelo menos três argumentos a favor desse modo de proceder. O primeiro e principal é o reconhecimento da cidade como uma estrutura complexa em que se encontram, de fato, pedaços de cidade entendidos como obras de arte; o segundo argumento é relativo à validade de um discurso tipológico geral dos fatos urbanos, isto é, em outras palavras, posso emitir um juízo técnico inclusive sobre aqueles aspectos da cidade que, por sua natureza, requerem um juízo mais complexo, reduzindo-os à sua constante tipológica; enfim, o de que essa constante tipológica desempenha "um papel próprio" na constituição do modelo.

Por exemplo, ao tratar de um monumento, Milizia refere-o a três fatores de análise: que sejam "...1) dirigidos ao público; 2) colocados de maneira conveniente; 3) constituídos de acordo com as leis da conveniência"[25]. "Com respeito à conveniência da construção dos monumentos não se pode dizer aqui outra coisa genérica, a não ser que devem ser significantes e expressivos, de estrutura simples, com inscrições claras e breves, para que ao mais ligeiro olhar tenham o efeito para o qual são construídos."[26] Em outras palavras, podemos dizer que, se com respeito à natureza do monumento não podemos afirmar nada mais que uma tautologia – um monumento é um monumento –, podemos porém estabelecer condições para o entorno, as quais, embora não se pronunciando sobre a natureza do monumento, esclareçam suas características tipológicas e compositivas. Essas características ainda são, em grande parte, de natureza urbana, mas também são condições da arquitetura, isto é, da composição.

Este é um aspecto fundamental ao qual tornaremos mais adiante.

Enfim, não cabe insistir aqui em que, na concepção iluminista, classificações e princípos nada mais são que um aspecto geral da arquitetura, e esta, ao tornar-se concreta e ser julgada, pertence apenas à obra e ao artista. O próprio Milizia ridiculariza os construtores de ordens arquitetônico-sociais e os fornecedores de modelos objetivos de organização e de resumo da arquitetura, que deveriam produzir-se do romantismo em diante, quando afirma que "derivar a distribuição arquitetônica das células das abelhas é sair à caça de insetos"[27]. Também aqui a ordem abstrata da organização e a referência à natureza, temas que serão fundamentais em todo o desenvolvimento sucessivo do pensamento arquitetônico e que já indiquei em seus dois aspectos de organismo e funcionalismo ligados à mesma matriz romântica, são apreendidas num único aspecto.

Acerca do caráter concreto, Milizia escreveu ainda: "Em tão prodigiosa variedade, a distribuição não pode ser regulada por preceitos fixos e constantes e, por conseguinte, deve ser de suma dificuldade. Portanto, a maioria dos mais ilustres arquitetos, quando quiseram tratar da distribuição, exibiram muito mais desenhos e descrições dos seus edifícios do que regras capazes de instruir"[28]. Esse trecho mostra claramente como a função a que nos referíamos acima é entendida aqui como relação, não como esquema de organização; e como tal é decididamente repelida. Enquanto isso, procuram-se regras capazes de transmitir os princípios da arquitetura.

6. Complexidade dos fatos urbanos

Procurarei, agora, tornar explícitas algumas das questões que surgiram ao serem expostas as teorias examinadas nas páginas precedentes, pondo em relevo os pontos sobre os quais pretendo desenvolver o presente estudo.

O primeiro argumento considerado foi deduzido dos geógrafos da escola francesa. Eu disse que estes, depois de criarem um bom sistema descritivo, detêm-se diante da análise da estrutura da cidade. Referia-me em particular à obra de Georges Chabot, para quem a cidade é uma totalidade que se constrói por si mesma e em que todos os elementos contribuem para formar a "âme de la cité". Considero que este é um dos mais importantes pontos de chegada no estudo da cidade, ponto que se deve ter em mente para examinar concretamente a estrutura do fato urbano.

Como isso se concilia com o estudo da função? A resposta, já implícita na análise até aqui desenvolvida, é parcialmente sugerida pela crítica de Max Sorre, ao resenhar o livro de Chabot. Sorre escreveu que substancialmente, para Chabot, "somente a vida explica a vida". Isso significa que, se a cidade explica a si mesma, classificá-la por funções não constitui uma explicação, mas inclui-se num sistema descritivo. Portanto, a resposta pode ser formulada da seguinte maneira: a descrição da função é facilmente apurável, é um instrumento, como todo o estudo da morfologia urbana; ademais, não colocando nenhum elemento de continuidade entre o modo de vida e a estrutura urbana, como querem todavia os funcionalistas ingênuos, este parece ser um dos elementos de análise possíveis, dentre tantos outros.

Desses estudos, reteremos pois a concepção da cidade como totalidade e da possibilidade de nos aproximarmos da compreensão dessa totalidade mediante o estudo de suas diversas manifestações, de seu comportamento.

Da análise de Tricart, eu quis pôr em evidência a importância do estudo da cidade quando este parte do conteúdo social; o estudo do conteúdo social permite evidenciar o significado da evolução urbana de modo concreto. Acentuei os aspectos dessa pesquisa no sentido da topografia urbana e, portanto, do estudo da formação dos limites e do valor do solo urbano como elemento base da cidade. Veremos adiante aspectos desse problema do ponto de vista das teorias econômicas.

Acerca da pesquisa de Lavedan, poderíamos levantar a seguinte questão: se a estrutura entendida por Lavedan é uma estrutura material, formada por ruas, monumentos, etc., em que sentido ela pode ser relacionada ao objeto desta pesquisa, tal como aqui foi enunciada? A estrutura, tal como é entendida por Lavedan, aproxima-se da estrutura dos fatos urbanos aqui pesquisada, na medida em que aceita o conceito de Poète da persistência do plano e das geratrizes do plano. Recorde-se, além disso, que as geratrizes são de natureza material e mental, não são catalogáveis no sentido de função. E, já que toda função pode ser levantada através de uma forma, a qual é a possibilidade de existência de um fato urbano, podemos afirmar que uma forma, um elemento urbano, sempre permite um levantamento; e se essa forma é possível, também é possível pensar que um fato urbano determinado permaneça com ela e que talvez, como veremos, seja precisamente o que permanece num conjunto de transformações que constitui um fato urbano por excelência.

Do aspecto negativo das classificações do funcionalismo ingênuo já tratei; portanto, posso repetir que elas são aceitáveis em alguns casos, contanto que não vão além dos limites didáticos em que as aceitamos. Classificações desse tipo pressupõem que todos os fatos urbanos constituem-se, para uma certa função, de modo estático e que sua estrutura coincide com a função que desempenham num determinado momento.

Sustentamos, ao contrário, que a cidade é uma coisa que permanece através das suas transformações e que as funções, simples ou múltiplas, que ela desempenha progressivamente são momentos na realidade da sua estrutura. A função é assumida, portanto, apenas em seu significado de relação mais complexa entre mais ordens de fatos, descartando-se uma interpretação de vínculos lineares entre causa e efeito, que são desmentidos pela realidade. Uma relação desse tipo é certamente diferente da relação de "uso" e daquela de "organização".

É necessário, neste ponto, introduzir também algumas *contestações a uma linguagem e a um modo de leitura da cidade* e dos fatos urbanos que constituem um grave empecilho à pesquisa urbana. Através de diversas vias, esse modo está ligado ao funcionalismo ingênuo, de um lado, e ao romantismo arquitetônico, de outro. Refiro-me a *dois termos, "orgânico" e "racional"*, adotados pela linguagem da arquitetura, termos que, ao mesmo tempo que apresentam uma indubitável validade histórica para definir certo estilo ou tipo de arquitetura com relação a outro, não servem em absoluto para esclarecer os conceitos e para compreender, de algum modo, os fatos urbanos.

O termo *"orgânico"* é derivado da biologia. Já disse que, na base do funcionalismo de Ratzel, está a hipótese de assimilar a cidade a um órgão e de admitir que a função constitui a forma do próprio órgão[29]. Essa hipótese de natureza fisiológica é tão brilhante quanto irredutível à estrutura dos fatos urbanos e, também, ao projeto arquitetônico. (Essa observação mereceria um desenvolvimento diferente.) Encabeçam a linguagem orgânica os termos organismo, crescimento orgânico, tecido urbano, etc. Os paralelos entre a cidade e o organismo humano e os processos do mundo biológico também foram teorizados, mas logo abandonados nos estudos ecológicos mais sérios. No entanto, a terminologia difundiu-se bastante entre os técnicos, a tal ponto que parecia, à primeira vista, intimamente ligada à matéria de que se trata; e muitos só a muito custo deixariam de usar termos como "organismo arquitetônico", substituindo-os por termos mais apropriados, como edifício. O mesmo pode ser dito de "tecido". Convém lembrar que certos autores definem como "orgânica" *tout court* a arquitetura moderna. Por seu caráter brilhante, essa terminologia passou rapidamente dos estudos sérios[30], etc., aos profissionais liberais e ao jornalismo.

Não menos imprecisas são as expressões da *corrente racionalista*. Por si só, além do mais, falar de um urbanismo racional é mera tautologia, sendo uma condição do urbanismo precisamente a racionalização das opções espaciais. As definições "racionalistas" têm, contudo, o indubitável mérito de sempre fazer uma referência ao urbanismo como disciplina (precisamente pelo seu caráter de racionalidade) e, portanto, de oferecer uma terminologia de eficácia sem dúvida superior. Dizer que a cidade medieval é "orgânica" significa uma absoluta ignorância da estrutura política, religiosa, econômica, etc., da cidade medieval, bem como da sua estrutura espacial; dizer, ao contrário, que a planta de Mileto é racional é verdade, embora seja uma afirmação tão geral que se torna genérica e não nos oferece nenhuma noção concreta sobre a planta de Mileto. (Sem falar no equívoco de confundir a racionalidade com certos esquemas geométricos simples.)

Os dois aspectos são criticados muito bem pela frase de Milizia que citei ("Derivar a distribuição arquitetônica das células das abelhas é sair à caça de insetos"[31]). Portanto, apesar de terem uma indiscutível capacidade de expressão poética e, como tais, poderem ser objeto do nosso interesse, todas essas expressões nada têm a ver com uma teoria dos fatos urbanos, sendo antes veículos de confusão; por isso, convém abandoná-las de todo.

Já foi dito que os fatos urbanos são complexos; dizer isso equivale a dizer que têm componentes e que cada componente terá um valor diferente. (Assim como, ao falar do elemento tipológico, dissemos que ele "desempenha um papel próprio no modelo"; em outras palavras, também a constante tipológica é um componente.) Poder-se-ia pretender que eu procedesse logo a uma leitura da cidade com base na teoria dos fatos urbanos e, portanto, com base na sua estrutura, mas é necessário chegar à precisão da maneira possível e à medida que se avança.

Poder-se-ia perguntar também de que modo concreto os fatos urbanos são complexos. Em parte, respondi a esta pergunta nas páginas precedentes, analisando a teoria de Chabot e de Poète. Do primeiro, quando se detém diante da constatação da "âme de la cité"; do segundo, realçando a importância de conceitos como a permanência. Deve-se concordar que essas afirmações vão além do funcionalismo ingênuo e se aproximam da qualidade dos fatos urbanos. Por outro lado, não se pensou muito essa qualidade; ela só emerge a intervalos nas pesquisas históricas. Aqui também se deu um passo decisivo, ao se aceitar e sustentar a afirmação de que a natureza dos fatos urbanos é bastante similar à da obra de arte e, sobretudo, de que no caráter coletivo dos fatos urbanos há um elemento fundamental para sua compreensão.

Com base nisso tudo, creio estar em condições de delinear um tipo de leitura da estrutura urbana, mas antes de fazer isso é necessário colocar *duas questões* de caráter geral:

a) De que ponto de vista é possível realizar uma leitura da cidade e quantos modos há para apreender a sua estrutura? É possível dizer que essa leitura é de tipo interdisciplinar, e o que significa dizer isso? Alguma disciplina tem caráter predominante em relação a outras? Como se vê, trata-se de um grupo de questões ligadas entre si.

b) Quais são as possibilidades de autonomia de uma ciência urbana?

Das duas questões, a segunda é, sem dúvida, decisiva. De fato, se existe uma ciência urbana, o primeiro grupo de questões acaba tendo pouco sentido; aquilo que hoje, nesse gênero de estudos, ouvimos com freqüência se definir como caráter interdisciplinar não será outra coisa, como não é, senão um problema de especialização, como acontece em qualquer campo do saber com relação a um objeto específico.

Ora, para responder positivamente à segunda pergunta, é necessário admitir que a cidade se constrói na sua totalidade, isto é, que todos os seus componentes fazem parte da constituição de um fato. Em outros termos, muito gerais, podemos dizer que a cidade é o progresso da razão humana (enquanto coisa humana por excelência), e essa frase só terá sentido se pusermos em relevo a questão fundamental, isto é, que a cidade e qualquer fato urbano são, por natureza, coletivos.

Muitas vezes perguntei-me por que somente os historiadores nos pintam um quadro completo da cidade; creio poder responder que isso acontece porque os historiadores cuidam do fato urbano na sua totalidade. Qualquer história da cidade feita por uma pessoa de boa cultura e diligente na coleta dos dados entrega-nos fatos urbanos de maneira satisfatória. Sei que depois de determinado incêndio a cidade de Londres pensou em determinadas obras, e em como nasceu a idéia dessas obras, como algumas foram aceitas e outras rejeitadas. E assim por diante.

7. A teoria da permanência e os monumentos

Mas é evidente que pensar na ciência urbana como uma *ciência histórica* é errado, porque, nesse caso, deveríamos falar apenas de história urbana, enquanto o que pretendemos dizer aqui é simplesmente o seguinte: a história urbana sempre parece mais satisfatória, inclusive do ponto de vista da estrutura urbana, do que qualquer outra investigação ou pesquisa sobre a cidade. Tratarei mais adiante de modo particular da contribuição histórica da ciência urbana, examinando contribuições aos problemas da cidade que nascem de considerações históricas; mas, já que esse problema é da máxima importância, será bom avançar logo algumas considerações particulares.

Essas considerações dizem respeito à *teoria das permanências* de Poète e de Lavedan, que expus nas páginas precedentes. Veremos, além disso, que a teoria das permanências está ligada em parte à hipótese, que avancei no início, da cidade como artefato. Para essas considerações, devemos ter presente também que a diferença entre passado e futuro, do ponto de vista da teoria do conhecimento, consiste precisamente no fato de que o passado é, em parte, experimentado agora e que, do ponto de vista da ciência urbana, pode ser esse o significado a dar às permanências: elas são um passado que ainda experimentamos.

Fig. 16. Granada, vista do lado setentrional do Alhambra, com as torres do Peinador de la Reina e de Comares, num desenho do inglês David Roberts (1832-33).

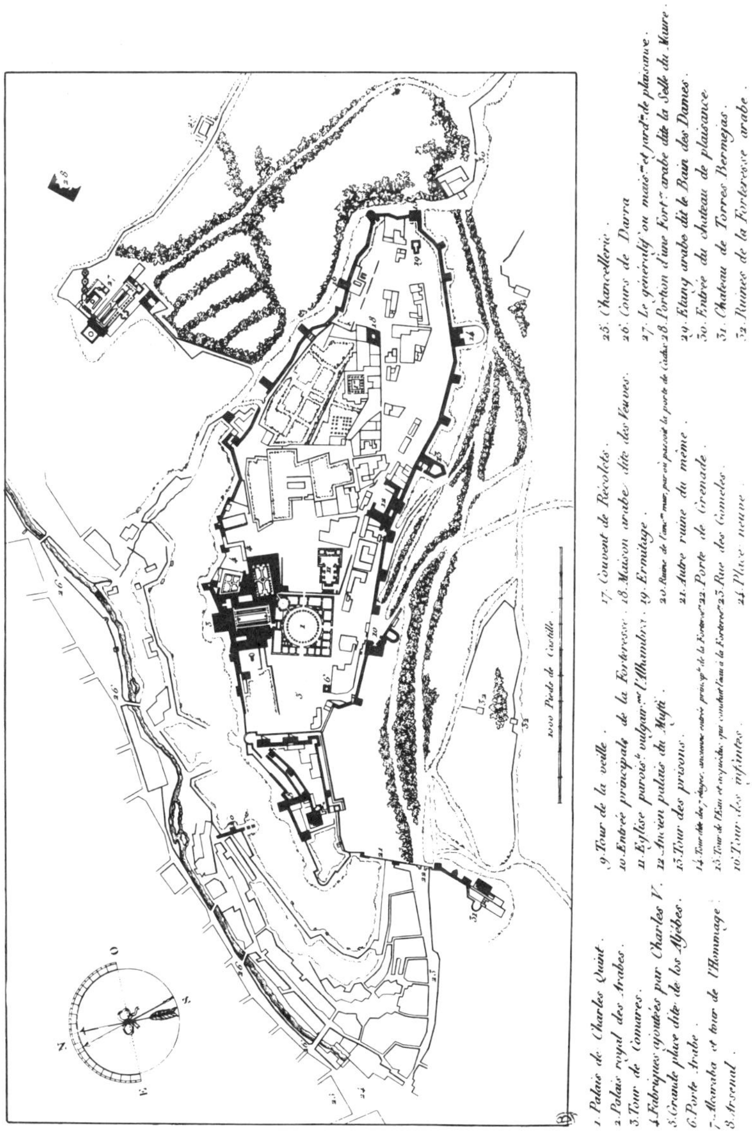

Fig. 17. **Granada**, planta do Alhambra (de uma coletânea editada por volta de 1830).

Sobre esse ponto, a teoria de Poète não é tão explícita. Procurarei expô-la novamente em poucas linhas. Embora se trate de uma teoria construída com base em muitas hipóteses, dentre as quais hipóteses econômicas relativas à evolução da cidade, ela é substancialmente uma teoria histórica, centrada no fenômeno das persistências. As persistências são detectáveis através dos monumentos, dos sinais físicos do passado, mas também através da persistência dos traçados e do plano. Este último ponto é a descoberta mais importante de Poète: as cidades permanecem em seus eixos de desenvolvimento, mantêm a posição dos seus traçados, crescem segundo a direção e com o significado de fatos mais antigos, muitas vezes remotos, do que os fatos atuais. Às vezes, esses fatos permanecem idênticos, são dotados de uma vitalidade contínua, às vezes se extinguem; resta, então a permanência da forma, dos sinais físicos, do "locus". A permanência mais significante é dada, pois, pelas ruas e pelo plano; o plano permanece sob níveis diversos, diferencia-se nas atribuições, muitas vezes se deforma, mas, substancialmente, não se desloca. Esta é a parte mais válida da teoria de Poète; ela nasce essencialmente do estudo da história, ainda que não a possamos definir completamente como uma teoria histórica.

À primeira vista, pode parecer que as permanências absorvem toda a continuidade dos fatos urbanos, mas substancialmente não é assim, porque na cidade nem tudo permanece, ou permanece com modalidades tão diferentes, que com freqüência não são comparáveis. De fato, nesse sentido, para explicar um fato urbano o método das permanências é obrigado a considerá-lo fora das ações presentes que o modificam; ele é, substancialmente, um método isolador. O método histórico acaba assim não tanto identificando as permanências, mas sendo constituído sempre e apenas pelas permanências, porque só estas podem mostrar o que a cidade foi, por tudo aquilo em que o passado difere do presente. Assim, as permanências podem se tornar, com relação ao estado das cidades, fatos isolantes e aberrantes; não podem caracterizar um sistema, a não ser sob a forma de um passado que ainda experimentamos.

Em torno desse ponto, o problema das permanências apresenta duas faces: de um lado, os elementos permanentes podem ser considerados elementos patológicos, de outro como elementos propulsores. Ou nos servimos desses fatos para tentar compreender a cidade na sua totalidade, ou acabamos ficando presos a uma série de fatos que não poderemos ligar ainda mais a um sistema urbano.

Percebo que não mostrei de maneira bastante nítida a distinção entre os elementos permanentes de modo vital e os que devem ser considerados elementos patológicos. Procurarei avançar mais algumas observações, ainda que de modo não sistemático. Nas primeiras páginas deste estudo falei do Palazzo della Ragione de Pádua e realcei seu caráter permanente; aqui, a permanência não significa apenas que nesse monumento ainda se experimenta a forma do passado, que a forma física do passado assumiu funções diferentes e continuou a funcionar condicionando aquele entorno urbano e constituindo, ainda hoje, um foco importante. Em parte, esse edifício ainda é usado e, embora estando todos convencidos de que se trata de uma obra de arte, considera-se também ponto pacífico que, no térreo, ele funcione mais ou menos como um mercado varejista. E isso prova a sua validade.

Tome-se o Alhambra de Granada. Ele já não hospeda nem os reis mouros, nem os reis castelhanos; no entanto, se aceitássemos as classificações funcionalistas, deveríamos declarar que ele constitui a principal função urbana de Granada. É evidente que, em Granada, experimentamos a forma do passado de um modo totalmente diferente do que podemos fazer em Pádua. (Ou, se não totalmente, pelo menos em grande parte.) No primeiro caso, a forma do passado adquiriu uma função diferente, mas está intimamente ligada à cidade, modificou-se e nos faz pensar que ainda poderia se modificar; no segundo, ela está, por assim dizer, isolada na cidade, nada lhe pode ser acrescentado, ela constitui uma experiência tão essencial que não se pode modificar (veja-se neste sentido a substancial falência do palácio de Carlos V, que poderia ser tranqüilamente destruído); mas, em ambos os casos, esses fatos urbanos são uma parte insuprimível da cidade, porque *constituem* a cidade.

Ao desenvolver esse exemplo, avancei argumentos que aproximam também, e estranhamente, um fato urbano persisten-

Fig. 18. **Córdoba**, vista aérea da Mesquita (Medjid-al-Djamia, séculos VIII-X), transformada em catedral católica depois da "Conquista".

Fig. 19. (pág. da direita) **Córdoba**, a Mesquita (Medjid-al-Djamia, séculos VIII-X) e sua transformação em catedral católica. *Acima*, planta do edifício na época dos árabes. *No centro e embaixo*, planta e seções do edifício depois da "Conquista" e da construção da catedral barroca (1599) (de uma coletânea editada em *c*. 1830).

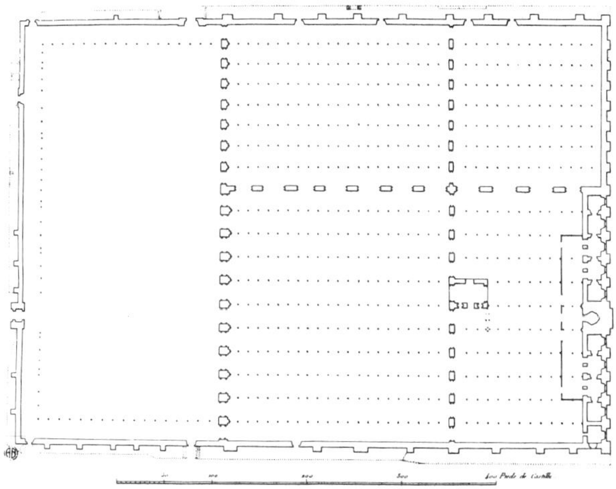
100
200
300
400 Pieds de Castille

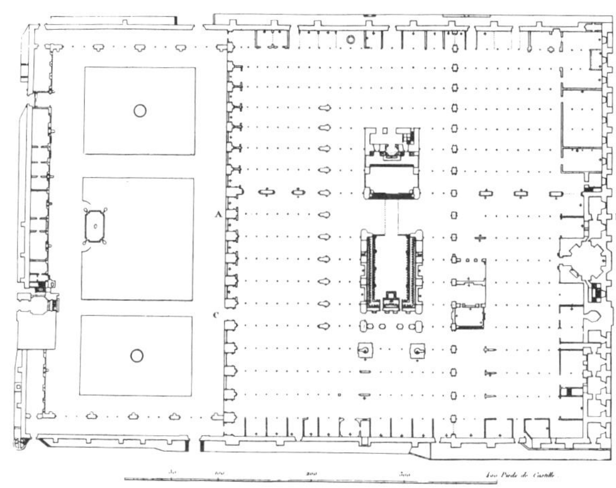
A
B
C
D
100
200
300
400 Pieds de Castille

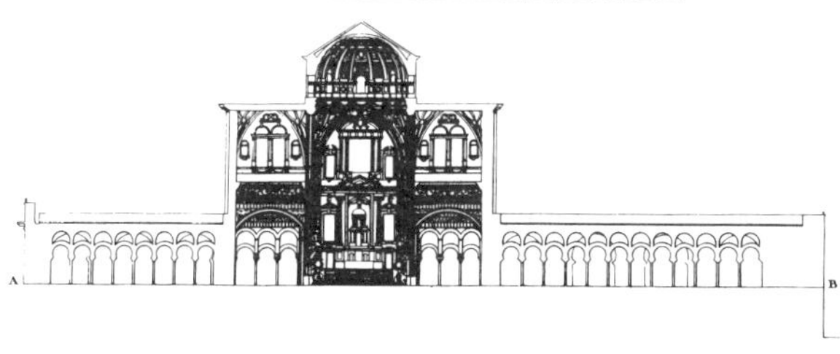
A
B

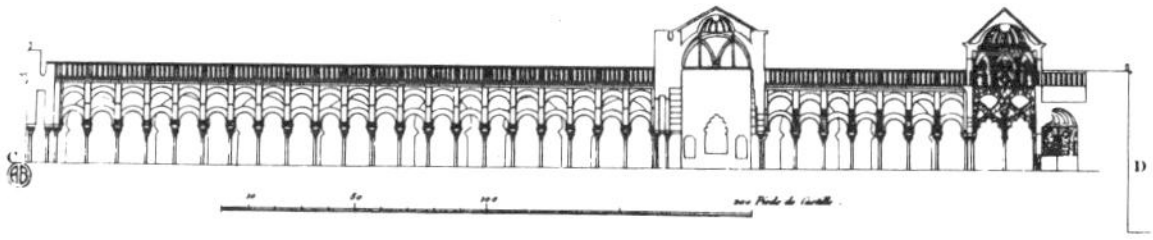
C
D
50
100
200 Pieds de Castille

te e um monumento; de fato, eu poderia falar do Palácio Ducal de Veneza, ou do Teatro de Nîmes, ou da Mesquita de Córdoba, e o argumento não mudaria. Com efeito, inclino-me a crer que os fatos urbanos persistentes se identificam com os monumentos, que os monumentos são persistentes na cidade, e persistem efetivamente, inclusive do ponto de vista físico. (Salvo, enfim, casos bastante particulares.) Essa persistência e permanência é dada por seu valor constitutivo, pela história e pela arte, pelo ser e pela memória.

Exporei adiante e continuamente no decorrer desta obra, como já fiz, diversas considerações sobre os monumentos. Aqui, podemos enfim constatar a diferença da permanência histórica enquanto forma de um passado que ainda experimentamos e a *permanência como elemento patológico*, como algo isolado e aberrante.

Esta última forma é constituída em grande parte e largamente pelo *ambiente*, quando este é concebido como a permanência de uma função em si mesma, isolada desde então da estrutura, anacrônica em relação à evolução técnica e social. É sabido que, geralmente, quando se fala de ambiente, faz-se referência a um conjunto predominantemente residencial. Nesse sentido, a conservação do ambiente vai contra o real processo dinâmico da cidade; as conservações ditas ambientais estão para os valores da cidade no tempo assim como o corpo embalsamado de um santo está para a imagem da sua personalidade histórica. Há, nas conservações ambientais, uma espécie de naturalismo urbano; admito que este possa dar lugar a imagens sugestivas e que, por exemplo, a visita a uma cidade morta (admitindo-se que isso possa ocorrer em certas dimensões) pode ser uma experiência única, mas estamos, nesse caso, totalmente fora de um passado que ainda experimentamos.

Também estou disposto a admitir que reconhecer apenas aos monumentos uma efetiva intencionalidade estética, a ponto de colocá-los como elementos fixos da estrutura urbana, pode ser uma simplificação. É indubitável que, admitindo-se precisamente a hipótese da cidade como artefato e como obra de arte na sua totalidade, se possa encontrar uma legitimidade de expressão numa residência, ou, em todo caso, numa obra menor, igual à de um monumento. Mas questões desse tipo nos levariam longe demais; aqui pretendo apenas afirmar que o processo dinâmico da cidade tende mais à evolução do que à conservação e que na evolução os monumentos se conservam e representam fatos propulsores do próprio desenvolvimento. E este é um fato verificável, queiramos ou não.

Refiro-me naturalmente às cidades normais que têm uma curva de desenvolvimento ininterrupto; os problemas das cidades mortas só tangencialmente concernem à ciência urbana, eles dizem respeito muito mais ao historiador e ao arqueólogo. No entanto, considero no mínimo abstrato querer reduzir os fatos urbanos a fatos arqueológicos, ou considerá-los como tais.

Além do mais, já procurei demonstrar que a função é insuficiente para definir a continuidade dos fatos urbanos e que, se a origem da constituição tipológica dos fatos urbanos é simplesmente a função, não se pode explicar nenhum fenômeno de sobrevivência: uma função é sempre caracterizada no tempo e na sociedade e o que dela depende intimamente não pode deixar de estar ligado ao seu desenvolvimento.

Um fato urbano determinado apenas por uma função não é fruível além do desempenho dessa função. Na realidade, continuamos a fruir elementos cuja função foi perdida faz tempo; o valor desses fatos reside, pois, unicamente na sua forma. Sua forma participa intimamente da forma geral da cidade, é por assim dizer uma invariante; com freqüência, esses fatos são estreitamente ligados aos elementos constitutivos, aos fundamentos da cidade, e se encontram nos monumentos. Basta introduzir os elementos principais que emergem dessas questões para perceber a extrema importância do parâmetro tempo no estudo dos fatos urbanos. Pensar um fato urbano qualquer como algo definido no tempo constitui uma das mais graves abordagens que se pode fazer no campo dos nossos estudos.

A forma da cidade é sempre a forma de um tempo da cidade, e existem muitos tempos na forma da cidade. No próprio decorrer da vida de um homem, a cidade muda de fisionomia em volta dele, as referências não são as mesmas. Baudelaire escreveu: "A velha Paris já não existe (a forma de uma cidade/ muda mais depressa, ai de nós, que o coração de um mortal)"[32]. Vemos como incrivelmente velhas as casas da nossa infância; e a cidade que muda apaga com freqüência nossas recordações.

As considerações feitas até aqui permitem-nos tentar um tipo de leitura da cidade. Vemos a cidade como uma arquitetura de que destacamos diversos componentes, que são, principalmente, a *residência e os elementos primários*. É esse o enfoque que desenvolverei nas páginas seguintes, partindo do conceito de área-estudo.

Admitamos que a residência constitui a parte principal da superfície urbana e que, raramente apresentando características de permanência, deve ser estudada na sua evolução junto com a área em que se encontra: falarei, assim, de área-residência. Reconheçamos, no entanto, aos elementos primários um caráter decisivo na formação e na constituição da cidade; esse caráter decisivo também é notado, com freqüência, devido a seu caráter permanente. Entre os elementos primários, os monumentos desempenham um papel particular.

Procuraremos, em seguida, ver que papel desempenham efetivamente esses elementos primários na estrutura dos fatos urbanos e por quais motivos os fatos urbanos podem ser considerados obra de arte, ou, pelo menos, como a estrutura geral da cidade se assemelha a uma obra de arte. A análise que realizamos precedentemente de alguns autores e de alguns fatos urbanos levou-nos a reconhecer essa constituição geral da cidade e os motivos da sua arquitetura.

Não há nada de novo nisso tudo; e vali-me das contribuições mais diversas para proceder à formação de uma teoria dos fatos urbanos que correspondesse à realidade. Por isso considero alguns dos temas aqui discutidos – como os da função, da permanência, da classificação e da tipologia – particularmente significativos. Sei que todos esses temas mereceriam um desenvolvimento particular, mas o que me importa aqui é delinear sobretudo o esquema da arquitetura da cidade e enfrentar alguns problemas da sua constituição total.

Fig. 20. **Veneza**, o canto inacabado da "Ca' del Duca", de Francesco Sforza, no Canal Grande (século XV) (fotografia de Dida Biggi).

CAPÍTULO II

Os elementos primários e a área

8. Área-estudo

No capítulo anterior, ao desenvolver a hipótese da cidade como artefato, como arquitetura total, avancei e sustentei *três proposições distintas*.

A *primeira* dessas proposições afirma que o desenvolvimento urbano é correlato em sentido temporal, isto é, que na cidade há um antes e um depois; isso significa reconhecer e demonstrar que ao longo da coordenada temporal estamos conectando fenômenos que são estreitamente comparáveis e, por sua natureza, homogêneos. Dessa proposição decorreu a análise dos elementos permanentes.

A *segunda* proposição concerne à continuidade espacial da cidade. Aceitar essa continuidade significa aceitar como fatos de natureza homogênea todos aqueles elementos que encontramos em determinado território, ou melhor, num certo entorno urbanizado, sem supor que haja ruptura entre um fato e outro. Essa proposição pode ser muito controvertida e deveremos voltar com freqüência às implicações que ela apresenta. (Por exemplo, ela não é aceita quando se sustenta que entre a cidade histórica e a cidade tal como se conforma depois da revolução industrial existe um salto qualitativo; e, ainda, quando se fala de cidade aberta e cidade fechada, como fatos de natureza diversa, etc.)

Enfim, como *terceira* e última proposição, devemos admitir que no interior da estrutura urbana há alguns elementos de natureza particular que têm o poder de retardar ou acelerar o processo urbano e que, por sua natureza, são relevantes.

Tratarei agora, de uma maneira mais específica, do lugar em que se manifestam os fatos urbanos, isto é, da área em que é possível detectá-los, do *solo urbano*, que é um dado natural, mas também uma obra civil e parte substancial da arquitetura da cidade. Podemos ver essa área em seu conjunto, e então ela constitui a projeção da forma da cidade num plano horizontal, ou por partes específicas. Os geógrafos chamam isso de sítio, isto é, a área em que surge uma cidade, a superfície que ela realmente ocupa. Isso, do ponto de vista geográfico, é essencial para a descrição de uma cidade e, juntamente com a localização e com o entorno, é um elemento importante para classificar diferentes cidades.

Introduzirei o conceito de *área-estudo*. Já que supomos existir uma inter-relação entre qualquer elemento urbano e um fato urbano de natureza mais complexa, até a cidade em que eles se manifestam, devemos esclarecer a que entorno urbano nos referimos. Esse entorno urbano mínimo é constituído pela área-estudo. Com esse termo pretendo designar uma porção da área urbana que pode ser definida ou descrita recorrendo-se a outros elementos da área urbana tomada em seu conjunto, por exemplo, ao sistema viário.

A área-estudo pode ser considerada, pois, uma abstração relativamente ao espaço da cidade; ela serve para definir melhor um determinado fenômeno. Por exemplo, para compreender as características de determinado lote e sua influência sobre um tipo de habitação, será necessário examinar os lotes contíguos, aqueles que precisamente constituem um certo entorno, para ver se tal forma é de todo anormal ou se ela nasce de condições mais gerais da cidade.

Mas a área-estudo pode ser uma área definida por características históricas, ela coincide com um fato urbano preciso. Considerá-la em si significa reconhecer a essa parte de um conjunto urbano mais vasto características precisas, uma qualidade diferente. Essa qualidade dos fatos urbanos é de extrema importância; reconhecer diferentes qualidades aproxima-nos do conhecimento da estrutura dos fatos urbanos.

Depois, procurarei ilustrar outras definições da área-estudo, por exemplo, as relações entre o conceito espacial de área-estudo e o sociológico de "natural area". Considerações desse tipo poderão servir para introduzir o conceito de bairro. Em outros casos, a área-estudo pode ser considerada um "recinto" ou uma seção vertical da cidade. Seja como for, em todos os casos deveremos sempre definir os limites do entorno urbano que examinamos; esta será a melhor garantia para não aceitar as distorções mais graves que são difundidas no domínio de nossos estudos e que consideram o crescimento da cidade e o devir dos fatos urbanos como um processo contínuo e natural em que desaparecem as verdadeiras diferenças dos fatos.

Na realidade, a estrutura dos fatos urbanos faz com que as cidades sejam distintas no tempo e no espaço "per genus et differentiam". Qualquer mudança de um fato urbano pressupõe um salto qualitativo. Já que tenho consciência de que os argumentos utilizados para sustentar a natureza dessa relação não são decisivos, não procurarei propor rapidamente alguma solução, mas antes tentarei insistir nessas distinções e definições que com freqüência introduzimos, ao tratar de argumentos desse tipo.

Todo o presente trabalho é concebido de acordo com esse intento. Sustentarei aqui: a) que entre esses dois fatos, tipologia edificatória e morfologia urbana, existe uma relação binária e que pôr em evidência essa relação pode levar a resultados interessantes; b) que esses resultados são extremamente úteis para o conhecimento da estrutura dos fatos urbanos, a qual não se identifica com a relação de que falamos acima mas é em boa parte esclarecida pelo conhecimento dessa relação.

Uma primeira definição do conceito de área-estudo já foi avançada. Ela pretende definir a que entorno urbano nos referimos. A área-estudo pode ser considerada uma abstração com respeito ao espaço da cidade; ela serve para definir melhor determinado fenômeno. Portanto, dávamos, de um lado, uma definição da área-estudo como método de trabalho e uma definição da área-estudo mais complexa, entendida como elemento qualitativo da cidade.

No presente parágrafo e em todo este capítulo, trataremos da natureza particular de alguns fatos urbanos, ainda que nos limitemos em parte à sua descrição. A importância *a priori* que atribuo aqui à área-estudo pode ser compreendida entre estas duas afirmações:

Fig. 21. **Chicago**, o rio Chicago no interior da cidade, visto por Mather Tower, 1941 (fotografia de Andreas Feininger).

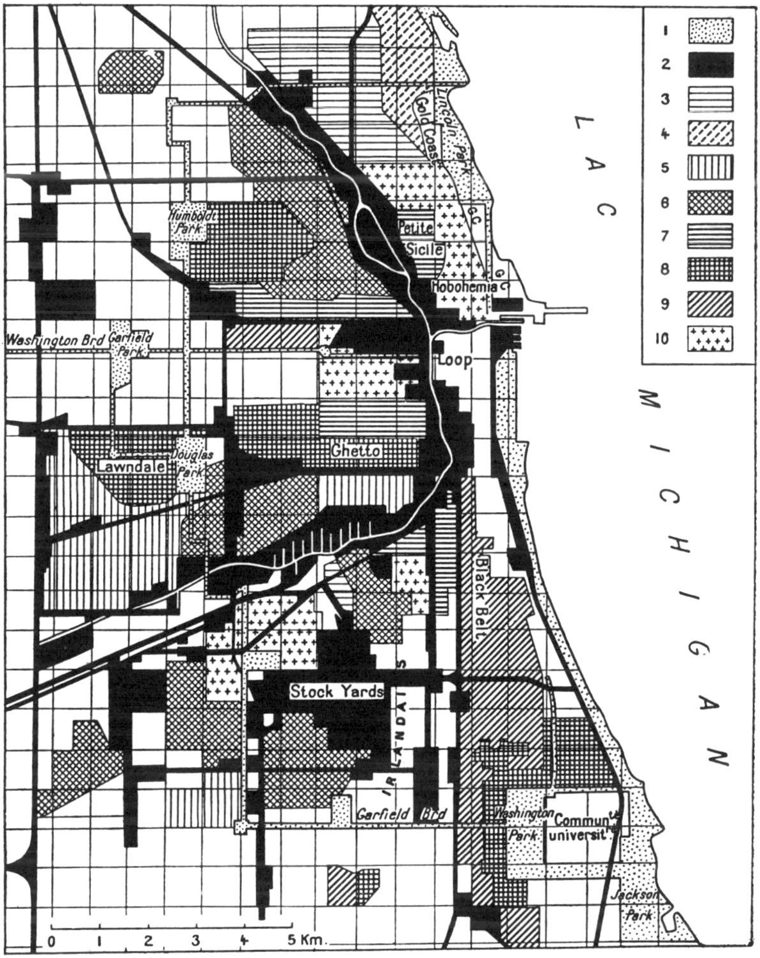

Fig. 22. **Chicago**, planta esquemática da cidade com as divisões por zonas étnicas: 1. parques e artérias principais; 2. terrenos industriais e ferrovias; 3. alemães; 4. suecos; 5. tchecoslovacos; 6. poloneses e lituanos; 7. italianos; 8. judeus; 9. negros; 10. população mista.

a) do ponto de vista da intervenção, creio que se deve hoje operar sobre um pedaço de cidade definido, sem querer excluir, em nome de um planejamento abstrato do desenvolvimento da cidade, outras possibilidades de experiência, mesmo que totalmente diferentes. Um pedaço de cidade oferece maiores critérios concretos, do ponto de vista do conhecimento e do ponto de vista da programação (intervenção);

b) a cidade não é, por natureza, uma criação que possa ser reduzida a uma só idéia básica. Isso é verdade para a metrópole moderna, mas também o é para o próprio conceito de cidade, que é a soma de muitas partes, bairros e distritos, muito diferentes e diferenciados em suas características formais e sociológicas.

É precisamente essa diferenciação que constitui uma das características típicas da cidade; querer encaixar essas diversas zonas num único princípio de explicação não tem sentido, tampouco querer encaixá-las numa única lei formal. A cidade, na sua vastidão e na sua beleza, é uma criação nascida de numerosos e diversos momentos de formação; a unidade desses momentos é a unidade urbana em seu conjunto, a possibilidade de ler a cidade com continuidade reside em seu preeminente caráter formal e espacial[1].

Creio que essas afirmações servem para ressaltar que o estudo da área, entendida como parte constituinte de cidade, interessa aqui para a análise da forma da cidade enquanto elemento característico e freqüentemente decisivo da sua forma; elas não concernem ao sentido comunitário da área e às implicações que as doutrinas comunitárias deram ao bairro. Pelo menos, não concernem diretamente a essa questão, cuja natureza é em grande parte sociológica, ainda que eu considere necessário indicar esse aspecto da questão.

Aqui, as áreas são sempre entendidas como unidades do conjunto urbano que emergiram através de uma operação de diferentes processos de crescimento e diferenciação, ou então aqueles bairros ou partes da cidade que adquiriram características próprias. A cidade é vista como uma grande obra, identificável na forma e no espaço, mas essa obra pode ser apreendida através de seus trechos, de seus diversos momentos; é esse o levantamento que podemos efetuar com segurança. A unidade dessas partes é dada fundamentalmente pela história, pela memória que a cidade tem de si mesma.

Ora, essas áreas, essas partes, são definidas essencialmente pela sua localização: são a projeção no terreno dos fatos urbanos, a sua comensurabilidade topográfica e a sua presença. Essas áreas originais podem ser identificadas como unidades do conjunto urbano que emergiram por uma operação de diferentes momentos de crescimento e diferenciação, ou como aqueles bairros ou partes da cidade que adquiriram caráter próprio.

Enfim, podemos chegar a uma extensão mais geral e conceitual do problema definindo-o como um conceito que compreende uma série de fatores espaciais e sociais que se produzem como influências determinantes sobre os habitantes de uma área cultural e geográfica suficientemente circunscrita.

Do ponto de vista da morfologia urbana, a definição é mais simples, compreendendo todas aquelas regiões urbanas definidas por caracteres de homogeneidade física e social. (Embora definir em que consiste a homogeneidade não seja coisa simples, sobretudo do ponto de vista formal. Poderíamos avançar a definição de homogeneidade tipológica: todas aquelas áreas que apresentam uma constância dos modos e dos tipos de vida que se concretiza em edifícios semelhantes. Nesse sentido, a homogeneidade dos bairros, das *Siedlungen*, etc.) Mas o estudo dessas características acaba se tornando específico da morfologia social ou da geografia social (quanto a isso, veja-se a possibilidade de definir a homogeneidade do ponto de vista sociológico), que analisa as atividades dos grupos sociais enquanto se manifestam duradouramente através de determinadas características territoriais.

O estudo da área torna-se, assim, o momento particular do estudo da cidade, e o conjunto dessas observações dá lugar a uma verdadeira ecologia urbana, condição necessária para os estudos sobre a cidade. Os dois traços distintivos que se vêm configurar nessa relação são, pois, a massa e a densidade, que se manifestam através da continuidade da ocupação do espaço, no plano horizontal e no plano vertical. A área como parte da cidade é uma superfície relativa a uma certa massa e densidade, e é também o momento de uma tensão interna à vida da própria cidade.

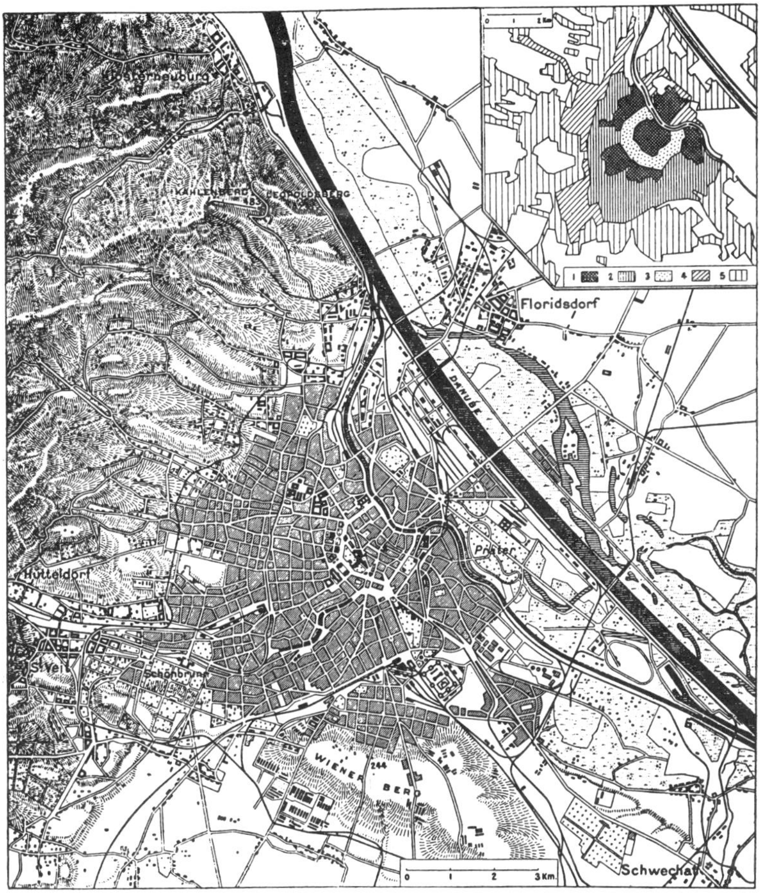

Fig. 23. Viena (pág. da esquerda), modelo do centro da cidade construído pelo mestre carpinteiro Eduard Fischer em 1852-54, antes da realização do Ring (hoje, no Historisches Museum der Stadt Wien); detalhe com a vista da velha e da nova Kärntnertor (porta urbana), da Kärntnerstrasse e, em cima, da Catedral de Santo Estêvão.

Fig. 24. Viena, planta da cidade. A planta esquemática, no alto à direita, mostra as diversas fases do desenvolvimento urbano: 1. Viena em 1683; 2. velhos bairros do século XVIII e do início do século XIX, no interior dos muros de 1703; 3. o Ring; 4. bairros de 1860; 5. desenvolvimento do fim do século XIX e início do século XX.

Ainda que, em termos ecológicos, a relação seja indissolúvel, a definição tem uma grande capacidade de abertura dos problemas.

9. Área e bairro

O conceito de área desenvolvido nas páginas precedentes está intimamente ligado ao de bairro. Introduzi problemas desse tipo ao resumir a teoria de Tricart; penso que será necessário nos referirmos ao conceito de parte ou pedaço de cidade, admitindo a cidade como sistema espacial formado de várias partes com características próprias. Uma teoria desse tipo foi desenvolvida de maneira suficiente por Schumacher; penso que ela corresponde bastante bem à realidade. Por outro lado, essa parte de cidade nada mais é que uma extensão da área-estudo.

O *bairro* torna-se, pois, um momento, um setor da forma da cidade, intimamente ligado à sua evolução e à sua natureza, constituído por partes e à sua imagem. Temos dessas partes uma experiência concreta. Para a morfologia social, o bairro é uma unidade morfológica e estrutural; é caracterizado por uma certa paisagem urbana, por um certo conteúdo social e por uma função; portanto, uma mudança num desses elementos é suficiente para fixar o limite do bairro. Também aqui é necessário ter presente que a análise do bairro como fato social baseado na segregação de classe ou de raça, nas funções econômicas ou, em todo caso, na camada social corresponde indubitavelmente ao mesmo processo de formação da metrópole moderna, e isso é verdade tanto para a Roma antiga quanto para as grandes cidades de hoje. Mas sustentamos aqui que esses bairros não são tão subordinados um ao outro, mas partes relativamente autônomas; suas relações não são explicáveis como uma simples função de dependência, mas devem ser referidas a toda a estrutura urbana.

Sustentar que uma parte de cidade constitui outra cidade dentro desta significa contestar outro aspecto da teoria funcionalista. Esse outro aspecto é o do *zoneamento*. Não pretendo referir-me aqui ao zoneamento enquanto prática técnica, que é coisa aceitável e tem outro significado, mas à teoria do zoneamento tal como foi proposta por *Park e Burgess a propósito da cidade de*

Chicago. Essa teoria proporcionava um modo de leitura da cidade aparentemente convincente, ainda que artificial, tanto que teve um rápido mas breve sucesso. Também nesse caso se procedeu demasiado rapidamente a uma extensão imprópria de resultados em si válidos. Como essa teoria era concebida?

A enunciação científica da teoria do *zoning* foi avançada em 1923 por Burgess[2] partindo de seus estudos sobre Chicago. O *zoning* é definido como a tendência da cidade a se dispor por bairros concêntricos em torno de um bairro central de negócios, ou de um bairro de tipo direcional. Na descrição da cidade de Chicago, Burgess indicava uma série de zonas concêntricas, cada uma correspondente a funções bem definidas: o centro de negócios, que absorve a vida comercial, social, administrativa e dos transportes; a zona de transição, que circunda o centro e que é representada por uma espécie de auréola de degradação formada por residências pobres onde estão os negros e os imigrados recentes e onde se encontram as pequenas oficinas; a zona de residência operária, onde estão os trabalhadores que desejam morar perto de suas fábricas; a zona de residência mais rica, que compreende habitações individuais e casas de vários andares; enfim, uma zona externa, onde estão os imigrados cotidianos, agrupados em torno dos entroncamentos das vias que convergem para a cidade.

Entre as *críticas feitas a essa teoria*, que parece esquemática inclusive quando aplicada à própria Chicago, teve certo êxito a de Hoyt[2], que procurou estabelecer, embora em termos muito sintéticos, um princípio de crescimento segundo certos eixos de tráfego, isto é, segundo certas linhas de transporte; isso acaba sobrepondo aos setores concêntricos setores radiais a partir do centro da cidade. Uma teoria desse tipo é tangente à de Schumacher e, sobretudo, às suas propostas para o plano de Hamburgo.

É oportuno notar que, embora o termo zoneamento surja sob forma de teoria com Burgess, ele aparece pela primeira vez com os estudos de Baumeister[3] em 1870 e passa, como tal, a fazer parte do *regulamento prussiano para a cidade de Berlim*, de 1925. Mas no caso do regulamento de Berlim, deve ser entendido num sentido totalmente diferente: ele indica na cidade cinco zonas (residenciais, protegidas, comerciais, industriais e mistas), mas a disposição dessas zonas não é entendida em sentido radiocêntrico. Embora o centro de negócios corresponda ao centro histórico, há uma alternância de zonas industriais, residenciais e terrenos livres que contradizem a enunciação de Burgess[4].

Poderíamos analisar outros estudos e outras definições, em grande parte de geógrafos, mais ricas e complexas, mas todas demasiado ligadas a situações particulares.

Hugo Hassinger, estudando Viena[5], descreve a cidade em 1910 como constituída pela Altstadt, que o Ring circunda, e pelo Grossstädtischer Vorstadgürtel, isto é, a parte de altíssima densidade compreendida entre o Ring e o Gürtel. Fora dessas zonas, que ele indica como constituintes do Grossstadtkern, o núcleo da cidade, ele fala do Grossstädtischer Weichbild, isto é, da zona constituída pela cidade propriamente dita e pelo campo. (Mais ou menos o que os estudiosos americanos definiram mais tarde como orlas urbanas.)

Indicamos muito rapidamente essas teorias para que se perceba que desde o início procurou-se ler a posição e as relações das diversas partes da cidade. A essas teorias somaram-se muitas outras, mas não cabe analisá-las aqui.

Também não quero contestar a teoria de Burgess; essa contestação foi feita universalmente. Da teoria de Burgess, importava-me ressaltar apenas que sua fraqueza fundamental está em conceber as diferentes *partes da cidade como meras transcrições de uma função* e entender esta última de um modo tão estrito, que chega a determinar toda a cidade, como se não existisse outro fato a ser levado em consideração.

Essa concepção é limitada ao conceber a cidade como uma série de momentos simplesmente contrapostos, que se resolvem com base numa simples norma baseada na diferenciação; uma concepção desse tipo é demasiado limitatadora dos valores mais profundos, da estrutura dos fatos urbanos; a essa concepção se opõe, no entanto, a possibilidade de estabelecer fatos urbanos em toda a sua inteireza, isto é, capazes de resolver uma parte de cidade de modo completo, determinando todas as relações que se podem estabelecer no interior de certo fato. Desenvolverei essas considerações ao me ocupar da arquitetura da cidade, porque, afinal, elas tratam dos fundamentos e da fisionomia da cidade.

Mas podemos servir-nos da enunciação de Baumeister como de um enunciado qualquer sobre a cidade. Que existem zonas especializadas, é indubitável. Podemos chamar essas zonas de *caracterizadas*; elas têm uma fisionomia particular, são partes autônomas. Sua disposição na cidade não depende – ou não depende apenas – das diversas funções coordenadas de que a cidade necessita; ela depende principalmente de todo o processo histórico da cidade, devido ao qual ela é daquele modo e tende a ser de algum modo preciso, de acordo com a sua constituição.

Enfim, Hassinger, não obstante os rígidos planos e os loteamentos em tabuleiros sobrepostos à cidade, capta uma característica fundamental que se mantém até os nossos dias e que é intimamente ligada à forma da cidade de Viena; já aqui não se trata de uma visão meramente funcional da cidade, mas antes de uma *definição por partes e por formas, por características*; essas características são a síntese de funções e de valores.

Só se poderá dizer, de forma geral, que toda cidade possui um *centro* mais ou menos complexo, com características diferentes, e que isso tem na vida urbana um papel particular; as atividades terciárias são em parte concentradas nesse centro, em grande parte ao longo dos eixos de comunicação externos, em parte no interior de grandes conjuntos residenciais. O que caracteriza a cidade do ponto de vista geral das relações entre zonas é a existência de uma rede terciária complexa e polinuclear. Mas esse centro e os outros centros podem ser estudados apenas como fatos urbanos de natureza primária; só conhecendo sua estrutura e sua situação poderemos conhecer o seu papel particular.

Todas essas considerações levam-nos, pois, à confirmação da teoria que vê a *cidade dividida em partes diferentes* e, do ponto de vista formal e histórico, constitutivas dos fatos urbanos complexos. Já que num bairro predomina a parte residencial e esta, com seus aspectos ambientais, muda notavelmente no tempo, caracterizando muito mais a área em que insiste do que as construções, propus utilizar o termo área-residência. (O termo área, como se viu, é desenvolvido pela literatura sociológica.) Cada parte da cidade, de acordo com uma teoria dos fatos urbanos atenta mais à estrutura dos próprios fatos do que à função, é distinguida por características; são partes caracterizadas.

Figs. 25, 26. Viena, Karl Marx-Hof, do arquiteto Karl Ehn, iniciado em 1927 (Heiligenstädter Strasse, 82-90). Parte central da fachada que dá para a Bosch Strasse e a ferrovia e fachada que dá para a Heiligenstädter Platz.

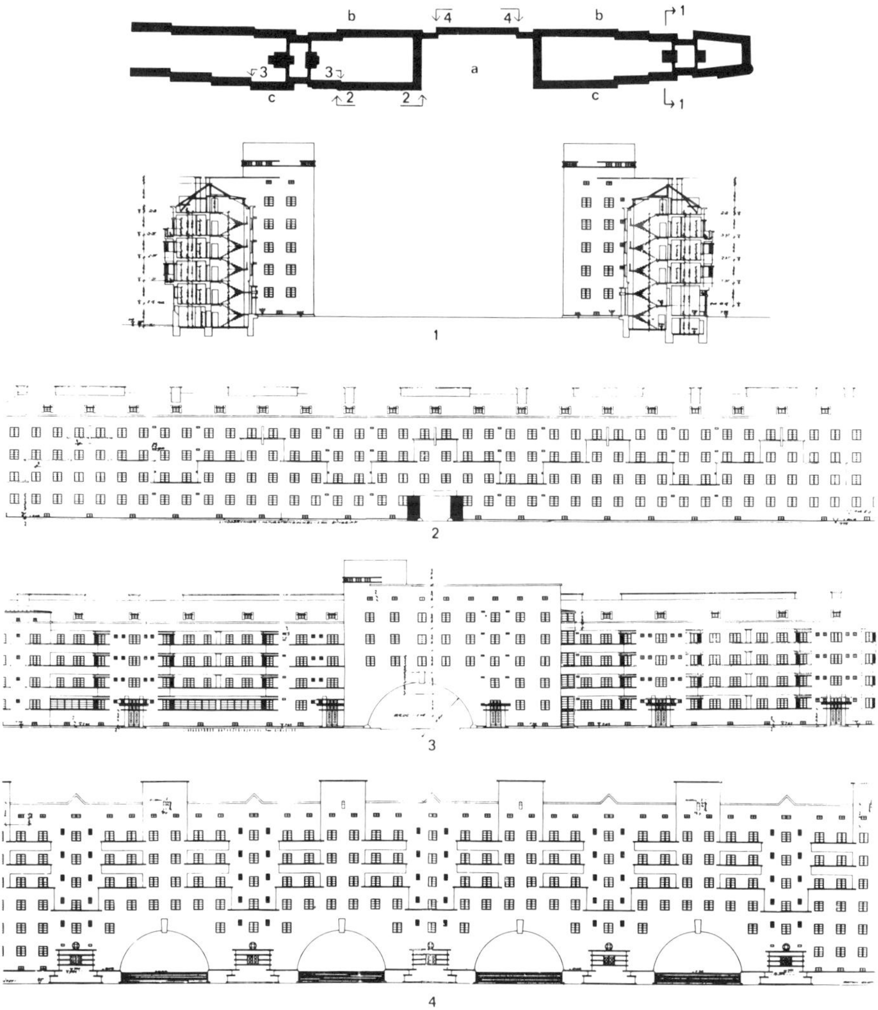

Fig. 27. **Viena**, Karl Marx-Hof, arq. Karl Ehn, iniciado em 1927 (Heiligenstädter Strasse, 82-90). Planimetria esquemática e detalhes dos desenhos originais (na planimetria, os números identificam as perspectivas: a, Heiligenstädter Platz; b, Bosch Strasse; c, Heiligenstädter Strasse).

Que na cidade antiga os bairros se distinguiam uns dos outros, com seus centros, seus monumentos e seu modo de vida, é coisa universalmente conhecida e verificável tanto pela história urbana como pela própria realidade física da arquitetura. Essas características não são diferentes na cidade moderna, sobretudo nas grandes cidades da Europa, seja onde se procurou encerrar a cidade num grande desenho unitário, como em Paris, seja de forma absolutamente nítida na cidade tipicamente constituída de lugares e situações diversas: Londres.

Mas o fenômeno é plenamente preponderante nas *cidades americanas* e, através de seus muitos componentes, emerge em primeiro plano entre os problemas urbanos, freqüentemente dramáticos, desse grande país. Sem sequer aflorar aqui os componentes sociais do problema, indico apenas na formação e na evolução da cidade americana uma confirmação da "cidade por partes".

Lynch, analisando o material de suas pesquisas, escreve: "Muitos entrevistados sublinharam com cuidado que Boston, embora desconcertante em seu sistema de caminhos, até mesmo para quem mora nela há muito tempo, encontra um atributo compensatório na quantidade e na vividez de seus diferentes bairros. Na palavra de um deles: 'Cada parte de Boston é diferente da outra. É possível facilmente identificar a área em que se está'. (...) Nova York... foi citada... porque possui um certo número de bairros característicos bem definidos, situados numa moldura ordenada de rios e ruas"[6].

Sempre tratando do bairro, Lynch fala de áreas de referência, "com escasso conteúdo perceptivo, mas úteis como conceitos organizadores" e distingue os bairros "introvertidos, voltados para si mesmos, com escassas referências à cidade circunstante" dos "bairros isolados", que surgem independentes da sua zona[7]. Utilizei aqui o material colhido por Lynch para a tese da cidade constituída por partes diferenciadas; pesquisas desse tipo podem ser extremamente úteis para a ciência urbana.

Creio que, além da análise empreendida por Lynch do ponto de vista psicológico, seria possível empreender *pesquisas lingüísticas* que atestassem os estratos mais profundos da estrutura do real e, portanto, da realidade urbana. Recorde-se a expressão vienense "Heimatbezirk", em que o bairro se identifica com a pátria e com o espaço vital. Justamente Hellpach falou da metrópole como pátria do homem moderno. O "Heimatbezirk" exprime particularmente bem a estrutura morfológica e histórica de Viena, cidade em si plurinacional e no entanto, provavelmente, o único lugar concreto da concepção unitária do estado dos Habsburgo.

Em Milão, a divisão das partes externas aos muros espanhóis em burgos só pode ser verificada mediante um atento estudo histórico-morfológico; mas um fenômeno de persistência ficou vivo na língua, tanto que o principal deles, correspondente à zona de San Gottardo, e à própria zona, são chamados pelos milaneses *el burg*.

Uma pesquisa lingüística do tipo aqui mencionado poderia dar resultados interessantes para o estudo da formação da cidade, assim como as pesquisas realizadas com os métodos da psicologia. Não pretendo com isso referir-me apenas aos estudos da toponímia, embora estes proporcionem com freqüência uma contribuição importante para o estudo do devir urbano; basta pensar que toda cidade apresenta numerosos exemplos de profundas modificações físicas do solo, que permaneceram nos nomes das vias públicas e das localidades. Em Milão, as vias Bottonuto, Poslaghetto e Pantano, junto com San Giovanni in Conca, recordam ao mesmo tempo zonas pantanosas e antiqüíssimas obras hidráulicas. O mesmo deve ser dito do bairro do Marais em Paris. Tanto quanto sabemos, essas pesquisas confirmarão a constituição da cidade por partes caracterizadas.

Nos parágrafos seguintes, tratarei de maneira mais circunstanciada da área-residência e dos elementos primários.

10. A residência

Repito que tomar a residência em si não significa adotar um critério funcional de repartição do uso das áreas citadinas, mas simplesmente tratar de modo particular um fato urbano que é, por si, preeminente na composição da cidade. Considero, além disso, que o uso do termo área-residência no sentido que foi ilustrado nas páginas anteriores pode remeter o estudo da residência a uma teoria geral dos fatos urbanos.

Fig. 28. Tipologia de casa medieval do século XIII na Borgonha, planta do térreo e fachada (por E.-E. Viollet-le-Duc). A. escada; B. porta de entrada; C. porta de acesso ao cômodo I; D, E, F. I, II e III, cômodos; G. jardim ou pátio; O. acesso ao porão.

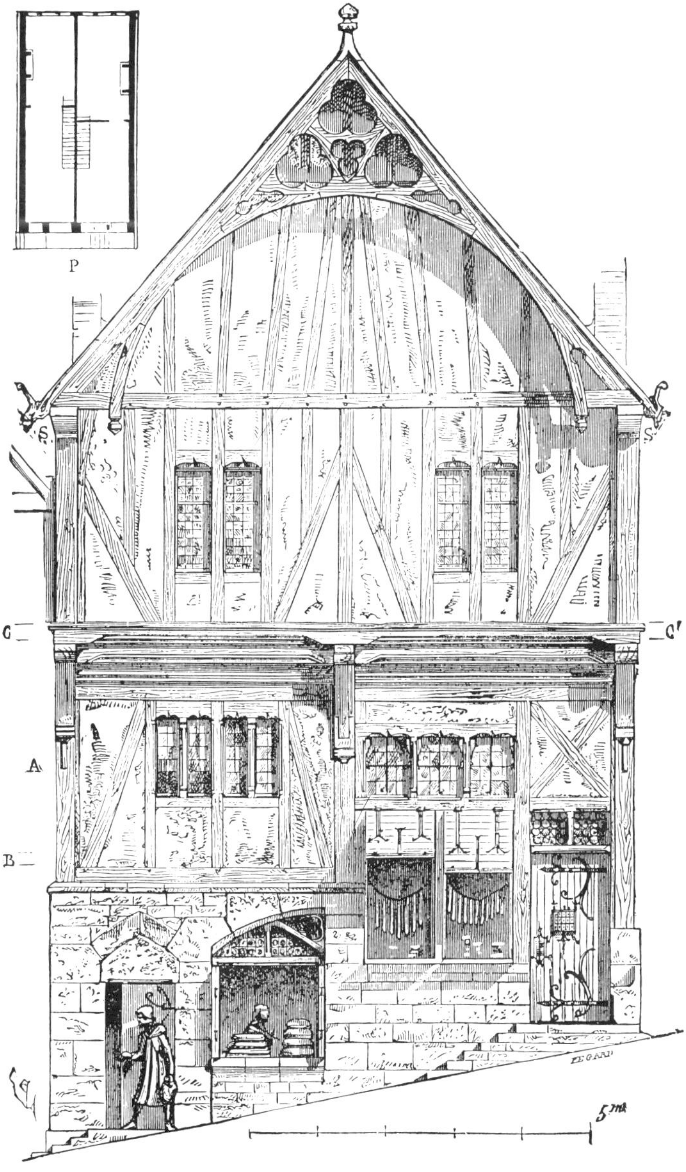

Fig. 29. Casa para duas famílias em Laval, numa rua em ladeira; planta do térreo e fachada (por E.-E. Viollet-le-Duc). A. mezzanino; B, C, C', níveis dos pisos de madeira; P. planta do térreo com as duas lojas.

A cidade sempre foi amplamente caracterizada pela residência. Pode-se dizer que não existem ou não existiram cidades em que não estivesse presente o aspecto residencial: onde esse aspecto tinha uma função totalmente subalterna na constituição de um fato urbano (o castelo, o acampamento militar), chegou-se bem depressa a uma modificação em vantagem da residência.

Não se pode afirmar, nem mediante uma análise histórica, nem mediante uma descrição da situação atual, que a residência é uma coisa amorfa, pouco mais que uma zona cuja conversão seja fácil e imediata. A forma com que se realizam os tipos de edificações residenciais, o aspecto tipológico que os caracteriza, está intimamente ligado à forma urbana.

Por outro lado, a residência, que representa o modo concreto de viver de um povo, a manifestação pontual de uma cultura, modifica-se muito lentamente. Viollet-le-Duc, em seu grande afresco da arquitetura francesa contido no dicionário em que cada juízo é apoiado na análise dos fatos concretos, escreve: "Na arte da arquitetura, a casa é certamente o que melhor caracteriza os costumes, os gostos e os usos de um povo; sua ordem, assim como sua distribuição, só se modifica em tempos muito longos"[8].

Na *Roma antiga*, a residência, subdividida bastante rigidamente nos tipos da *domus* e da *insula*, caracteriza a cidade e as 14 regiões de Augusto. A *insula* quase resume a cidade em suas divisões e em sua evolução; nela, há mais mistura social do que comumente se pensa. Como nas casas construídas em Paris depois de 1850, há uma diferenciação social em altura.

As *insulae*, cuja construção é extremamente pobre e temporânea, renovam-se sobre si mesmas; constituem o substrato urbano, a matéria sobre a qual se vem plasmando a cidade. Já se exerce sobre a *insula*, logo sobre a residência de massa, uma das forças mais importantes do crescimento da cidade: a especulação. O mecanismo da especulação aplicado aos terrenos residenciais é um dos momentos de crescimento mais característicos da cidade imperial.

Sem conhecer esse fato, não podemos compreender o sistema dos edifícios públicos, o seu deslocamento, o mecanismo de crescimento da cidade. Uma relação análoga, embora não igualmente caracterizada por uma concentração tão alta, existe na cidade grega.

A forma de Viena nasce de um problema residencial: a aplicação da "Hofquartierspflicht"[9] aumenta extraordinariamente a densidade no centro, determina a tipologia edificatória particular das habitações de vários andares e estimula de forma determinante o desenvolvimento dos subúrbios. A tentativa de retomar a residência como fator determinante, como fato urbano típico na forma da cidade, retorna na construção das *Siedlungen* operárias dos anos seguintes à Primeira Guerra Mundial.

O programa da prefeitura de Viena preocupava-se sobretudo em realizar conjuntos típicos cuja forma fosse intimamente ligada à forma da cidade. A esse propósito Peter Behrens escrevia: "Criticar sua construção com base em princípios inventados na prancheta significa, em geral, enveredar por um caminho errado, porque nada é tão mutável e heterogêneo quanto as necessidades, os hábitos e todas as múltiplas situações de uma população residente numa determinada região"[10]. A relação entre a residência e a localização se torna, portanto, preeminente.

Os exemplos da enorme superfície das *cidades americanas* não são explicáveis sem a tendência a um tipo de residência esparsa, de caráter unifamiliar. O estudo de Gottman sobre *Megalopolis* é muito preciso a esse respeito[11].

A localização da residência depende, pois, de muitos fatores: geográficos, morfológicos, históricos, econômicos. Antes mesmo dos *fatores geográficos*, parecem ser determinantes os *fatores econômicos*. A alternância das zonas residenciais, sua constituição de modo especializado do ponto de vista tipológico parece amplamente influenciada por motivos econômicos; essa alternância é movida pelo mecanismo da especulação, de que tratarei mais adiante. Isso é válido também nos exemplos mais recentes.

A cidade socialista, por ora, não parece oferecer alternativas de fundo para o processo de crescimennto urbano; por outro lado, suas dificuldades objetivas não são facilmente identificáveis. Evidentemente, mesmo onde não existe o mecanismo da especulação, sempre haverá aquelas questões preferenciais na escolha das localizações, dificilmente solucionáveis. Esses problemas de-

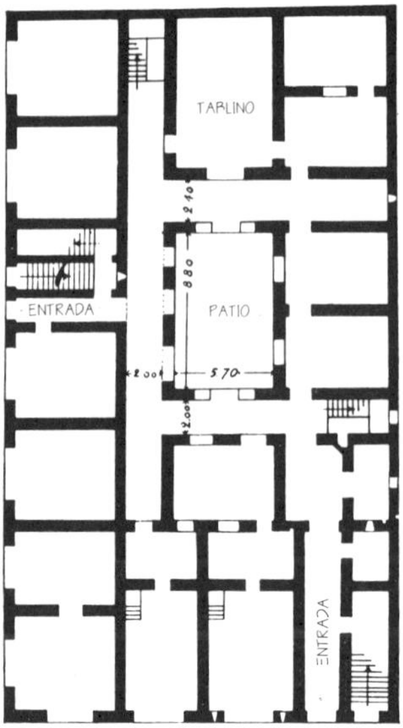

Figs. 30, 31, 32. **Ostia antiga**, Casa de Diana; planta, vista do pátio interno, vista da fachada que dá para a Piazzetta dei Lari (vistas desenhadas pelo arq. Italo Gismondi).

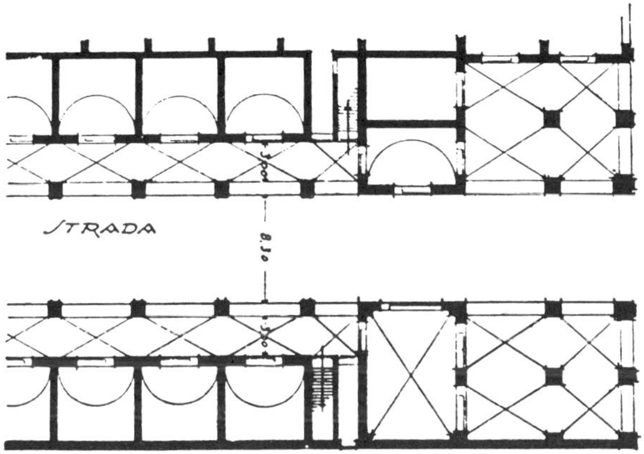

Figs. 33, 34. Ostia antiga, planta e vista de um edifício da Via del Tempio (vista desenhada pelo arq. Italo Gismondi).

vem ser relacionados ao quadro mais geral das escolhas na dinâmica urbana.

É lógico supor que o sucesso dos conjuntos residenciais está ligado à existência de *serviços públicos e equipamentos coletivos*, e deve-se notar a importância desse fato. Ele também é a causa da possibilidade de dispersão das partes residenciais. É evidente que a concentração residencial da cidade antiga e da Roma imperial pode ser explicada plausivelmente pela falta quase absoluta de transportes públicos e pelo caráter excepcional dos transportes privados. Mas essa explicação não é suficiente: basta pensar, por oposição, na Grécia antiga ou na morfologia de algumas cidades nórdicas.

É difícil sustentar que esse aspecto seja caracterizador. Em outras palavras, pode-se afirmar que, dado um sistema de transportes públicos, a forma da cidade ainda não está determinada, ou que esse sistema pode ser estabelecido, em todo caso, para obter certa forma da cidade ou para segui-la. Não creio que o metrô de qualquer grande cidade possa ser objeto de discussões fora da sua eficiência técnica, ao passo que o mesmo não se pode dizer dos assentamentos residenciais, os quais são objeto de numerosas controvérsias, no sentido de que sua constituição, enquanto fatos urbanos, pode ser controvertida. Ou seja, existe um fato específico no problema da residência que é intimamente ligado ao problema da cidade, ao seu modo de viver, à sua forma física e à sua imagem, isto é, à sua estrutura. Esse elemento específico não diz respeito a nenhum tipo de equipamento técnico, o qual não constitui um fato urbano.

Daí resulta, enfim, que o estudo da residência pode ser um bom método para o estudo da cidade e vice-versa. Talvez nada seja tão esclarecedor das diferenças estruturais entre uma cidade mediterrânea como Taranto e uma cidade nórdica como Zurique, dos diferentes aspectos do problema residencial – refiro-me especificamente aos aspectos morfológicos e estruturais. Considerações desse tipo também podem ser feitas a propósito das aldeias alpinas e de todas aquelas agregações em que o fato residencial é, por si, predominante, se não único. Qualquer um desses paralelos não dá realce à afirmação de Viollet-le-Duc de que a casa – sua ordem e sua distribuição – só se modifica em tempos muito longos?

Considero que os problemas da residência podem ser levados adiante sobre estes e outros pontos; mas tratá-los de forma específica nos distanciaria demais do objetivo deste livro. Naturalmente, é útil recordar que nos problemas tipológicos da residência estão presentes muitos elementos que não dizem respeito apenas aos aspectos espaciais do problema; seja como for, por ora não me interessa discutir quais as bases para explicar as correspondências que existem no interior do problema da residência, nem creio que seja minha tarefa fazê-lo, mas considero necessário saber que elas existem.

De fato, em certo ponto, integrando o discurso feito até aqui com as menções a algumas posições sociológicas e mais propriamente políticas sobre o valor do problema residencial como momento da vida da cidade e do próprio problema social, poderemos obter dados muito interessantes. Por exemplo, seria possível extrair dados muito úteis do estudo dos problemas arquitetônicos, isto é, ver a relação que existiu e existe entre certos dados e as soluções dos arquitetos.

Tentarei, nas páginas subseqüentes, seguir alguns aspectos deste problema – *a residência e os arquitetos* – aplicado ao caso da cidade de Berlim, sobre a qual existe uma vasta documentação, não só relativa ao problema residencial, o que também existe no caso de muitas outras cidades, mas sobre os bairros modernos em particular. Além disso, sendo o problema da residência uma das questões de destaque, no nível teórico e prático da temática da arquitetura moderna na Alemanha, será útil ver que relações existem concretamente entre as formulações teóricas e as realizações. Além desse problema, a Alemanha, entre as duas guerras, deu contribuições excepcionais, como as de Hegemann, Gropius, Klein, Van de Velde e outros.

O leitor a quem essa questão não interessar poderá pular para o parágrafo seguinte.

11. O problema tipológico da residência em Berlim

Como o problema da residência, ao lado de muitas outras questões urbanas, é um problema que diz respeito às cidades, e

Fig. 35. (pág. da esquerda) **Berlim**, paisagem de ruínas em torno da Viktoria-Luise-Platz em 1946.

Fig. 36. **Berlim**, planta da cidade. 1. jardins e parques; 2. florestas. A planta esquemática embaixo, à direita, mostra as fases do desenvolvimento urbano: 1. o centro antigo; 2. a Dorotheenstadt; 3. o traçado dos muros do século XVIII.

como as cidades são algo que bem ou mal podemos descrever, é útil referi-lo a cidades determinadas. Portanto, ao tratar do problema da residência em determinadas cidades, estará implícito que procuramos fazer o menor número possível de generalizações. É claro que esses problemas, em cada cidade, terão sempre algo em comum e que procurando saber quanto em cada fato pode ser comum a outros fatos iremos nos aproximar da elaboração de teorias gerais.

Procurarei ilustrar, nestas páginas, por que o problema da tipologia residencial em Berlim é particularmente interessante e em que medida esse interesse é preeminente em relação a outras cidades; procurarei, além disso, expor os motivos que podem levar a reconhecer uma certa uniformidade ou continuidade dos problemas da residência em Berlim e, enfim, qual é a validade de alguns modelos residenciais típicos, passados e presentes, em relação a uma série de questões dentre as quais se coloca o problema da residência com respeito à realidade urbana e às teorias do desenvolvimento urbano.

A) O interesse particular da residência em Berlim salta à vista quando examinamos o mapa da cidade; ele foi posto em evidência por estudos bastante precisos[12]. Em 1936, o geógrafo Louis Herbert distinguia quatro grandes tipos de construções um Berlim; essas distinções correspondiam a *quatro zonas* definidas pela sua distância do centro histórico.

1) Construção uniforme e contínua com edifícios do tipo "cidade grande". Esses edifícios possuíam pelo menos quatro andares.

2) Construção diversificada de tipo urbano. Distinguem-se duas classes: a) no centro da cidade, há construções misturadas a construções velhíssimas e baixas, de três andares ou menos; b) às margens do complexo urbano, há uma intercalação contínua de construções altas e baixas, espaços abertos, campos e loteamentos.

3) Grandes áreas para a indústria.

4) Áreas residenciais abertas nas margens extremas da cidade, que compreendem casas e construções unifamiliares construídas principalmente depois de 1918.

Entre a zona 4 e o exterior, há uma mescla contínua de zonas industriais, zonas residenciais e localidades em transforma-

Fig. 37. **Karl Friedrich Schinkel**, projeto para a residência de campo do príncipe Guilherme, em Babelsberg, perto de Potsdam; projeto de 1834, início da construção 1835.

Karl Friedrich Schinkel. Fig. 38. Vista do Cassino à beira do lago do parque do Castelo de Klein-Glienicke (1824-25). **Fig. 39.** Vista do corpo principal do Castelo de Tegel, perto de Berlim (1820-24).

Figs. 40, 41, 42. Karl Friedrich Schinkel. Projeto para os Römische Bäder (Banhos Romanos) em Charlottenhof, 1833-34.

ção. Essas zonas externas são muito diferentes entre si e vão das zonas operárias e industriais de Henningsdorf e Pankow às senhoriais de Grünewald.

Foi observando essa distribuição de Berlim que Reinhard Baumeister empregou em 1870 o conceito de *zoning*, que aparece mais tarde no regulamento de edificações prussiano. Na grande Berlim, a morfologia dos conjuntos residenciais era, pois, muito variada; os vários conjuntos não diretamente ligados entre si eram caracterizados por tipos precisos de edificações: casas altas, casas de especulação e casas unifamiliares. Essa variedade tipológica corresponde a um tipo de estrutura urbana muito moderna, isto é, a um tipo de estrutura que se produziu sucessivamente em outras cidades da Europa, embora talvez nunca tenha alcançado uma articulação tão acentuada quanto em Berlim. Essa articulação, considerada em seu duplo aspecto de estrutura urbana e de estrutura tipológica, é uma das principais características da metrópole alemã. Veremos como as *Siedlungen* se colocam no interior dessas condições, nelas devendo ser julgadas.

B) A estrutura dos conjuntos residenciais pode ser reduzida aos seguintes *tipos fundamentais*:

1) construções em bloco;

2) corpos livres;

3) casas unifamiliares.

Esses diferentes tipos estão presentes em Berlim com freqüência maior do que em qualquer outra cidade da Europa por motivos histórico-culturais e por motivos geográficos. A construção gótica desapareceu quase completamente no século XIX, ao passo que, como se sabe, se conservou longamente nas outras cidades alemãs, de que constituiu, até as destruições da última guerra, a imagem predominante.

As *construções em bloco*, que derivam do regulamento de polícia de 1851, constituem uma das formas mais integrais de exploração do solo urbano; são constituídas por diversos pátios dispostos perpendicularmente à fachada que dá para a rua. Construções desse tipo também são características de cidades como Hamburgo e Viena. A presença de numerosas construções desse tipo em Berlim, chamadas de *Mietkasernen*, casernas de aluguel, levaram à definição de "cidade caserna". A forma da construção

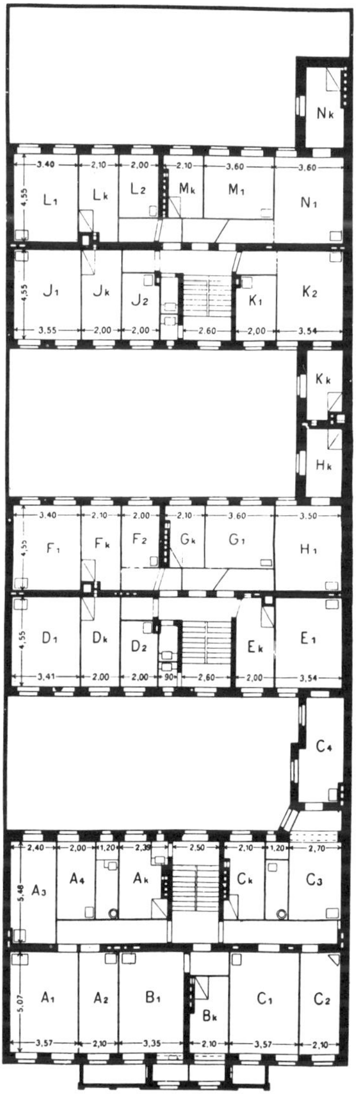

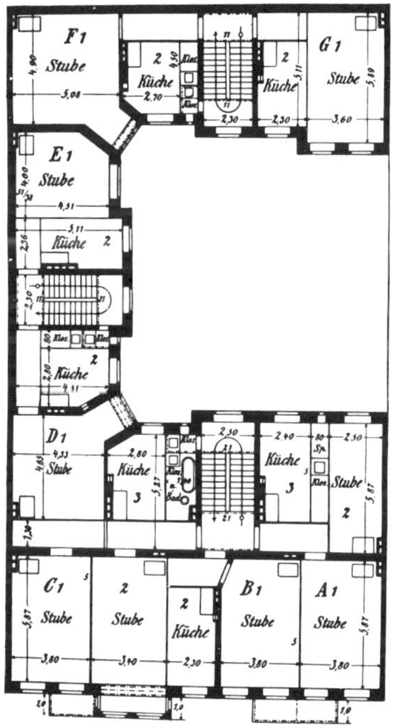

Berlim, tipologia da "Mietkaserne" (caserna de aluguel; desenho de R. Eberstadt). **Fig. 43**. Um exemplo de 1805, com dois corpos internos transversais, ambos duplos. Cada apartamento é indicado por uma letra (p. ex., A), cada cômodo por um número (p. ex., A1, A2, A3, etc.), a cozinha com um k minúsculo (p. ex., Ak). **Fig. 44**. Um exemplo mais recente, com um só corpo interno transversal simples. "Bad", banho; "Klosett", w.c.; "Küche", cozinha; "Stube", aposento.

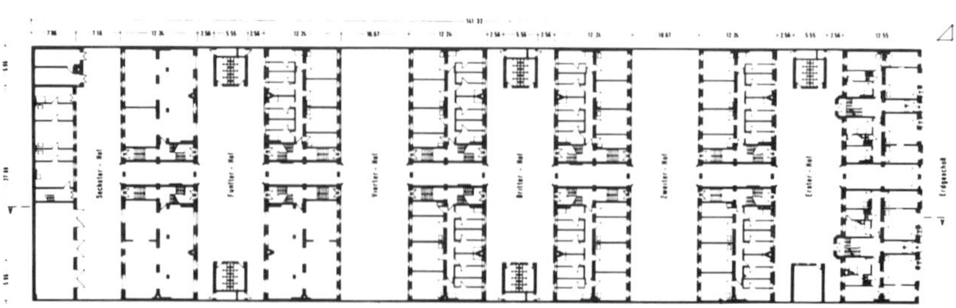

Figs. 45, 46. **Berlim**, a Meyer's Hof, uma das mais famosas Mietkaserne da cidade, construída na Ackerstrasse, 132-133, em 1873-74 pelo arq. Adolf Erich Wittig; vista da seqüência de pátios numa fotografia de Traut Hajdu (1929) e planta do térreo.

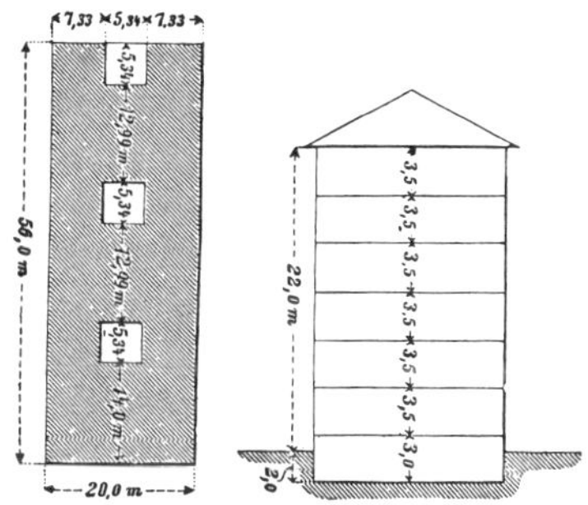

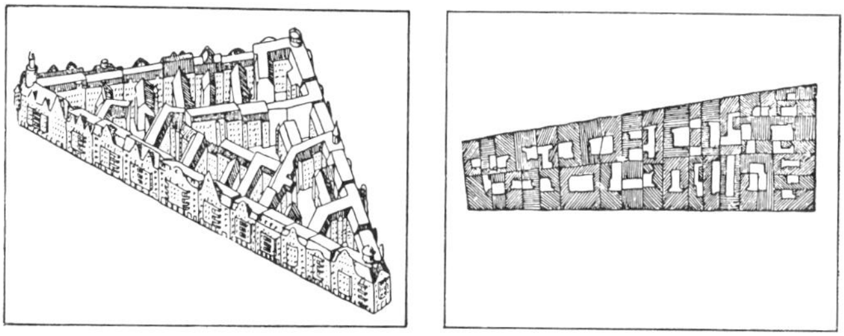

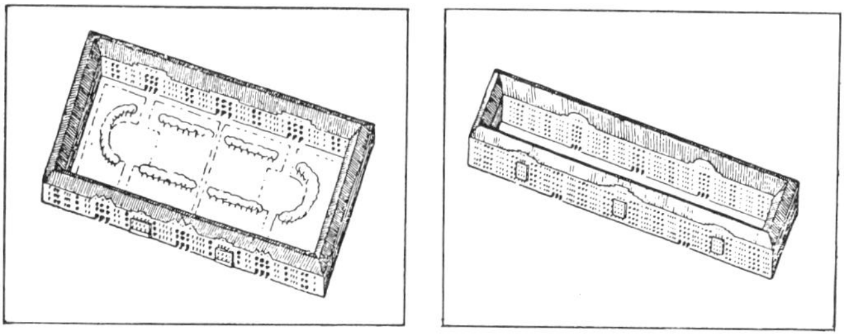

Berlim, tipologia residencial e regulamentos de edificações (por W. Hegemann). **Fig. 47**. Planta e seção de um edifício residencial berlinense típico (com fachada para rua de 20 m e três pátios de 5,34 m x 5,34 m), construído segundo o Regulamento de Edificações imposto pelo estado prussiano, em vigor de 1853 a 1887. Em sete andares habitáveis (com índice de ocupação de 1,5 a 3 pessoas por aposento, e aposentos com superfície de 15 m² a um máximo de 30 m²), viviam amontoadas de 325 a 650 pessoas. As duas paredes laterais, com 56 m de comprimento, são obviamente sem janelas. **Fig. 48**. Vista e planta de dois quarteirões construídos de acordo com o Regulamento Policial de Edificações de 1887. Representam um indubitável melhoramento em relação ao Regulamento de 1853; os quarteirões eram, em geral, maiores e tinham pátios internos de maiores dimensões. (Desenhos do Assessor de Edificações Grobler.) **Fig. 49**. Típicos quarteirões de 3 e 5 andares, construídos com base no Regulamento de Edificações de 1925. Sobre as edificações e os regulamentos berlinenses, cf. além do parág. 11, as notas 4 e 12 do cap. II, e as figs. 43, 44, 45 e 46.

com pátio representa, porém, uma solução típica da Europa Central; como tal, é adotada por muitos arquitetos modernos, tanto em Berlim como em Viena. Os pátios são transformados agora em grandes jardins. Esses jardins são equipados com abrigos e quiosques de venda. Alguns dos melhores exemplos da residência do período racionalista estão ligados a essa forma.

As *construções com corpos* livres caracterizam as *Siedlungen* racionalistas; elas representam a posição mais polêmica e científica; sua disposição requer uma divisão totalmente livre do terreno, depende mais das condições heliotérmicas do que da forma geral do bairro. A construção desses corpos é completamente desvinculada da rua e, sobretudo por isso, altera completamente o tipo de desenvolvimento urbano do século XIX. Nestes exemplos, tem particular importância o verde público.

Em todos estes exemplos, é fundamental o estudo da unidade de habitação, a célula. Todos os arquitetos que trabalham na configuração desses bairros e se aventuram a formular tipos edificatórios econômicos procuram encontrar a forma exata do *Existenzminimum*, da unidade dimensional ótima do ponto de vista distributivo e econômico. É esse um dos elementos preeminentes no trabalho dos racionalistas sobre o problema da habitação.

Aqui só podemos mencionar que o *Existenzminimum* pressupõe uma relação de tipo estático entre um certo modo de vida, hipotético ainda que estatisticamente determinável, e um certo tipo de habitação, com a conseqüência de um rápido envelhecimento da *Siedlung*. Esta se revela uma concepção espacial demasiado particular, demasiado ligada a determinadas soluções, para representar um elemento geral universalmente utilizável do problema da habitação. Trata-se naturalmente de um só aspecto de um problema complexo e com numerosas variáveis.

No que concerne às *construções unifamiliares*, há uma forte tradição na tipologia residencial berlinense. Se bem que este seja um dos pontos de maior interesse do problema da tipologia residencial do racionalismo, não me deterei nele porque esse aspecto do problema requer um tipo de exame paralelo mas não coincidente com o presente estudo.

Adquire uma importância particular o projeto do Castelo de Babelsberg para Guilherme I, o Castelo de Charlottenhof e os

Figs. 50, 51. Berlim e a tipologia da construção unifamiliar: Hermann Muthesius, Haus Freudenberg em Nikolassee, Potsdamer Chaussee, 48 (1906-07); fachada principal e vista do jardim inferior, com a pérgula.

Figs. 52, 53. Berlim. Gross-Siedlung Britz (1925-31); vista aérea da *Siedlung* e vista do edifício circular de Bruno Taut (1925-27), pouco depois da construção.

Figs. 54, 55, 56. (pág. da direita) **Berlim**, Gross-Siedlung Britz (1925-31); planimetria geral e plantas-tipo das habitações no edifício circular e no edifício ao longo da Fritz Reuter Allee, ambos de Bruno Taut. "Flur", corredor; "Kammer", quartinho; "Küche", cozinha; "Laube", *loggia*; "Schlafzimmer", quarto; "Wohnzimmer", sala de estar; "Zimmer", cômodo.

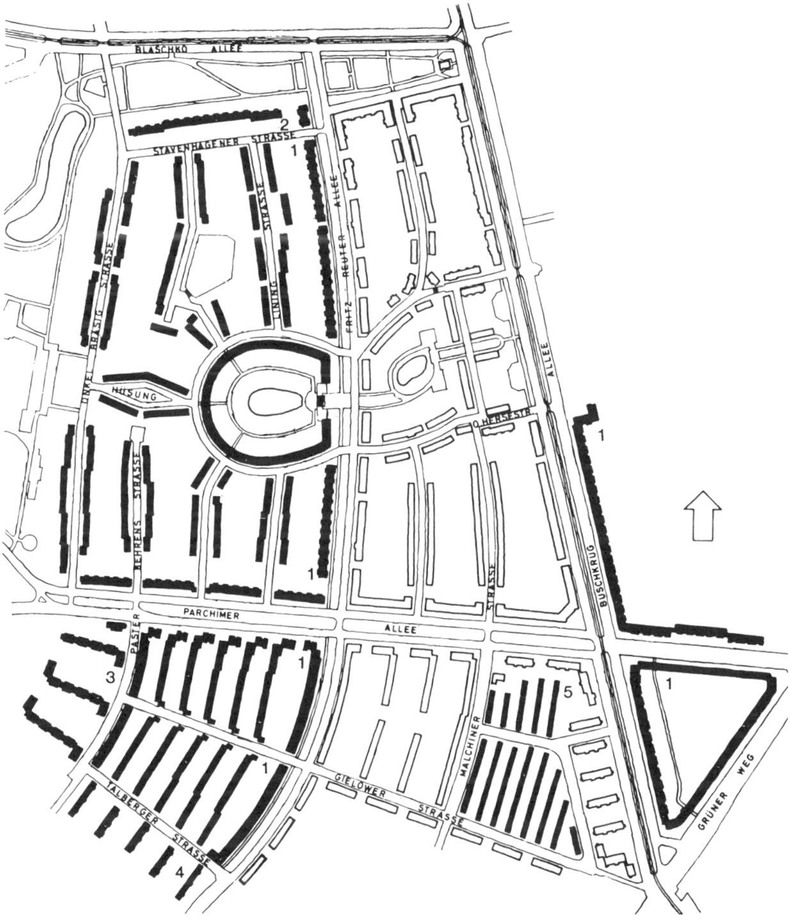

BLASCHKO ALLEE
STAVENHAGENER STRASSE
UNKEL BRÄSIG STRASSE
HÜSUNG
BEHRENS STRASSE
LINING STRASSE
FRITZ REUTER ALLEE
O.HERSESTR.
PARCHIMER ALLEE
PASTER
TALBERGER STRASSE
GIELOWER STRASSE
MALCHINER STRASSE
BUSCHKRUG ALLEE
GRÜNER WEG
1
2
3
4
5

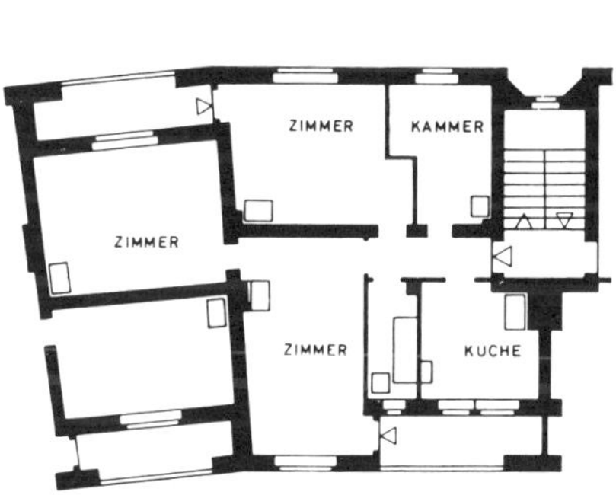

ZIMMER
KAMMER
ZIMMER
ZIMMER
KUCHE

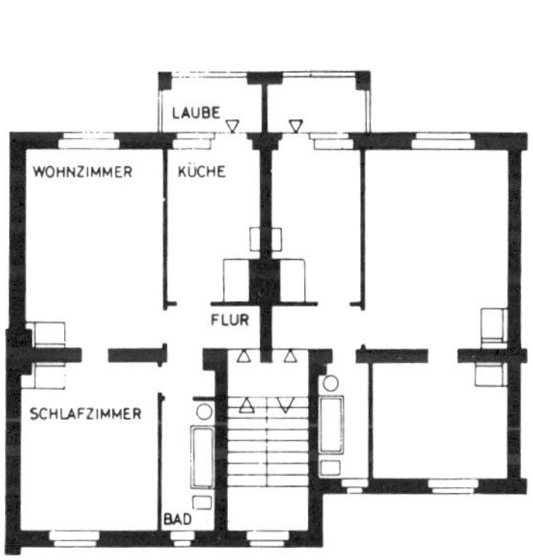

LAUBE
WOHNZIMMER
KÜCHE
FLUR
SCHLAFZIMMER
BAD

Römische Bäder de Schinkel. A planta do castelo de Babelsberg apresenta uma estrutura ordenada, quase rígida do ponto de vista distributivo, enquanto sua forma procura dispor-se segundo a situação do ambiente circunstante, sobretudo com interesses paisagísticos. As características da obra de Schinkel para a arquitetura berlinense foram amplamente estudadas e não interessa aqui falar a respeito delas; interessa-me, porém, ressaltar que a concepção da "vila" se presta a oferecer um modelo tipológico adequado para uma cidade como Berlim. Nesse sentido, a obra de Schinkel, que constitui a passagem dos modelos neoclássicos aos modelos românticos, sobretudo através da adoção da casa inglesa, proporciona as bases para o tipo da vila burguesa dos primeiros anos do século.

Com a difusão da *vila* como elemento urbano e o desaparecimento das residências góticas e setecentistas, com a substituição dos ministérios no centro e das Mietkasernen nas zonas periféricas, a morfologia urbana de Berlim modifica-se profundamente.

A esse respeito, são significativas as imagens do Unter den Linden nos séculos sucessivos. A via pública setecentista é verdadeiramente um "passeio" sob as tílias; a cortina dos edifícios, embora apresentando alturas diferentes, possui total unidade arquitetônica. Trata-se de casas citadinas de tipo burguês, características da Europa Central, com a presença de elementos formais da edificação gótica, construídas em lotes estreitos e profundos. Edifícios desse tipo eram característicos de Viena, Praga, Zurique e muitas outras cidades; sua origem, freqüentemente mercantil, estava ligada à primeira conformação da cidade em sentido moderno. Com as transformações da cidade na segunda metade do século XIX, essas construções desaparecem com facilidade, seja devido à renovação do patrimônio de edificações, seja pela alternância no uso das áreas. Com sua substituição, tem-se uma profunda modificação da paisagem urbana, muitas vezes com uma rigidez monumental, como no caso do Unter den Linden. Esse tipo de casa é substituído pela casa de aluguel e pela *vila*.

Para Schumacher, a *divisão entre zonas de "vilas" e "casernas de aluguel"* na segunda metade do século XIX representa a crise da unidade urbana das cidades da Europa Central; a *vila* se apresenta com a intenção de uma relação mais próxima com a natureza, com uma intenção de representação e divisão social, com a recusa ou a incapacidade de se inserir numa imagem urbana contínua; por outro lado, a casa residencial de aluguel, tornando-se casa especulativa, degrada-se e não recupera mais o valor da arquitetura civil.

No entanto, mesmo essa visão de Schumacher sendo exata, cumpre reconhecer que a *vila* tem grande papel nas transformações tipológicas que levam à casa moderna. Nos exemplos berlinenses, ela tem escassos pontos de contato com a casa unifamiliar inglesa, onde a definição corresponde a certo tipo de estrutura urbana e onde a casa unifamiliar representa uma estrutura residencial contínua. A *vila*, primeiramente, é uma redução do palácio (ver a citação de Schinkel), depois elabora cada vez mais a distribuição interna, a racionalização e a divisão dos percursos. Em Berlim, é importante a obra de Muthesius, que desenvolve os princípios da casa inglesa num sentido racionalista, no interior da construção, preocupando-se com a funcionalidade e com a liberdade dos espaços internos.

É significativo que essas inovações tipológicas não sejam paralelas a sensíveis modificações arquitetônicas e que, ao contrário, a maior liberdade interna, entendida como correspondência ao modo de vida burguês, seja acompanhada por uma imagem monumental do edifício, que se torna mais rígido em relação aos modelos schinkelianos, em que é acentuada a diferença entre a arquitetura dos edifícios residenciais e a dos edifícios civis.

Nesse sentido, são características as construções de Muthesius, um dos mais típicos construtores de *vilas* berlinenses na virada do século. Suas preocupações com uma casa moderna, expostas também em sua obra de teórico, referem-se à estrutura tipológica da casa, independentemente de seu aspecto formal, graças ao que se aceita uma espécie de neoclassicismo de tipo germânico, isto é, com o acréscimo de elementos típicos da tradição local. Exatamente ao contrário dos modelos schinkelianos, em que a residência era mais desligada da representatividade e em que os esquemas tipológicos, de tipo clássico, não contrastavam com sua arquitetura.

Mas a introdução de *elementos de representatividade na arquitetura residencial* de fins do século é uma característica típica

As Siedlungen. Fig. 57. Stuttgart, Weissenhof Siedlung, bairro experimental construído em 1927 pelo Werkbund alemão; projeto geral de Mies van der Rohe; edifícios dos principais arquitetos do Movimento Moderno. **Fig. 58. Berlim,** Gross-Siedlung Siemensstadt (1929-31), edifício em linha de Walter Gropius no Jungfernheideweg, frente para o jardim.

Figs. 59, 60, 61. (pág. da direita) **Berlim,** Gross-Siedlung Siemensstadt, 1929-31; planimetria geral e plantas-tipo das habitações do edifício de Otto Bartning na Goebelstrasse, 4, e de Walter Gropius no Jungfernheideweg, 6.

HECKERDAMM
GOEBELSTR.
JUNGFERNHEIDEWEG
SIEMENSDAMM
1
2
3
4
5
6
7
8
9
10
12

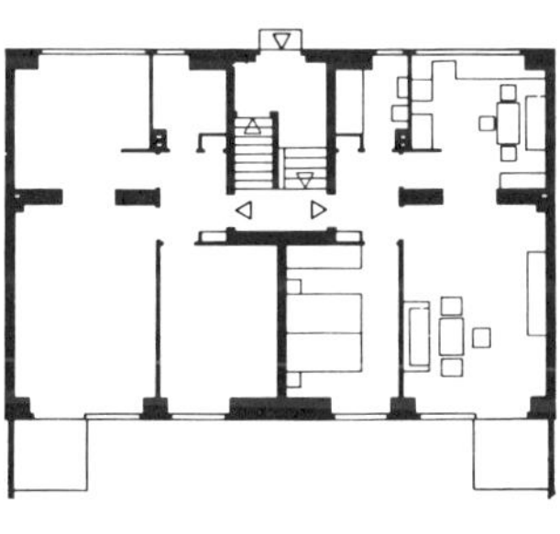

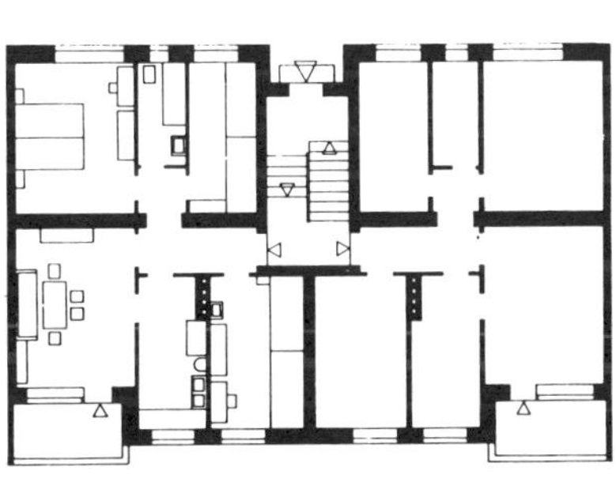

de toda a arquitetura daquele período; provavelmente, ela corresponde a condições diferentes de estrutura social e à necessidade de atribuir à casa um alcance emblemático. Certamente, isso corresponde à crise da unidade urbana de que fala Schumacher e, portanto, a uma necessidade de diferenciação no interior de uma estrutura em que vivem classes sociais cada vez mais diversas e cada vez mais antagônicas.

As *vilas* dos mais famosos arquitetos do movimento moderno em Berlim – Gropius, Mendelsohn, Häring, etc. – desenvolvem esses modernismos tipológicos de maneira bastante ortodoxa; não se pode, é claro, falar de ruptura com os modelos ecléticos de habitação, ainda que a imagem dessas *vilas* tenha mudado profundamente. Será tarefa dos sociólogos estabelecer como o elemento representativo ou emblemático se transformou; por certo, trata-se de denominações diferentes de um mesmo fenômeno. Essas casas levam às últimas conseqüências as premissas da *vila* eclética e, desse ponto de vista, compreende-se por que arquitetos como Muthesius e Van de Velde podem ser apresentados como mestres – precisamente porque estabeleceram um modelo de tipo geral, talvez traduzindo outras experiências de tipo inglês ou flamengo.

Todos esses motivos da casa unifamiliar se reapresentam no interior da *Siedlung*, que, pelo seu caráter compósito parece a mais adequada a acolhê-los e a dar-lhes, em certos aspectos, uma nova definição. Não quero aqui deter-me demasiadamente no problema da residência tal como foi entendido pelos arquitetos do racionalismo, mas, como faz parte do assunto destas notas, apenas ilustrar alguns *exemplos berlinenses* realizados por volta dos anos 20. Exemplos que, como se sabe, são de resto característicos, como poucos outros, do problema aqui tratado, junto com os exemplos célebres de Frankfurt e Stuttgart.

A teoria urbanística sustentada pelos racionalistas é claramente compendiada, pelo menos no que concerne ao aspecto residencial do problema, pela *Siedlung*, que é, provavelmente, um modelo sociológico antes mesmo de ser um modelo espacial. O fato é que, quando se fala de urbanismo racionalista, tanto os leigos como os especialistas entendem o urbanismo dos bairros. Essa atitude, considerada também em suas implicações metodológicas,

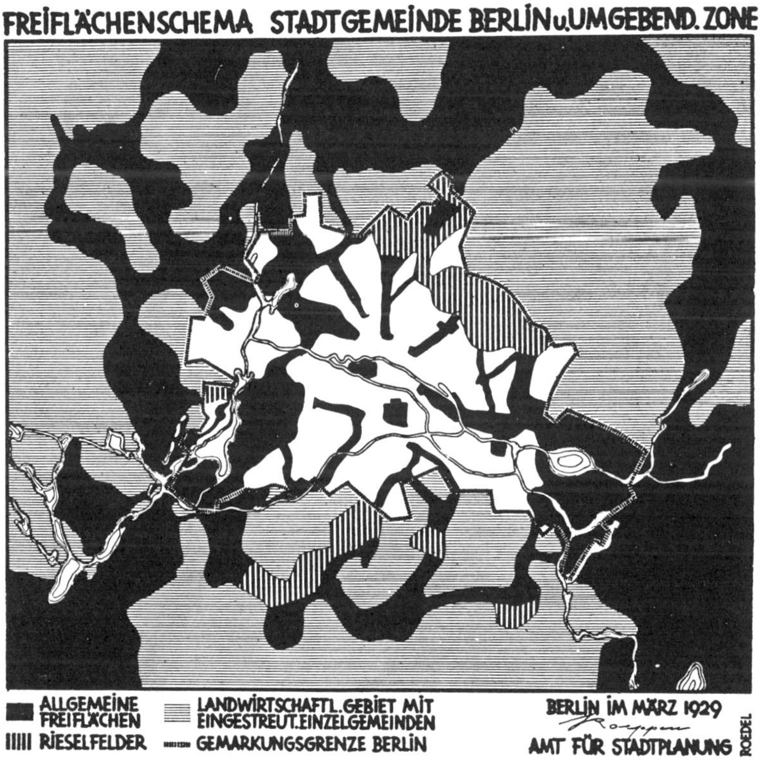

Fig. 62. Berlim, esquema das áreas livres compreendidas no município e na zona circundante em 1929 (por W. Hegemann). Em preto, áreas livres em geral; em hachuras verticais, campos de cultivo; em hachuras horizontais, o território agrícola de outros municípios; com linha tracejada, o limite do território de Berlim.

logo revela a sua insuficiência. Em primeiro lugar, considerar o urbanismo do racionalismo como urbanismo do bairro significa limitar a vastidão dessa experiência ao urbanismo alemão dos anos 20. E, também nesse caso, são tais e tantas as soluções reais que a definição não é válida nem mesmo para a história do urbanismo alemão. (Além do mais, o termo bairro, que é uma tradução tão feliz quanto imprecisa do termo alemão *Siedlung*, significa coisas tão diferentes, que é preferível não o utilizar, a não ser depois de o examinar atentamente[13].)

Revela-se necessário, portanto, o estudo das situações concretas, a descrição dos fatos; e, observando a morfologia de Berlim, sua riqueza e suas particularidades de situações urbanas e paisagísticas, a importância das *vilas*, etc., é lícito pensar que a *Siedlung* tem nessa cidade uma coerência particular. Além disso, a estreita conexão entre situações como a do Tempelhofer Felde e de Britz ou outras, em que é evidente a derivação do modelo inglês, torna mais abertas as referências fundamentais à situação urbanística. Os exemplos da Friedrich Ebert, por sua vez, são mais ligados à colocação teórica do racionalismo. Mas, em todo o caso, é difícil remontar dessas imagens a uma ideologia da *Siedlung*.

Considero ilegítimo continuar considerando a *Siedlung* em si, sem referência à situação em que se produziu, ou, como é freqüente, na ignorância da situação em que se produziu. Uma análise urbanística da *Siedlung*, que é no fundo a análise do problema da residência em Berlim nos anos 20, só pode ser efetuada paralelamente ao *plano da Grande Berlim de 1920.*

Qual a base do plano? Muito mais próxima de certos modelos recentes do que se possa crer. Em seu quadro geral, pode-se afirmar que o problema da residência é bastante indiferente à localização e que se coloca como o momento de um sistema urbano que tem seu eixo na potencialização do sistema de transportes, que representa o fluir da vida da cidade. E, interpretando o conceito de zoneamento, incrementa-se a autoformação do centro com função direcional administrativa, enquanto se remete ao território os centros do tempo livre e os equipamentos esportivos, etc.

Portanto, um modelo bastante repetido e ainda hoje evocado, em que o bairro é a zona residencial mais ou menos definida. Assim, observando o plano da Grande Berlim, podemos afirmar:

a) que não é possível sustentar que tal plano se baseava na autonomia das *Siedlungen*, concebendo uma cidade feita por setores; uma concepção desse tipo possivelmente seria mais revolucionária do que aquilo que na realidade foi feito;

b) que é falso que os racionalistas alemães não viram o problema da grande cidade, a imagem metropolitana; basta pensar nos projetos para a Friedrichstrasse e nos desenhos de Mies e de Taut;

c) que o problema da residência não teve aqui uma solução totalmente autônoma no que concerne aos modelos fundamentais relativos à residência, mas que, ao contrário, representou uma síntese, decerto feliz e importante, do próprio problema.

12. *Garden-city* e *ville radieuse*

Quando falo de modelos fundamentais, refiro-me à *garden-city* e à *ville radieuse*; essa distinção foi feita por Rasmussen, quando afirmou que a "*garden-city* e a *ville radieuse* representam dois grandes estilos contemporâneos da arquitetura moderna"[14]. Embora essa afirmação se refira a toda a arquitetura moderna, entendo-a num sentido muito mais limitado, isto é, referindo-a a duas colocações do problema da residência. É interessante que Rasmussen, ao fazer essa afirmação, tenha indicado que a questão tipológica é aqui mais clara, mais explícita, do que a ideológica, pois dela fixou-se no tempo uma imagem que parece inalterável.

Essa afirmação não tem aqui apenas um significado historiográfico; ela serve para esclarecer um problema geral (presente). O problema ao qual voltamos continuamente é o do valor da residência na estrutura urbana. Parece que os dois modelos, o da *garden-city* e o da *ville radieuse*, são os únicos explícitos a esse respeito; também são os modelos mais claros no que concerne à imagem da cidade.

Tendo presente esse ponto, poder-se-á dizer o seguinte das *Siedlungen* berlinenses em geral (e será verdade também para outros exemplos contemporâneos, como Frankfurt): elas representam uma tentativa de fixar o problema da residência num sis-

Fig. 63. **A cidade-jardim**. Londres, Hampstead Garden Suburb, vista aérea.

Fig. 64. A cidade-jardim. Londres, Hampstead Garden Suburb, 1906. O plano geral é de Raymond Unwin e Barry Parker, a zona central foi desenhada por Edwin Lutyens.

tema urbano mais complexo, tal como resulta da conformação concreta de uma cidade e de uma visão ideal da cidade moderna. A visão dessa cidade é baseada em modelos recordados. Isto é, a *Siedlung*, tal como podemos conhecer e descrever através dos exemplos berlinenses, não representa um modelo autônomo; negando uma posição autônoma da *Siedlung*, não nego que ela tenha uma posição precisa nos modelos residenciais.

Tudo o que sustento a propósito é que a *Siedlung*, numa situação urbana como a de Berlim e de outras cidades da Europa, representa uma tentativa de *mediação* mais ou menos consciente entre *duas concepções espaciais diferentes* da cidade. E isso não significa sustentar que uma posição desse tipo não possa ser válida. Ao contrário, não podemos reconhecer condições de legitimidade para as teses e as experiências que colocam a *Siedlung* na cidade como elemento separado da própria cidade, ou sem se preocupar com as relações existentes entre ela e a cidade.

Para levar a fundo esta análise da residência com respeito aos dois modelos fundamentais que mencionamos, *garden-city* e *ville radieuse*, seria necessário aprofundar a relação existente entre certas teorias de caráter político e social e esses modelos residenciais. Um trabalho desse tipo foi esboçado com excepcional argúcia por Carlo Doglio em relação à *cidade-jardim*; esse trabalho deveria ser levado adiante naquele sentido[15].

Com respeito à cidade-jardim, sem sequer tentar resumir o ensaio de Doglio, que é uma das mais belas páginas escritas sobre o urbanismo na Itália, quero citar aqui o início desse ensaio, que fornece o quadro da exata colocação e da dificuldade e complexidade do problema: "Digamos logo que, no caso em exame, a situação é particularmente complexa por causa do emaranhado igualmente conformista e substancialmente reacionário das opiniões favoráveis – por causa de um equívoco que, em suma, não ataca apenas o aspecto formal do problema, mas se estende às suas raízes mais profundas. Quando Osborn, para citar o mais conhecido ativista howardiano, propõe as cidades-jardim como exemplos-piloto de uma reconstrução verdadeiramente moderna e humana dos centros habitados (e, portanto, da sociedade, tenhamos isso bem presente) e condena desdenhosamente os bairros populares de Viena ou de Estocolmo, contrapõe-lhes a maior validade, seja estética, seja social, que esses bairros tiveram historicamente...; mas, quando as soluções de Letchworth ou de Welwyn são afastadas pelos ruminadores do marxismo, não apenas pela *forma* que assumiram (e pelo conteúdo praticamente imóvel que daí derivou), mas também pelo tipo de proposta estrutural que subentendiam (cidade e campo, descentralização, etc.), não se pode deixar de dizer que, apesar de tudo, eram mais vivas aquelas soluções, mais prenhes de fermentos e de futuro, do que todas as outras que foram propostas, daquela época até hoje"[16].

Já que uma análise desse tipo nos distanciaria muito do assunto deste livro, apenas aponto como o estudo da relação habitação-família, com todas as suas implicações de tipo cultural e político, encontra um terreno de aplicação interessante naquele tipo de *ideologias que podemos definir como comunitárias*. Aqui se esclarece em particular a relação entre a comunidade local e a democracia, entre a dimensão espacial como momento da vida comunitária e a vida política da própria comunidade. É evidente, pois, numa relação desse tipo, a importância do problema da residência.

Ao contrário, onde *aparece em primeiro plano a cidade* em seu conjunto, isto é, onde se exalta a concentração e a dimensão, o problema da residência parece perder importância, pelo menos se desfoca, com respeito às outras funções da vida urbana; por exemplo, essas teorias afirmam, em oposição às comunitárias, que na cidade do século XIX as grandes operações de embelezamento e ampliação, que no entanto escondiam com freqüência imponentes fenômenos de especulação, eram desfrutáveis por todos os cidadãos, eram um elemento positivo para o seu modo de viver. Poucas definições são tão claras para precisar esse "efeito urbano" como uma de Hellpach que, em contraposição com seu tempo, foi um fautor da validade da vida nas grandes metrópoles. "Para a geração plasmada na grande cidade, esta não significa apenas espaço existencial, lugar de habitação, mercado, mas pode tornar-se biológica e sociologicamente o que de mais profundo pode representar para um homem a cena em que se desenrola sua vida: a pátria."[17]

Poder-se-ia fazer uma história paralela dessas teorias e dos bairros realizados nos últimos sessenta anos. Às vezes, como nos

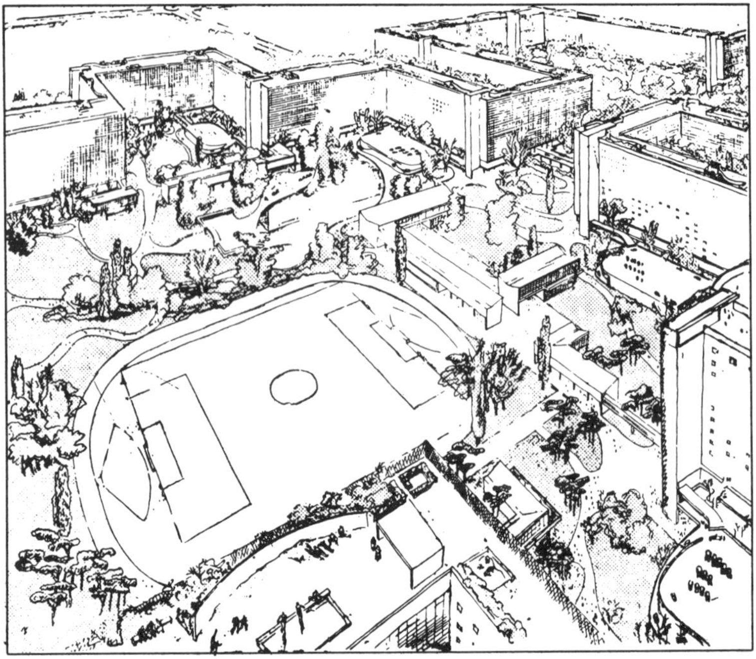

Le Corbusier, a Ville Radieuse. Fig. 65. Vista de elementos em "redents", tendo ao centro os parques e as escolas. **Fig. 66**. Esboço da "rue corridor".

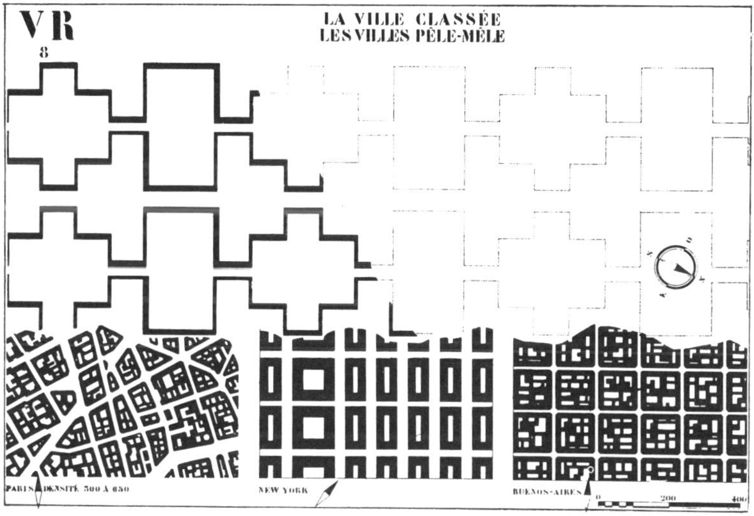

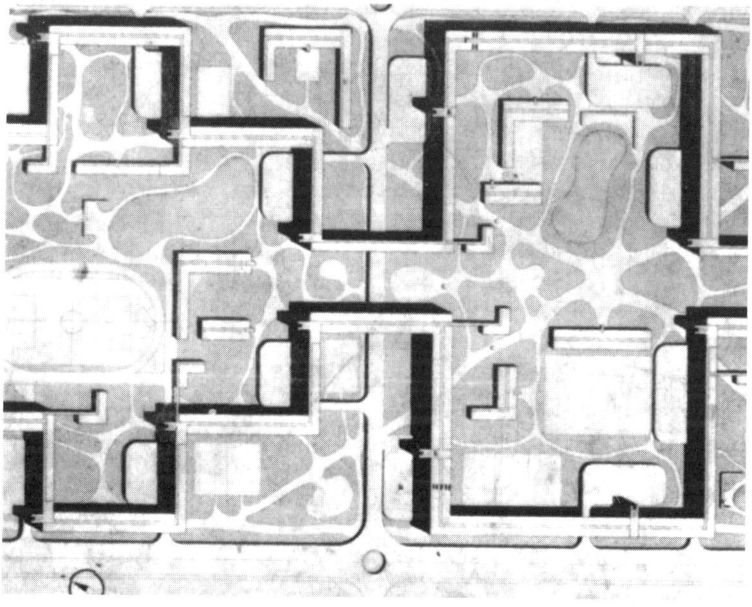

Le Corbusier, a Ville Radieuse. Fig. 67. A prancha 8 do projeto, que coteja na mesma escala bairros de Paris, Buenos Aires e Nova York, com os "redents" da Ville Radieuse, que permitem uma densidade de 1.000 habitantes por hectare. **Fig. 68**. Detalhe da planimetria dos "redents".

casos alemães (*Siedlungen*), italianos e ingleses, as traduções são claríssimas; lembremos muitos de nossos bairros, em que parecia que se desejavam repropor comunidades não urbanas, desvinculadas, quase preservadas da cidade, voltadas para si mesmas e para a vizinhança, e outros sucessivos, em que a imagem arquitetônica, fortemente plástica, procurava carregar com violência os efeitos urbanos; também as baixas densidades, depois renegadas, das primeiras *new-towns*; enfim, experimentos de novos conjuntos residenciais, como as propostas dos Smithson, de Lasdun e os blocos de Sheffield.

Os *arquitetos ingleses* reencontraram um motivo seguro nos modelos tipológico-residenciais quando perceberam, tal como eles mesmos afirmam, que a desagregação dos "slums" comportava a desagregação paralela de comunidades que tradicionalmente viviam com um nível de densidade elevado e que não estavam em condições de tornar a deitar raízes automaticamente, sem sofrer mutações substanciais, no ambiente suburbano de baixa densidade a elas atribuído.

Smithson redescobre a concepção da rua e, no projeto do Golden Lane, propõe vínculos de convivência horizontais dispostos em três planos, os quais constituem vias de acesso pedestre para as residências.

Colocações desse tipo são expressas muito claramente no conjunto residencial de Sheffield, constituído por grandes edifícios e colocado em posição elevada sobre a cidade a que deverá ser estreitamente ligado nas futuras obras de ampliação. Sobre a gênese dessa obra, existem testemunhos precisos de sua relação com teorias sociológicas, por exemplo, sobre a necessidade de recuperar a rua como palco da comunidade: "... a rua ... (é um) palco retangular em que ocorrem encontros, conversas, jogos, brigas, invejas, namoros e orgulho..."[18] Por outro lado, os grandes blocos de Sheffield ressentem-se originalmente da grande imagem lecorbusieriana da *Unité d'Habitation de Marselha*.

13. Os elementos primários

Mas as áreas e a área-residência no sentido proposto nas páginas precedentes não são suficientes para caracterizar a conformação e a evolução da cidade; deve acompanhar o conceito de área o de um conjunto de *elementos determinados que funcionaram como núcleos de agregação*. Indicamos esses elementos urbanos de natureza preeminente como elementos primários, na medida em que participam da evolução da cidade no tempo de maneira permanente, identificando-se freqüentemente com os fatos constituintes da cidade. A união desses elementos (primários) com as áreas em termos de localização e de construção, de permanências de plano e de permanências de edifícios, de fatos naturais ou de fatos construídos, constitui um conjunto que é a estrutura física da cidade.

Definir os elementos primários não é nem simples, nem fácil; talvez eu possa explicar a que me refiro. Se tomarmos um estudo sobre a cidade, veremos que o conjunto urbano é subdividido de acordo com três funções principais, que são: a residência, as atividades fixas, o tráfego.

As *atividades fixas* (*fixed activities*, como são chamadas na literatura americana) compreendem lojas, edifícios públicos e comerciais, universidades, hospitais, escolas, etc. Além disso, a literatura urbanística fala de equipamentos urbanísticos, padrões urbanísticos, serviços e, também, de infra-estruturas. Alguns desses termos são definidos e definíveis, outros menos, mas presume-se que todo autor os empregue dentro de certo contexto e com suficiente clareza. Entre todos esses termos, simplificando se quiserem, valer-me-ei do termo atividade fixa para afirmar que os elementos primários compreendem também as atividades fixas; também poderia dizer que a residência está para a área-residência assim como as atividades fixas estão para os elementos primários.

Utilizei esse termo porque a noção de atividades fixas é geralmente aceita. Mas também se, falando de atividades fixas ou de elementos primários, nos referimos – apenas em parte, porém – à mesma coisa, os dois termos pressupõem um modo de conceber a estrutura urbana totalmente diferente. O que há de comum refere-se ao caráter público, coletivo, desses elementos; essa característica de coisa pública, feita pela coletividade para a coletividade, é de natureza essencialmente urbana. Parece-me que nunca se meditou suficientemente sobre esse ponto, embora tenhamos contribuições notáveis. Pode-se realizar qualquer redução da realidade urbana e sempre se chegará ao aspecto coletivo; o aspecto coletivo parece constituir a origem ou o fim da cidade.

Por outro lado, a *relação entre esses elementos primários e as áreas-residências* coresponde, em sentido arquitetônico, à distinção feita pelos sociólogos entre esfera pública e esfera privada como elementos característicos da formação da cidade. A definição dada por Hans Paul Bahrdt em seus *Esboços de sociologia urbana* pode esclarecer melhor o significado dos elementos primários: "Nossa tese diz o seguinte: uma cidade é um sistema em que toda a vida, portanto também a vida cotidiana, mostra a tendência a se polarizar, isto é, a se desenvolver nos termos de agregado social público ou privado. Desenvolvem-se uma esfera pública e uma esfera privada, que se encontram em estreita relação sem que a polarização se perca. Os setores da vida que não podem ser caracterizados nem como 'públicos', nem como 'privados' perdem seu significado. Quanto mais fortemente se exerce a polarização, mais íntima é a relação de troca entre a esfera pública e a esfera privada, e mais 'urbana' do ponto de vista da sociologia é a vida de um agregado. Caso contrário, um agregado desenvolverá em menor medida o caráter de cidade"[19].

Consideremos agora os *elementos primários em seu aspecto espacial*, independentemente da sua função; eles se identificam com a sua presença na cidade. Têm um valor "em si", mas também têm um valor posicional. Nesse sentido, um edifício histórico pode ser entendido como um fato urbano primário; ele se mostra desligado da sua função original ou apresenta no tempo várias funções, no sentido do uso a que é destinado, enquanto não modifica sua qualidade de fato urbano gerador de uma forma da cidade. Nesse sentido, os exemplos de monumentos sobre os quais nos detivemos nas páginas precedentes são indicativos, pois os monumentos são sempre elementos primários.

Mas os elementos primários não são apenas monumentos, como não são apenas atividades fixas; num sentido geral, são aqueles *elementos capazes de acelerar o processo de urbanização* de uma cidade e, referindo-os a um território mais vasto, elementos caracterizantes dos processos de transformação espacial do território. Eles agem freqüentemente como catalizadores. Originalmente, sua presença só se pode identificar com uma função (e, nesse caso, coincidem com as atividades fixas), mas logo se elevam a um valor mais significativo. Nem sempre, contudo, são fatos físicos, construídos, detectáveis: podemos considerar, por exemplo, o lugar de um acontecimento que por sua importância deu lugar a transformações espaciais. Tratarei mais adiante desse problema ao examinar o tema do "locus".

Assim, esses elementos têm um papel efetivamente primário na dinâmica da cidade; mediante eles e pela ordem em que são dispostos, o fato urbano apresenta uma qualidade específica, que é dada principalmente pela sua insistência num lugar, pelo desenvolvimento de uma ação precisa, pela sua individualidade. A arquitetura é o momento último desse processo e é, também, o componente detectável da estrutura complexa.

Assim, o fato urbano e sua arquitetura, que são uma só coisa, constituem uma obra de arte. "Mas dizer bela cidade é o mesmo que dizer boa arquitetura"[20], porque nesta última se concretiza a intencionalidade estética dos fatos urbanos.

Será útil dar aqui *dois exemplos* relativos a essas questões extraídos da história do urbanismo, ou que constituem a tentativa de uma compreensão verificável, no plano histórico, dos fatos urbanos.

14. Tensão dos elementos urbanos

As *cidades romanas ou galo-romanas do Ocidente* crescem mediante a contínua tensão desses elementos. Essa tensão ainda hoje pode ser encontrada na sua forma.

Quando, no fim da "pax romana", os muros delimitam as cidades, eles encerram uma superfície inferior à da cidade romana. Nessa definição dos muros, são abandonados monumentos e zonas muitas vezes populosas; a cidade se encerra em seu núcleo. Em Nîmes, o anfiteatro é transformado em fortaleza pelos visigodos e encerra uma pequena cidade de 2.000 habitantes; tem-se acesso a ela por quatro portas, correspondentes aos quatro pontos cardeais; dentro, encontram-se duas igrejas. Num segundo tempo, em torno desse monumento começará de novo a crescer a cidade. O mesmo fenômeno sucede no caso da cidade de Arles.

A trajetória dessa cidade é extraordinária; ela até nos induz a algumas considerações sobre a dimensão e demonstra que a qualidade de alguns fatos é mais forte do que sua dimensão. O anfiteatro tem uma forma precisa, e inequívoca é também sua função; ele não é pensado como um continente indiferente, ao contrário, é extremamente definido em suas estruturas, em sua arquitetura, na sua forma. Mas um acontecimento externo, um dos momentos mais dramáticos da história da humanidade, subverte sua função, um teatro se torna cidade. Esse teatro-cidade é também uma fortaleza, encerra e defende toda a cidade.

Em outros casos, uma cidade desenvolve-se entre os muros de um castelo, que constituem seu limite preciso e, também, sua paisagem; é o caso da Vila Viçosa, em Portugal. A presença da obra, com seu significado e sua arquitetura, que é o modo real como a obra é definida, é o sinal das transformações. Porque só a presença de uma forma fechada e estabelecida permite a continuidade e a produção de ações e de formas sucessivas. Assim, a forma, a arquitetura dos fatos urbanos, emerge na dinâmica da cidade.

Nesse sentido, falei das cidades romanas, da forma que permaneceu da cidade romana. Tome-se o aqueduto de Segóvia, que atravessa a cidade como um fato geográfico, os teatros e a ponte de Mérida, na Estremadura, o Panteão, o Foro Romano. Esses exemplos, que vemos aqui do ponto de vista dos fatos urbanos, podem levar a numerosas considerações no campo da tipologia.

Os elementos da cidade romana transformam-se, mudam a sua função. Outro exemplo excepcional é constituído pelo projeto de Sisto V para a transformação do Coliseu numa fiação de lã; também aqui se trata da extraordinária forma do anfiteatro. No rés-de-chão estavam dispostos os laboratórios e, nos andares superiores, os alojamentos dos operários; o Coliseu ter-se-ia tornado um grande bairro operário e uma fábrica racional. Diz Fontana a respeito: "E já começara a retirar toda a terra que estava em torno, e a aplanar a estrada que vem de Torre de Conti e vai ao Coliseu, para que ficasse toda plana, como hoje em dia se

Fig. 69. **Florença**, relevo tipológico do bairro de S. Croce, com os edifícios construídos sobre o anfiteatro romano.

vêem os vestígios da dita escavação; e trabalhava-se com sessenta carretas de cavalos e cem homens, de modo que, (se) o Pontífice tivesse vivido um ano (mais), o Coliseu teria sido reduzido a habitação"[21].

Mas como a cidade cresce? O núcleo original, encerrado entre os muros, prolonga-se com uma individualidade própria; a essa individualização formal corresponde uma individualização política. Do lado de fora desenvolvem-se os burgos: sao os *borghi* da cidade italiana e os *faubourgs* das cidades francesas.

Milão, cuja estrutura monocêntrica é erroneamente atribuída a uma espécie de ampliação do centro histórico, é bem definida durante toda a Idade Média por estes elementos: o centro galoromano, os conventos, as obras pias. A persistência dos burgos é tão forte que o principal deles, S. Gottardo, ainda hoje, como vimos, é chamado em dialeto simplesmente de "o burgo", sem outra atribuição.

Em Paris, fora da Cité, constituem-se diversas localizações dos dois lados do Sena: mosteiros, centros mercantis, a Universidade. Em torno desses elementos, constituem-se centros de vida urbana; em torno das abadias, constituem-se os *bourgs*. A abadia de St.-Germain-des-Près, de origem merovíngia, remonta ao século VI; o burgo de St.-Germain só aparece nos documentos por volta do século XII. O burgo representa um fato urbano tão forte no interior da cidade, que ainda hoje pode ser encontrado na planta de Paris: ele é representado pela convergência de cinco ruas no cruzamento da Croix-Rouge; lá se encontrava a entrada do burgo de St.-Germain-des-Près e o lugar era chamado "a cabeça da cidade" ou "o limite da cidade"[22].

O monumento está no centro, é circundado por edifícios, ou se torna lugar de atração. Neste ponto, convém nos determos um pouco no conceito de monumento entendido como um elemento primário de tipo particular. Ele é um fato urbano típico, na medida em que resume todas as questões colocadas pela cidade a que me referia no início; mas também se torna de natureza particular quando esses valores se impõem acima das características econômicas (ainda que se possa aceitar a tese de que toda a

Nîmes. Fig. 70. Espetáculo nas ruínas do anfiteatro romano (desenho de J. D. Arding, gravura de B. Allen, 1836). **Fig. 71.** Planta da cidade em 1751: no campo, o grande recinto da cidade romana; no centro, o núcleo medieval; embaixo, à esquerda, o anfiteatro ocupado pelas habitações.

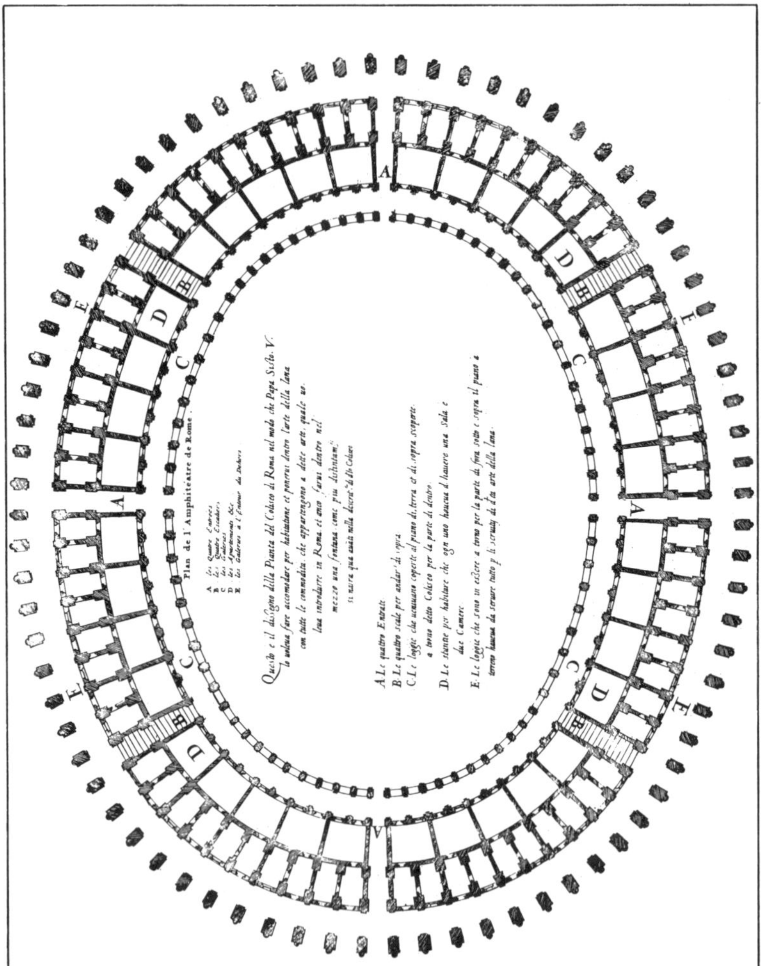

Fig. 72. Roma, o Coliseu. Projeto do papa Sisto V para a transformação do Coliseu em fiação de lã, tendo anexas as habitações dos operários, 1590 (De Domenico Fontana, *Libro Secondo...*, Nápoles, 1603).

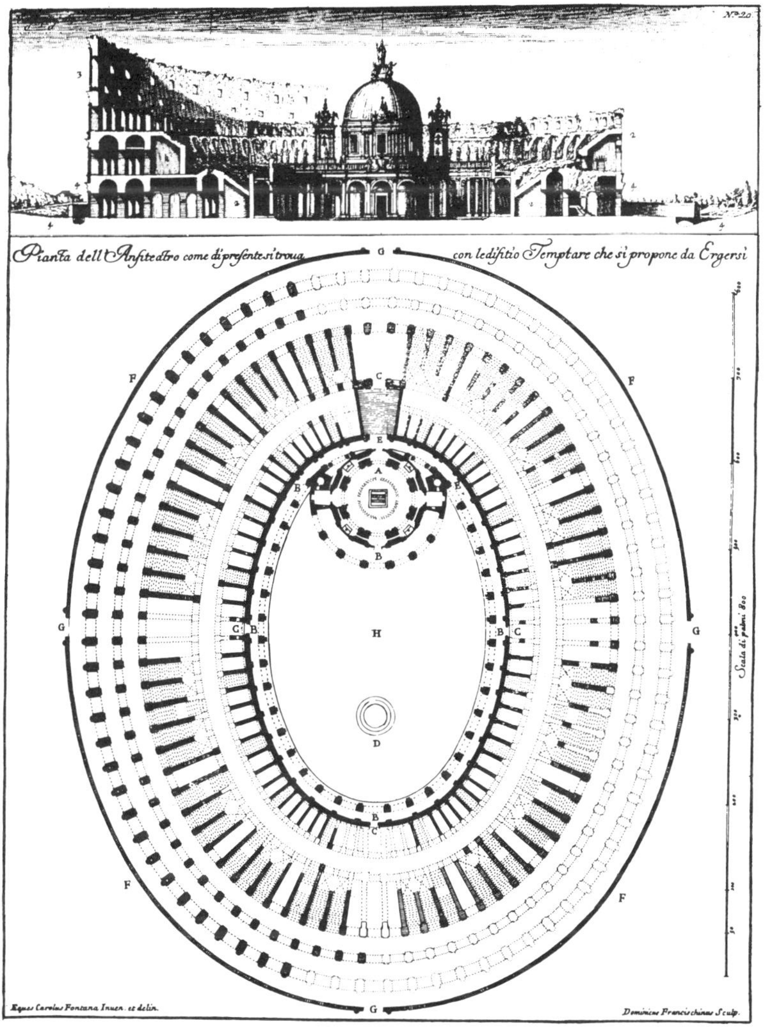

Fig. 73. **Roma, o Coliseu.** Carlo Fontana, projeto de transformação do Coliseu num foro para uma igreja de planta central, 1707.

estrutura monumental da cidade tem um caráter metaeconômico) e da necessidade prática, em virtude da sua beleza.

Os monumentos tornam-se obras de arte excelentes e caracterizam-se sobretudo por esse aspecto. Constituem um valor que é mais forte do que o ambiente e mais forte do que a memória. É significativo que as grandes obras urbanas nunca tenham sido destruídas, e nenhum defensor da Antiguidade terá de se bater um dia, creio eu, para defender a Capela Pazzi ou São Pedro.

Também é significativo que, ao contrário do que acreditam muitos autores, esse valor seja a característica distintiva da cidade e seja o único caso em que toda a estrutura do fato urbano se resume na forma. O monumento é uma permanência porque, podemos sustentar, já se acha em posição dialética no interior do desenvolvimento urbano; isto é, deve-se conceber a cidade como algo que cresce por pontos (elementos primários) e por estruturas (bairros e residência), e, enquanto nos primeiros predomina a forma consumada, nas segundas aparecem em primeiro plano os valores do solo.

Portanto, uma teoria desse tipo também leva em conta não só o conhecimento da cidade por "pedaços de cidade", mas o crescimento da cidade por partes e enquanto, por um lado, dá o máximo valor à experiência precisa, empírica, dos elementos primários e do seu entorno urbano, por outro esvazia cada vez mais a importância do plano, do desenho geral da cidade, que deve ser estudado de outros pontos de vista.

15. A cidade antiga

As referências feitas no parágrafo precedente, relativas ao significado dos elementos primários na evolução da cidade antiga, puseram em relevo a importância da forma dos fatos urbanos, isto é, da arquitetura da cidade. A permanência dessa forma ou o seu valor de referência são totalmente independentes tanto da função específica a que é destinada como da coincidência imediata com a continuidade das instituições urbanas.

Com efeito, refiro-me sempre à forma e à arquitetura da cidade, não às suas instituições; pensar que estas se mantêm e se transmitem sem interrupções e lacerações é uma distorção histórica; uma posição desse tipo, de fato, acabaria mistificando as lutas e os momentos concretos de transformação.

A enorme contribuição que Henri Pirenne[23] deu ao estudo da cidade particularmente às relações entre a cidade e as instituições citadinas atesta o valor que é dado aos lugares, aos monumentos, à realidade física da cidade como momento permanente de seu devir político e institucional; os monumentos, e toda a construção urbana, são um sinal de referência que tem um significado diverso no tempo. "Os núcleos antigos e os burgos, no entanto desempenharam na história das cidades um papel essencial. Foram, por assim dizer, seus dentilhões. É em torno das suas muralhas que elas se formarão, assim que se manifestar o renascimento econômico, cujos primeiros sintomas surpreendemos no decorrer do século X."[24] Mesmo a cidade não existindo nem no sentido social, nem no sentido econômico, nem no sentido jurídico, é em torno dos muros dos burgos e das antigas cidades romanas que começa o renascimento. Este é um fato significativo.

Pirenne demonstra como a *cidade clássica* não conhece nada análogo à cidade burguesa local e particularista da Idade Média. No mundo clássico, a vida urbana se confundia com a vida nacional; o sistema municipal na Antiguidade se identifica, pois, com o sistema constitucional. Roma, estendendo sua dominação ao mundo mediterrâneo, faz das cidades os pontos do seu sistema imperial; esse sistema sobrevive às invasões germânicas e às invasões árabes, mas a cidade muda completamente de função. Essa mudança é essencial para compreender sua evolução sucessiva.

Em primeiro lugar, *a Igreja* estabelece suas dioceses nas circunscrições das cidades romanas; a cidade se torna, desse modo, a sede do bispo; assim o êxodo dos mercadores, a decadência do comério, o fim das relações entre as cidades, não tendo nenhuma influência sobre a organização eclesiástica, não modificam a estrutura urbana. As cidades identificam-se com o prestígio da Igreja, enriquecem-se com as doações, são associadas pelos carolíngios à administração e, enquanto de um lado se enriquecem, do outro cresce seu prestígio moral. Quando da queda do Império carolíngio, os príncipes feudais continuam a respeitar a autoridade da Igreja e daí decorre que, mesmo na anarquia dos

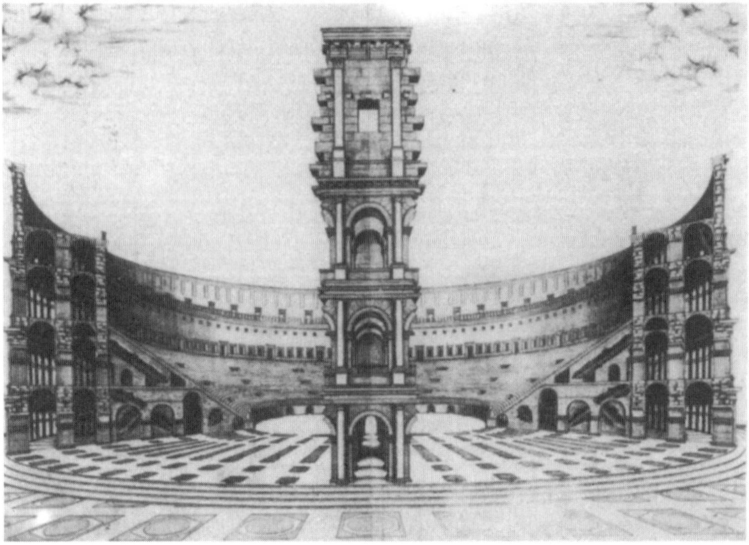

Figs. 74, 75. Roma, o Coliseu. Reconstrução ideal, numa gravura de Ambrogio Brambilla editada por Claudio Duchetto, 1581.

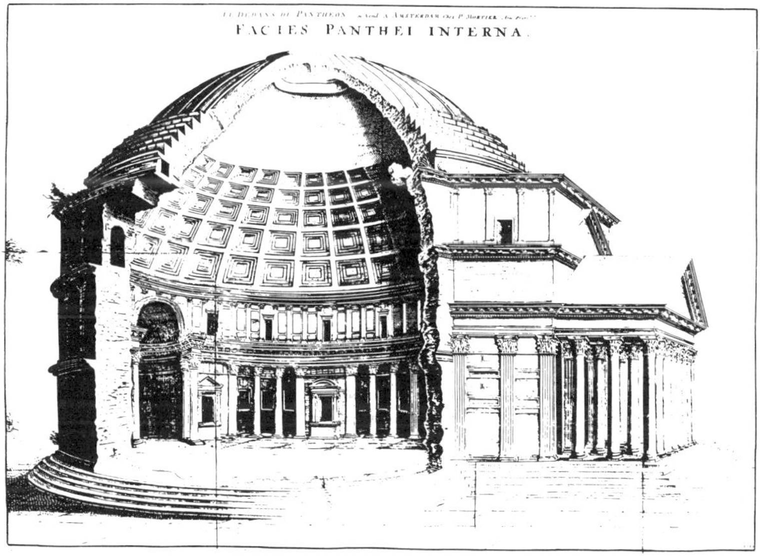

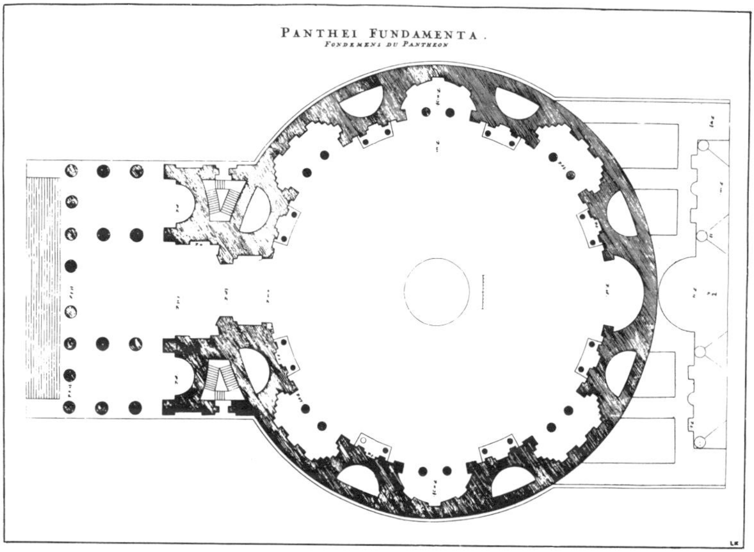

Figs. 76, 77. **Roma, o Panteão**. Vista do lado esquerdo (aberto para que se veja seu interior) e planta, em duas gravuras do início do século XVIII.

séculos IX e X, a preeminência dos bispos confere naturalmente às suas residências, isto é, às antigas cidades romanas, uma preponderância absoluta.

Pirenne demonstra que é esse o verdadeiro motivo que salva as cidades da ruína, pois, na economia do século IX, não têm razão de existir; com o desaparecimento dos mercadores, elas não apresentam nenhum interesse para a sociedade laica. Em torno delas, as grandes propriedades agrícolas vivem uma vida própria, e por outro lado o Estado, constituído sobre uma base puramente agrícola, se desinteressa da sorte delas. Os castelos dos príncipes e dos condes encontram-se no campo, enquanto é precisamente o caráter sedentário do ofício eclesiástico que liga os bispos à cidade. Nesse sentido, a cidade se salva da ruína como lugar físico da sede dos bispos, não como continuidade das instituições urbanas.

O exemplo de Roma se torna, na análise de Pirenne, de extraordinária evidência: "A cidade imperial tornou-se cidade pontifical. Seu prestígio histórico realçou o do sucessor de São Pedro. Isolado, ele pareceu maior e, ao mesmo tempo, tornou-se mais poderoso. Já não se via nada além dele... Continuando a morar em Roma, fez dela a *sua* Roma, como cada bispo fez da cidade em que morava a *sua* cidade"[25].

Em que sentido, então, a *cidade antiga se torna o lugar da cidade moderna ou continua nela*? Para Pirenne, é totalmente errado atribuir a formação da cidade medieval à ação da abadia, do castelo ou do mercado. As cidades nascem, com as suas instituições burguesas, por causa do despertar econômico e industrial da Europa.

Por que e como elas, por assim dizer, instalam-se nas *cidades romanas*? Porque as cidades romanas, sustenta Pirenne, não eram criações artificiais; elas reuniam, ao contrário, todas aquelas condições de ordem geográfica sem as quais uma aglomeração urbana não pode viver e prosperar. Situadas na interseção das indestrutíveis "estradas de César", que durante séculos foram as estradas da humanidade, estavam destinadas também a se tornar sedes da vida municipal. "As cidades, que, do século IX ao século X, não foram mais que o centro dos grandes domínios eclesiásticos, por uma transformação rápida e inevitável

Fig. 78. **Roma, o Panteão e sua praça** numa gravura do início do século XIX.

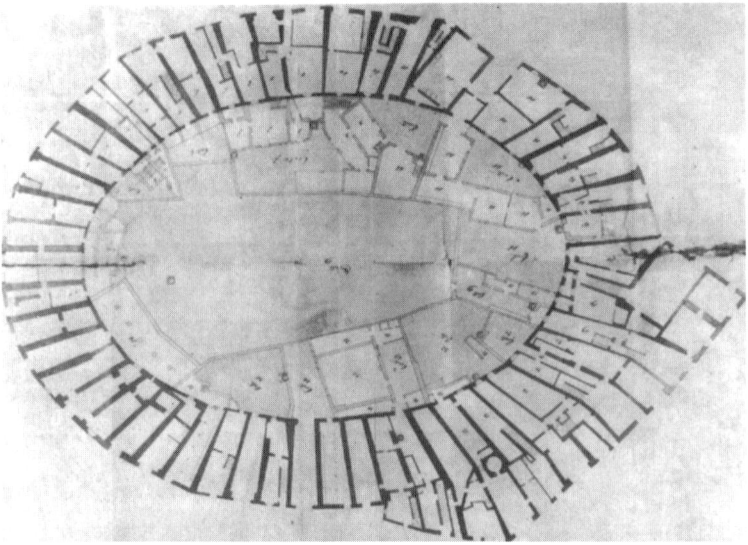

Lucca, o anfiteatro romano. Fig. 79. Projeto para restaurá-lo de acordo com "a primeira forma" e abrir a nova praça (1838), desenhado e realizado por Lorenzo Nottolini por encomenda de Luís de Bourbon. **Fig. 80**. Vista aérea do anfiteatro, tendo ao centro a Piazza del Mercato.

Arles, os monumentos romanos. Fig. 81. O anfiteatro numa gravura de 1686. **Fig. 82**. Vista aérea do teatro e do anfiteatro.

vão recuperar seu caráter *primitivo*, que haviam perdido há tanto tempo."[26]

Essa transformação rápida e inevitável só podia ocorrer, pois, no interior das cidades antigas, ou em torno delas, pois estas constituem aquele artefato complexo, a meio caminho entre o artifício e a natureza, como Pirenne confirma ao se referir às cidades romanas, a que a humanidade não pode renunciar facilmente no curso do seu desenvolvimento. Há, na utilização dos velhos corpos das cidades, um fato ao mesmo tempo econômico e psicológico. Elas são tanto um bem quanto uma referência.

Uma questão desse tipo, que vimos aplicada aqui à cidade antiga, apresenta-se também em todas aquelas questões que se referem à *passagem da cidade burguesa à cidade socialista*; também aqui parece certo que os tempos das mudanças das instituições já não são redutíveis à evolução da forma. E que colocar uma relação simples entre os dois fatos, como alguns pretendem, é uma questão abstrata que não corresponde à realidade dos processos urbanos.

O certo é que elementos primários e monumentos, isto é, o que representa diretamente a esfera pública, adquirem um caráter cada vez mais complexo e necessário e não se modificam tão simplesmente assim. A residência, que tem maior característica dinâmica como área, depende da vida daqueles, participando do sistema que a cidade em seu conjunto constitui.

16. Processos de transformação

A *relação áreas-residência e elementos primários* configura concretamente a cidade; se pode ser encontrada nas cidades em que as vicissitudes históricas sempre agiram no sentido da unificação dos vários elementos, é ainda mais evidente no caso das cidades que nunca reuniram ou tentaram reunir numa só forma os fatos urbanos que as constituem, como Londres, Berlim, Viena, Bari, Roma e muitas outras.

Em Bari[27], a cidade antiga e a cidade murattiana constituem dois fatos extremamente diferentes, quase não relacionados; a cidade antiga não se dilatou, seu núcleo era absolutamente definido como forma. Só sua rua principal, que a ligava ao território, emergiu intacta e permanente no tecido murattiano.

Em cada um desses casos, sempre existe um vínculo estreito entre os elementos primários e a área; com freqüência, esse vínculo até se torna um fato urbano a tal ponto preeminente que constitui uma característica da cidade. E a cidade não é sempre a soma desses fatos?

A análise morfológica, que constitui um dos instrumentos mais importantes no estudo da cidade, esclarece nitidamente esses aspectos. Na cidade não existem *zonas amorfas*, ou, onde elas existem, são momentos de um processo de transformação, representam por assim dizer os tempos mortos da dinâmica urbana. Melhor ainda, onde fenômenos desse tipo mais se reproduzem, como nos subúrbios das cidades americanas, os processos de transformação também têm tempos mais velozes, na medida em que, como foi demonstrado, a alta densidade dos assentamentos produz uma pressão maior sobre o uso do solo. Essas transformações realizam-se através da definição de uma área precisa; é sobre esta que se dá o processo de *redevelopment*.

Esse processo caracteriza hoje uma grande cidade, como Londres. "O conceito de divisão da cidade em setores ("precincts") – escreve Peter Hall – foi adotado instintivamente há séculos, pelos construtores e arquitetos, nos 'Colleges' de Oxford e de Cambridge, nas 'Inns of Court' de Londres, nos projetos originais para Bloomsbury, onde todo o tráfego direto era contido por cancelas."[28] Uma política desse tipo se torna a base dos famosos "precincts" de Abercrombie para Westminster e Bloomsbury. Dentro de um bloco circundado por ruas principais, a estrutura deveria ter sido readaptada de tal modo que o tráfego direto não pudesse penetrar.

Ora, podemos afirmar que o caráter distintivo de cada cidade, portanto também da estética urbana, é a tensão que se criou e se cria entre áreas e elementos, entre um setor e outro; essa tensão é dada pela diferença dos fatos urbanos existentes em certo lugar e deve ser medida em termos não apenas de espaço, mas também de tempo. Estes se referem seja ao processo histórico, onde se encontram presentes fenômenos de permanência com todas as implicações que possuem, seja, em sentido pura-

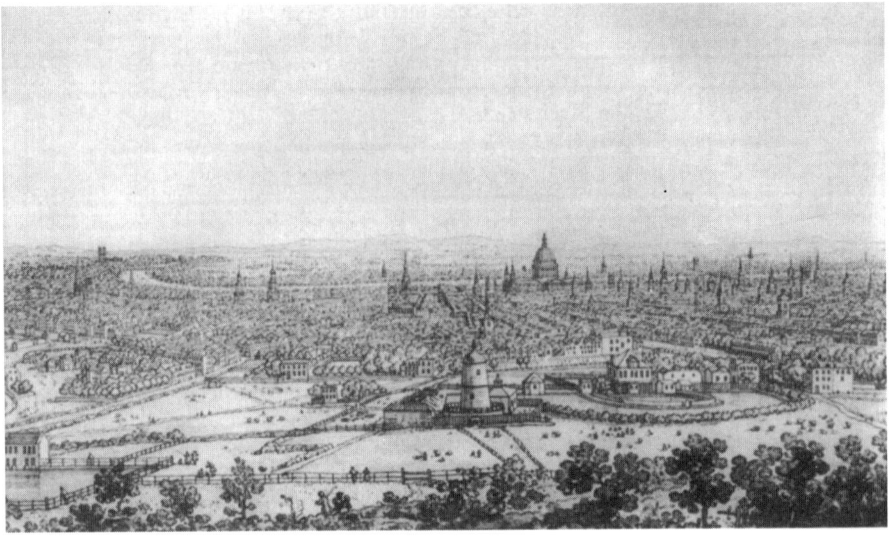

Londres nos desenhos de Giovanni Antonio Canal, dito Canaletto. **Fig. 83**. Vista da cidade de Pentonville e das colinas setentrionais, com o Tâmisa e a Catedral de St. Paul ao fundo (bico-de-pena, tinta marrom e aquarela cinza sobre lápis; Londres, British Museum). **Fig. 84**. Vista da ponte de Westminster do nordeste (bico-de-pena e tinta escura com aquarela cinza; Windsor, coleções reais).

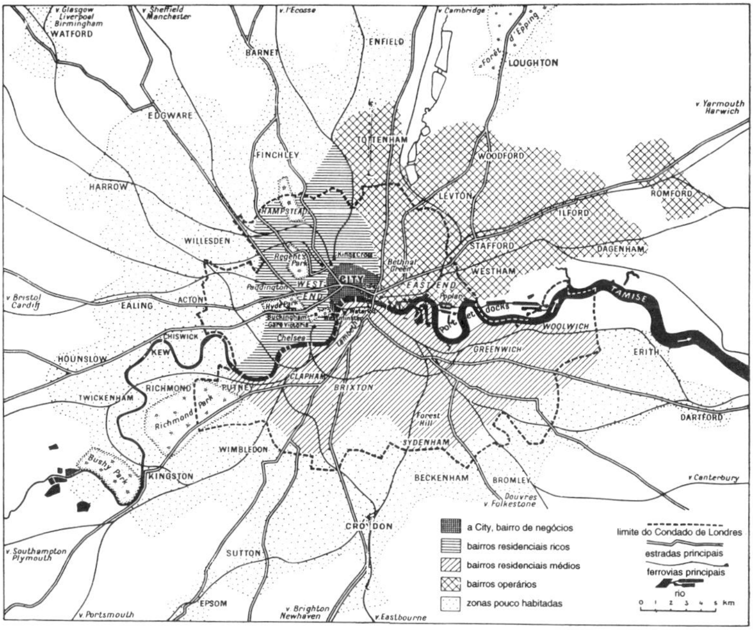

Fig. 85. **Londres**, planta esquemática da cidade.

mente cronológico, àquele em que se podem encontrar fatos urbanos ocorridos em tempos sucessivos.

Nesse sentido, agora percebemos plenamente como são belas certas *partes já periféricas de grandes cidades* em transformação: Londres, Berlim, Milão, Moscou revelam-nos perspectivas, aspectos, imagens, totalmente imprevistos. Os diversos tempos, mais até que os espaços imensos, da periferia moscovita nos proporcionam a imagem concreta de uma cultura em transformação, de uma modificação da própria estrutura social através de uma fruição estética que está na própria natureza dos fatos.

Naturalmente, não podemos confiar tão simplesmente assim os valores da cidade de hoje a essa sucessão de fatos, mesmo porque nada nos garante uma continuidade efetiva. É importante conhecer o mecanismo e, principalmente, estabelecer como podemos agir nessa situação – não, creio eu, através do controle total dessa alternância de fatos urbanos, mas sim através do controle dos fatos principais que surgem num certo tempo.

Nessas observações também se delineia a questão da dimensão, e da dimensão da intervenção.

A mobilidade no tempo de cada parte da cidade está profundamente ligada ao fenômeno objetivo da *decadência de certas zonas*. Esse fenômeno, geralmente conhecido na literatura anglo-saxã pelo termo "obsolescence", é sempre mais evidente nas grandes cidades modernas; ele tem características particulares nas grandes cidades americanas, que é onde foi particularmente estudado. Quanto ao que nos interessa evocar aqui a respeito desse fenômeno, podemos defini-lo como a sobrevivência de um grupo de edifícios, que pode ser tanto o entorno de uma rua como um bairro, à dinâmica seguida pelo uso do solo no ambiente circunstante, dando a esta última definição um significado muito amplo. Essas áreas da cidade não seguem pois sua vida, mas representam durante longo tempo ilhas em relação ao desenvolvimento geral; vimos que elas atestam os diversos tempos da cidade e, simultaneamente, configuram-se como grandes áreas de reserva.

Enfim, o fenômeno da obsolescência põe em evidência a justeza da hipótese relativa ao estudo da cidade por áreas entendidas como fatos urbanos; as transformações das áreas são ligadas, por sua vez, ao estudo dos fatores acidentais, como veremos ao apresentar as teorias de Halbwachs.

Essa cidade constituída por tantos pedaços acabados em si é, a meu ver, a que permite verdadeiramente a *liberdade de escolhas*; e a liberdade de escolha torna-se uma questão de fundo para todas as implicações que apresenta; como não acreditamos que existem questões de valor capazes de decidir a favor das casas altas ou baixas, isto é, de soluções arquitetônicas e tipológicas diferentes, mas que essas questões podem ser resolvidas apenas no nível arquitetônico urbano, também estamos convencidos de que a liberdade concreta do cidadão, numa sociedade em que as escolhas sejam livres, está em optar antes por uma solução do que por outra.

17. Geografia e história. A criação humana

Geografia ou história
conforme nos observem
ou quando nos pensamos.

CARLOS BARRAL[29]

Nas páginas precedentes ocupei-me principalmente:
– da área-residência e dos elementos primários;
– da estrutura da cidade por partes.

Sob esses itens, tratei dos monumentos, do diferente aproveitamento dos elementos urbanos, da leitura da cidade. Muitas dessas questões eram questões de método; elas procuram chegar a uma classificação. É de se pensar que haja outros modos para consumar essa classificação e que eu não tenha escolhido o mais linear; no entanto, procurei ater-me aos resultados mais seguros que possuímos e, em parte, ordená-los. Já escrevi que nada há de novo nisso tudo. O que importa é que, por trás dessas considerações, há fatos concretos e que esses fatos atestam a relação do homem com a cidade.

Assumi a hipótese da cidade como artefato e como obra de arte; podemos observar e descrever esse artefato ou procurar compreender seus valores estruturais. Mas, seja como for, a geografia da cidade é inseparável da sua história, e sem ambas não podemos compreender sua arquitetura, que é o signo concreto dessa "coisa humana". Citei no início desta pesquisa estudiosos de naturezas diversas; o fato em que insistimos é tão concreto, que retorna em todos os autores e está na base dos tratados.

"A arte da arquitetura – escreveu Viollet-le-Duc – é uma criação humana." E também: "A arquitetura, essa criação *humana*, não é pois, na verdade, nada mais que uma aplicação de princípios que nasceram fora de nós e de que nos apropriamos por observação"[30]. Esses princípios encontram-se na cidade, ela é a paisagem de pedra – "bricks and mortar", segundo a expressão de Fawcett, que simboliza a continuidade de uma comunidade[31]. Os sociólogos estudaram o conhecimento coletivo, a psicologia urbana; geografia e ecologia abriram grandes horizontes. Mas, para compreender a cidade como obra de arte, a arquitetura não é essencial?

Um estudo mais denso dos grandes monumentos da história urbana nos esclarecerá sobre a questão da *arquitetura da cidade como obra de arte total*. Berenson percebe, mesmo sem desenvolver esse conceito, que a *arte veneziana* concretiza-se completamente na própria cidade: "Não há nada que os venezianos não tenham procurado acrescentar à grandeza do Estado, à sua glória, ao seu esplendor. E isso levou-os a fazer da sua cidade um monumento vivo, maravilhoso, do amor e da reverência que nutriam pela República, monumento que ainda hoje suscita mais admiração e dá mais alegria do que qualquer outra obra nascida do fervor da arte. E não se contentaram com que Veneza fosse a mais bela cidade do mundo; ademais, instituíram em sua honra cerimônias que tinham toda a majestade dos ritos religiosos"[32].

Observações desse tipo são verdadeiras para todas as cidades; referem-se a fatos, os quais podem manifestar-se de forma diferente e em sucessão diferente, mas nem por isso deixam de ser confrontáveis. Nenhuma cidade nunca foi privada do sentido da sua individualidade.

Meu argumento se refere ao estudo da arquitetura da cidade; limito-me ao esboço de um tratado. Pode ser que eu empregue a palavra "tratado" de maneira um tanto insólita; mas pretendo seguir a tradição dos textos de arquitetura, tradição difícil e criticável, mas autêntica. Talvez tenha utilizado pouco até aqui os tratados mais ortodoxos, mas creio tê-los utilizado de maneira suficiente e continuarei a fazê-lo nos capítulos seguintes. (Por exemplo, ao tratar do conceito de "locus".) Mas antes de passar a alguns aspectos da arquitetura como modo de fazer a cidade, quero considerar o que foi escrito neste capítulo à luz das considerações feitas neste parágrafo.

O argumento principal que emergiu da segunda parte deste capítulo é que distinguimos na cidade dois fatos principais: a estrutura-residência e os fatos primários. Que negamos que a *residência* (a casa) seja algo amorfo e transitório, uma mera necessidade. Por isso, substituímos a casa singular, pela qual se reconhece empiricamente a decadência tecnológica e a necessária adequação aos diversos níveis e modos de vida da sociedade no tempo, pelo conceito de área caracterizada.

Partes inteiras da cidade apresentam sinais concretos do seu modo de viver, uma forma e uma memória. Distinguimos, para aprofundar essas características, investigações de tipo morfológico e possíveis pesquisas de tipo histórico e lingüístico. Nesse sentido, o problema abre-se para o conceito de "locus" e de dimensão. Por outro lado, os *elementos primários* configuram-se como aqueles que, com sua presença, aceleram o processo da dinâmica urbana. Esses elementos podem ser entendidos de um simples ponto de vista funcional, como atividade fixa da coletividade para a coletividade, mas sobretudo podem ser identificados com fatos urbanos definidos, um acontecimento e uma arquitetura que resumem a cidade. Como tais, já são a história e a idéia da cidade que se constrói a si mesma, "um estado de espírito", de acordo com a definição que Park dá da cidade.

Partindo da hipótese da cidade como artefato, os elementos primários têm uma evidência absoluta: distinguem-se com base na sua forma e, em certo sentido, com base na sua excepcionalidade no tecido urbano. São caracterizantes. Tome-se a planta de uma cidade e considere uma parte dela: saltarão aos olhos, como manchas pretas, essas formas destacadas. Também nesse sentido falo de elementos primários; e o mesmo se pode dizer do ponto de vista volumétrico. Repito que procuro muito mais dizer aqui a que me refiro do que dar definições.

Agora percebo claramente que, embora afirmando que os *elementos primários* não são apenas os monumentos, sempre acabei por identificá-los nas minhas argumentações – por exemplo, ao falar do teatro de Arles, ou do Palazzo della Ragione de Pádua, ou de outros fatores ainda. Não creio ser capaz de esclarecer inteiramente esse ponto, mas introduzirei um novo argumento.

Vocês sabem que muitos textos de geografia ou de urbanismo classificam as cidades em duas grandes famílias: *cidades planejadas e cidades não planejadas.* "Nos estudos urbanos é normal pôr em relevo, em primeiro lugar, a diferença entre cidades planejadas e não. As primeiras foram concebidas e fundadas como cidades, ao passo que as segundas surgiram sem um desenho consciente, como assentamentos que se desenvolveram particularmente e que, por conseguinte, se revelaram adequados para cumprir funções urbanas. Seu caráter urbano só apareceu no curso do seu desenvolvimento e sua estrutura resultou essencialmente da agregação de edifícios em torno de algum núcleo pré-urbano." Assim afirma, entre outros, Smailes em seu texto de geografia urbana.[33]

Se, concedendo ao esquema teórico desenvolvido até aqui a segurança de basear-se em fatos autênticos, julgarmos uma afirmação desse tipo, veremos que ela tem uma concretude relativa; trata-se, no máximo, de um tipo de classificação elementar e contestável sob muitos pontos de vista. De fato, sustentamos que, em todo caso, no que concerne à gênese dos fatos de urbanização, trata-se, para utilizar a expressão do autor citado, "da agregação de edifícios em torno de algum núcleo pré-urbano". Esse núcleo representa um início do processo de urbanização quando é constituído em todo o seu valor.

Afirmo agora que considero o "*plano*" um elemento primário, tal como um templo ou uma fortaleza. E que mesmo o primeiro núcleo de cidade planejada revela-se como um elemento primário. Quer inicie um processo urbano, quer o caracterize, como ocorre em Leningrado ou em Ferrara, a coisa não muda muito. Já acreditar que um plano, a sua existência, oferece à cidade uma solução espacial definitiva do ponto de vista global é totalmente contestável; o plano é sempre um tempo da cidade, do mesmo modo que qualquer outro elemento primário.

Se depois a cidade cresce em torno de um núcleo ordenado ou desordenado, ou em torno de um fato específico, não faz muita diferença (ainda que, indubitavelmente, ela vá apresentar aspectos morfológicos diferentes). De fato, vemos essas situações como fatos caracterizados, como partes. Isso aconteceu no caso de Leningrado, ou está acontecendo no caso de Brasília. É desejável que se realizem pesquisas nesse sentido.

Apenas cabe dizer que mestres como Chabot e Poète apenas esboçam essa divisão; e Chabot, com razão, refere a questão do plano a um problema teórico de arquitetura, fundamento das operações urbanísticas. Lavedan dá maior importância a essa divisão; depois de um longo trabalho sobre a cidade como arquitetura e sobre a estrutura urbana das cidades francesas, é lógico que Lavedan insista numa diferenciação ligada à arquitetura urbana. Se o enorme esforço da escola francesa tivesse sido mais amplamente acompanhado de tentativas de síntese como as de Lavedan, hoje poderíamos dispor de um material maravilhoso. O fato de as pesquisas sobre a habitação e sobre as cidades feitas por Demangeon não terem levado em conta o material recolhido por Viollet-le-Duc é um problema que vai além da falta de relação interdisciplinar; trata-se de uma atitude diante da realidade.

Portanto, não se pode criticar Lavedan por ter insistido no *aspecto arquitetônico*, quando é precisamente esse o mérito maior da sua obra; e não penso estar forçando seu pensamento ao afirmar que, quando ele nos fala do "plano" de uma cidade, pretende falar-nos de arquitetura. De fato, tratando da origem da cidade, ele escreve: "Quer se trate de uma cidade espontânea ou de uma cidade deliberada, o traçado da sua planta, o desenho das suas ruas, não se devem ao acaso. Existe uma obediência às regras, seja inconscientemente no primeiro caso, seja consciente e abertamente no segundo. Existe sempre um elemento gerador do plano"[34]. Com essa redução, Lavedan leva o plano a seu valor de elemento original ou de componente.

Poderá parecer que, na tentativa de explicar a diferença entre um elemento primário e um monumento, eu tenha introduzido um outro argumento, o qual por fim, em vez de precisar, ampliou o discurso. Na realidade, essa ampliação permitiu-nos voltar à nossa hipótese inicial, que analisamos de diversos pontos de vista. A cidade não é, por sua natureza, uma criação que pode ser reduzida a uma só idéia básica: seus processos de conformação são diferentes.

A cidade é constituída por partes; cada uma dessas partes é caracterizada; ela tem, além disso elementos primários em torno dos quais se agregam edifícios. Os monumentos são pontos de referência da dinâmica urbana; são mais fortes que as leis econômicas, enquanto os elementos primários não o são de forma imediata. Ora, ser monumentos é em parte seu destino; não sei até que ponto esse destino é previsível.

Em outras palavras, no que diz respeito à constituição da cidade, é possível proceder por fatos urbanos definidos, por elementos primários, e isso diz respeito à arquitetura e à política; alguns desses elementos alcançarão o valor de monumentos, seja por seu valor intrínseco, seja por uma situação histórica particular, e isso diz respeito precisamente à história e à vida da cidade.

Escrevi que todas essas considerações são importantes se por trás delas há fatos, *fatos que mostram seu vínculo direto com o homem*. Ora, esses elementos constituintes da cidade, esses fatos urbanos de natureza característica e caracterizante não são, enquanto produtos da atividade humana como fato coletivo, um dos mais autênticos testemunhos do homem? E, naturalmente, quando falamos desses fatos, não podemos ignorar de certo modo a sua arquitetura, que é a própria criação humana.

Um estudioso francês escrevia recentemente que, pensando na crise institucional da universidade francesa, parecia-lhe que nada pudesse exprimir essa crise de modo tão tangível quanto a falta de um edifício que "fosse" a universidade francesa. O fato de que Paris, embora sendo o berço das grandes universidades da Europa, nunca tenha conseguido "construir" essa sede, era o sinal de uma fraqueza interna do sistema. "O confronto com esse prodigioso fenômeno arquitetônico produziu, em mim, o efeito de um choque. Nasceu-me uma inquietude, e uma suspeita, que devia se confirmar quando, mais tarde, tive a oportunidade de visitar Coimbra, Salamanca e Göttingen, ou ainda Pádua. (...) Foi o nada arquitetônico da universidade francesa que me fez compreender seu nada espiritual e intelectual."[35]

Fig. 86. "**Horreo**", tulha em forma de templo, Galícia (Espanha) (fotografia de Dida Biggi).

É possível afirmar que as catedrais, as igrejas disseminadas pelo mundo e São Pedro não *constituem* a universalidade da igreja católica? Não estou me referindo ao caráter monumental dessas arquiteturas, nem a seus valores estilísticos; refiro-me à sua presença, à sua construção, à sua história. Em outras palavras, à natureza dos fatos urbanos. *Os fatos urbanos têm uma vida, um destino próprios.* Tome-se um hospital: nele a dor é uma coisa concreta. Está nas paredes, nos pátios, nas enfermarias. Quando os parisienses destroem a Bastilha, suprimem séculos de abuso e de dor, de que a Bastilha era, em Paris, a forma concreta.

Ao abrir este capítulo, fiz alusão à qualidade dos fatos urbanos e a alguns autores que tinham projetado esse tipo de pesquisa. Lévi-Strauss talvez tenha ido mais longe do que todos ao falar dessa qualidade e afirmar que, por mais rebelde que nosso espírito euclidiano tenha se tornado a uma concepção qualitativa do espaço, não depende de nós a existência dela. "O espaço tem valores próprios, como os sons e os perfumes têm cores e os sentimentos têm um peso. Essa busca de correspondências não é uma brincadeira de poeta ou uma mistificação...; ela propõe ao estudioso o terreno mais novo e aquele cuja exploração ainda lhe pode proporcionar ricas descobertas."[36]

Cattaneo escreveu sobre a natureza como pátria artificial que contém toda a experiência da humanidade.

Podemos ainda afirmar que a qualidade dos fatos urbanos emergiu das pesquisas positivas, da concretude do real; a qualidade da arquitetura – a criação humana – é o sentido da cidade. Depois de termos indagado sobre os possíveis modos de entender a cidade, voltamos pois às características mais íntimas, mais próprias dos fatos urbanos. E sobre esses aspectos, os mais ligados à arquitetura, iniciarei as considerações dos próximos capítulos.

Por ora, creio poder afirmar que qualidade e destino destacam dos monumentos os elementos primários, entendidos no sentido de uma leitura geográfica. E estou convencido de que, com base nessas indicações, será possível enriquecer as pesquisas positivas sobre o comportamento dos grupos humanos e do indivíduo na cidade. Mencionei a tentativa consumada pelo americano Kevin Lynch, ainda que por caminhos diferentes. Esperemos que essas pesquisas experimentais sejam aprofundadas e que nos possam oferecer um material importante para avaliar todos os aspectos da psicologia urbana, de modo que se possa lançar uma luz sobre as camadas mais profundas da consciência coletiva, tal como ela se forma na cidade.

A partir do próprio conceito de qualidade será possível lançar uma luz sobre os conceitos de área e de limite, de território político e de fronteira, que nem o mito da raça, nem a comunidade de língua ou de religião são suficientes para fundamentar. Indicamos aqui apenas algumas direções de pesquisa; muitas dessas pesquisas provêm da psicologia, da sociologia, da ecologia urbana. Estou convencido de que elas adquirirão nova luz quando levarem mais em conta, ou simplesmente puderem levar em conta, o ambiente físico e a arquitetura das nossas cidades. Do mesmo modo, não podemos mais tratar a arquitetura da cidade – em outras palavras, a própria arquitetura – sem esse quadro geral em que os fatos urbanos se conectam. Nesse sentido, falei da exigência de um novo tratado.

CAPÍTULO III

A individualidade dos fatos urbanos. A arquitetura

18. O "locus"

Já aludi várias vezes, no decorrer deste ensaio, ao valor do "locus", entendendo com isso *aquela relação singular mas universal que existe entre certa situação local e as construções que se encontram naquele lugar.* A escolha do lugar tanto para uma construção como para uma cidade tinha um valor preeminente no mundo clássico: a "situação", o sítio, era governado pelo "genius loci", pela divindade local, uma divindade de tipo intermediário que presidia tudo o que ocorria naquele lugar.

O conceito de "locus" sempre esteve presente nos tratados clássicos, ainda que já em Palladio e mais tarde em Milizia seu tratamento adquira cada vez mais um aspecto de tipo topográfico e funcional. Mas nas palavras de Palladio ainda está vivamente presente o frêmito do mundo antigo, o segredo dessa relação que se evidencia, acima da cultura arquitetônica específica, em certas obras suas, como a Malcontenta ou a Rotonda, as quais devem precisamente à "situação" algumas das condições para sua compreensão.

Viollet-le-Duc, no seu esforço para entender a arquitetura como uma série de operações lógicas baseadas em poucos princípios racionais, também admite a dificuldade da transposição de uma obra de arquitetura. Faz parte da idéia geral da arquitetura igualmente o lugar como espaço singular e concreto.

Por outro lado, um geógrafo como Max Sorre acena para a possibilidade de uma teoria do fracionamento do espaço[1]; ele indica, a esse propósito, a existência de "pontos singulares". O "locus", assim concebido, acaba pondo em relevo, no interior do espaço indiferenciado, condições, qualidades que nos são necessárias para a compreensão de um fato urbano determinado. Nos últimos anos de sua vida, Halbwachs também iria ocupar-se da topografia legendária[1], afirmando que os lugares santos apresentam, durante as diversas épocas, várias fisionomias, nas quais se confrontam as imagens dos grupos cristãos que as construíram e situaram de acordo com suas aspirações e suas necessidades.

Pensemos por um momento no espaço da religião católica; esse espaço cobre toda a terra, porque a Igreja é indivisível; nesse universo, a área singular, seu conceito, passa para segundo plano, assim como o limite ou a fronteira. O espaço é determinado com respeito a um centro único, a sede do papa; mas esse espaço terrestre nada mais é que o momento, uma pequena parte do espaço universal que é o lugar da comunhão dos santos. (Essa noção de espaço é paralela à sublimação do espaço, tal como é entendida pelos místicos.) No entanto, nesse quadro total e indiferenciado, onde o próprio espaço se anula e se sublima, existem "pontos singulares"; são eles os lugares de peregrinação, os santuários, onde o fiel entra em comunicação mais direta com Deus. Assim como, para a doutrina cristã, os sacramentos são signos da graça, porque com as suas partes, que são sensíveis, significam ou indicam aquela graça invisível que conferem; e são signos eficazes, porque significando a graça realmente a conferem.

A identificação desses "pontos singulares" pode se dever a um acontecimento determinado que sucedeu naquele ponto, ou pode depender de outras infinitas causas. Temos porém, aqui também, um valor intermediário reconhecido e sancionado, a possibilidade de uma noção do espaço à parte, ainda que excepcional. Transportando esse discurso para o domínio dos fatos urbanos, parece não ser possível ir além do valor das imagens, como se o seu entorno não fosse analisável de algum modo positivo. Talvez não reste mais que a afirmação pura e simples do valor do "locus", pois essa noção do lugar e do tempo parece inexprimível racionalmente, ainda que compreenda uma série de valores que "são" fora e contra os sentimentos que experimentamos ao apreendê-los.

Percebo a dificuldade desse argumento; mas ele retorna em toda pesquisa positiva, faz parte da experiência. Eydoux[2], em seus estudos sobre a Gália, refere-se expressamente a lugares que obrigam a confrontos contínuos e singulares e convida à análise positiva dos lugares que parecem predestinados à história. Esses lugares são os signos concretos do espaço; e enquanto signos estão em relação entre o arbitrário e a tradição.

Penso com freqüência nas praças dos pintores do Renascimento, onde o lugar da arquitetura, a construção humana, adquire um valor geral de lugar e de memória, porque assim fixado numa hora única; mas essa hora também é a primeira e mais profunda noção que temos das praças da Itália, estando pois ligada à mesma noção de espaço que temos das cidades italianas.

Noções desse tipo estão ligadas à nossa cultura histórica, à nossa vida em paisagens construídas, às referências que fazemos em cada situação a outra situação; e portanto também ao encontro de pontos singulares, os mais próximos de uma idéia do espaço tal como o havíamos imaginado.

Focillon fala de lugares psicológicos, sem os quais o gênio dos ambientes seria opaco e inapreensível. Assim, substitui pela noção de "arte como lugar" a de uma certa paisagem artística. "... a paisagem gótica, ou antes, a arte gótica como lugar, criou uma França inédita, uma humanidade francesa, determinadas linhas de horizonte, determinados perfis de cidade, em suma, uma poética que emana dela, e não da geologia ou das instituições capetíngias. Mas não é a propriedade de um ambiente que gera seus mitos, conforma o passado segundo suas necessidades?"[3]

Como se pode ver, a substituição da *paisagem gótica pela arte gótica como lugar* tem uma importância enorme. Nesse sentido, a construção, o monumento e a cidade tornam-se a coisa humana por excelência; mas, enquanto tais, estão profundamente ligados ao acontecimento original, ao primeiro signo, à sua constituição, à sua permanência e à sua evolução. Ao arbítrio e à tradição. Como os primeiros homens criaram um clima para si, assim também criaram um lugar, estabelecendo a individualidade deste.

O "locus" e a religião católica. Fig. 87. Vista do Sacro Monte sobre Varese, com as capelas que margeiam a estrada para o Santuário (gravura de L. e P. Giarrè, 1845). **Fig. 88**. "As sete igrejas de Roma", gravura editada por Antonio Lafreri em 1575, por ocasião do Jubileu concedido por Gregório XIII.

As anotações dos tratadistas sobre o enquadramento da paisagem referida à pintura, a segurança com que os romanos, ao construírem novas cidades, repetiam elementos idênticos, atribuindo precisamente ao "locus" o valor de transfiguração, muitas outras questões nos fazem intuir a importância de tais fatos; e é enfrentando problemas desse tipo que percebemos por que a arquitetura era tão importante no mundo antigo e no Renascimento. Ela "conformava" um sítio; suas próprias formas mudavam, na mutação mais geral do sítio, constituíam um "todo" e serviam a um acontecimento, constituindo-se elas próprias em acontecimento. Só assim se pode compreender a importância de um obelisco, de uma coluna, de uma lápide. Quem pode melhor distinguir entre o acontecimento e o signo que fixou esse acontecimento?

Perguntei-me várias vezes, mesmo no curso deste ensaio, *onde começa a individualidade de um fato urbano*; se é na sua forma, na sua função, na sua memória ou em alguma outra coisa. Poderíamos, então, dizer que esse começo está *no acontecimento e no signo que fixou o acontecimento*. Pensamentos desse tipo sempre percorreram a história da arquitetura. Os artistas sempre se basearam em algo original, em um fato que vem antes do estilo. Burckhardt intuiu esse processo quando escreveu: "Lá, no santuário, acontecem os primeiros passos em direção ao sublime; eles (os artistas) aprendem a separar o elemento causal das formas; surgem tipos e, enfim, inícios de ideais"[4].

Assim, a relação entre as formas e o elemento que preexiste se repropõe como necessidade de um fundamento; e, então, a arquitetura, enquanto de um lado recoloca em discussão todo o seu domínio, os seus elementos e os seus ideais, de outro tende a se identificar com o fato, sem mais levar em conta aquela separação que ocorrera no início e que lhe permite desenvolver-se com autonomia.

É nesse sentido que podem ser interpetadas as palavras de Adolf Loos: "Quando encontramos na floresta um túmulo com seis pés de comprimento e três de largura, modelado com a pá, ficamos sérios e alguma coisa fala em nós: 'há alguém enterrado aqui.' Isso é a arquitetura"[5]. O túmulo com seis pés de comprimento e três de largura é a arquitetura mais intensa e mais pura, pois se identifica no fato; depois, é somente na historicidade da arquitetura que ocorre aquela separação entre o elemento original e as formas que o mundo antigo parece ter resolvido para sempre e de que deriva o caráter de permanência que reconhecemos naquelas formas.

Também por isso todas as grandes arquiteturas se repropõem a arquitetura da antiguidade, como se a relação fosse fixada para sempre; mas cada vez se repropõe com uma individualidade diferente.

O pensamento de uma mesma arquitetura se manifesta em lugares diversos; podemos, pois, derivar de um princípio idêntico as nossas cidades, apreendendo o concreto de cada experiência singular.

O que eu dizia no início deste livro, falando do Palazzo della Ragione de Pádua, um exemplo, talvez esteja por inteiro aqui, além de suas funções e além da sua história, mas não além do fato de ser naquele lugar.

Então, para nos darmos conta dos contornos desse problema tal como ele é, ou como confina com o domínio da arquitetura, convém ressaltar os aspectos individuais, distintivos, aquelas relações que podemos ver em seus limites recíprocos. Talvez possamos perceber melhor alguma coisa de um lugar, que às vezes nos parece só silêncio, olhando-o do outro lado, a partir dos aspectos que penetram nele com contornos mais racionais, por certo, porém mais familiares, mais conhecidos – e isso enquanto pudermos continuar a apreender esses contornos, que depois se esfumam e desaparecem.

Esses contornos dizem respeito à individualidade dos monumentos, da cidade, das construções e, portanto, ao conceito de individualidade e a seus limites, onde ela começa e onde ela acaba; dizem respeito à relação local da arquitetura, ao lugar de uma arte. E, portanto, aos vínculos e à própria particularização do "locus" como fato singular determinado pelo espaço e pelo tempo, por sua dimensão topográfica e por sua forma, por ser sede de acontecimentos antigos e novos, por sua memória.

Mas esses problemas são, em grande parte, de natureza coletiva; eles nos obrigam a deter-nos brevemente sobre o estudo das relações entre o lugar e o homem e, portanto, a ver as relações com a ecologia e a psicologia.

19. A arquitetura como ciência

> "... os maiores produtos da arquitetura são menos obras individuais do que obras sociais; antes o parto dos povos em trabalho do que o impulso de homens geniais; o depósito que uma nação deixa; os acúmulos que os séculos fazem; o resíduo das evaporações sucessivas da sociedade humana; numa palavra, espécies de formações."
>
> VICTOR HUGO[6]

Em sua obra de 1816 consagrada aos monumentos da França, Alexandre de Laborde louvava, como Quatremère de Quincy, os artistas do fim do século XVIII e início do XIX por terem ido a Roma estudar e assimilar os princípios imutáveis dos estudos superiores, percorrendo assim os grandes caminhos da antiguidade. Os arquitetos da nova escola apresentavam-se como estudiosos atentos aos fatos concretos da sua ciência: a arquitetura. Esta percorria, pois, um caminho seguro, pois seus mestres estavam preocupados em estabelecer uma lógica da arquitetura baseada em princípios essenciais. "Eles são ao mesmo tempo artistas e estudiosos; adquiriram o hábito da observação e da crítica..."[7]

Mas escapava a Laborde e a seus contemporâneos o que, em suas linhas mestras, era o caráter fundamental desses estudos e que consistia numa abertura sua para os problemas urbanos e para as ciências humanas, abertura que freqüentemente fazia a balança pender mais para o lado do estudioso do que para o do arquiteto. Somente uma história da arquitetura baseada nos fatos poderia nos proporcionar um panorama global desse difícil equilíbrio e permitir-nos um conhecimento mais articulado dos próprios fatos.

Mas nossas condições permitem-nos desde já indicar, como problema de fundo dos tratados e do ensino, o da elaboração de um princípio geral da arquitetura, a arquitetura como ciência, e o da aplicação e da formulação dos edifícios. Ledoux[8] estabelece os princípios da arquitetura segundo a concepção clássica, mas depois se preocupa com os lugares e com os acontecimentos, com os sítios e com a sociedade. Assim, estuda todos os edifícios que a sociedade requer estabelecidos com condições precisas de contorno.

Também para Viollet-le-Duc a resposta da arquitetura enquanto ciência é necessariamente unívoca: diante de um problema, há uma só solução. Mas, e aqui ele desenvolve sua análise, os problemas colocados à arquitetura mudam continuamente, modificando as conclusões. Princípios da arquitetura e modificações do real constituem a estrutura da criação humana, segundo a primeira definição do mestre francês. Assim, no Dicionário Sistemático da Arquitetura francesa, é apresentado com eficácia ímpar o grande afresco da arquitetura gótica na França.

Conheço poucas descrições tão completas e persuasivas das obras arquitetônicas quanto a do Castelo Gaillard[9]; o castelo, fortaleza de Ricardo Coração de Leão, adquire na prosa de Viollet-le-Duc a força de uma imagem permanente da estrutura das obras arquitetônicas; e a estrutura e a individualidade do castelo revelam-se progressivamente, da análise do edifício à geografia do Sena, do estudo da arte militar e dos conhecimentos topográficos da antiguidade até apreender a própria psicologia dos dois *condottieri* rivais, o normando e o francês; atrás deles, está a história da França, mas também alguns lugares da França, de que adquirimos um conhecimento e uma experiência pessoal.

Assim, o estudo da casa parte de classificações geográficas e de considerações sociológicas para chegar, através da arquitetura, à estrutura da cidade e do país: a criação humana. Viollet-le-Duc descobre que, na arquitetura, a casa é o que melhor caracteriza os costumes, os usos, os gostos de uma população; tanto sua estrutura quanto suas características distributivas só se modificam em tempos muito longos. A partir do estudo das planimetrias das casas de habitação, ele reconstrói a formação dos núcleos urbanos e pode indicar a orientação de um estudo comparado da tipologia da casa francesa.

Com o mesmo princípio descreve as cidades construídas *ex novo* pelos reis da França. Montpazier não só é alinhada com regularidade; também todas as casas são de igual dimensão e apresentam a mesma distribuição. As pessoas que residiam nessas cidades privilegiadas encontravam-se num plano de absoluta igualdade. O estudo dos lotes e dos quarteirões urbanos faz

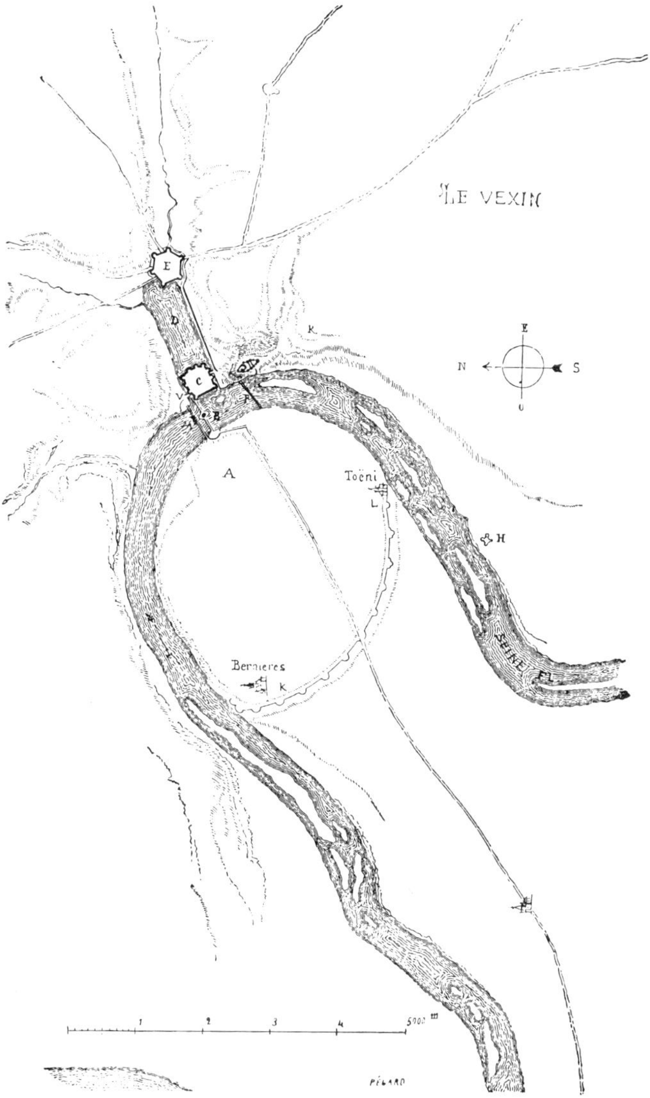

Fig. 89. **O Castelo Gaillard**, Normandia (França), planimetria com o conjunto das defesas levantadas por Ricardo Coração de Leão na zona de Les Andelys (por E.-E. Viollet-le-Duc). A. Península de Bernières; B. ilhota com forte octogonal, ligado por pontes de madeira; C. petit Andely; D. lago artificial; E. grand Andely; F. paliçada de barragem do Sena; H. forte Boutavant. (Sobre o Castelo Gaillard, além do parág. 19 do cap. III, cf. também a nota 9 do cap. III.)

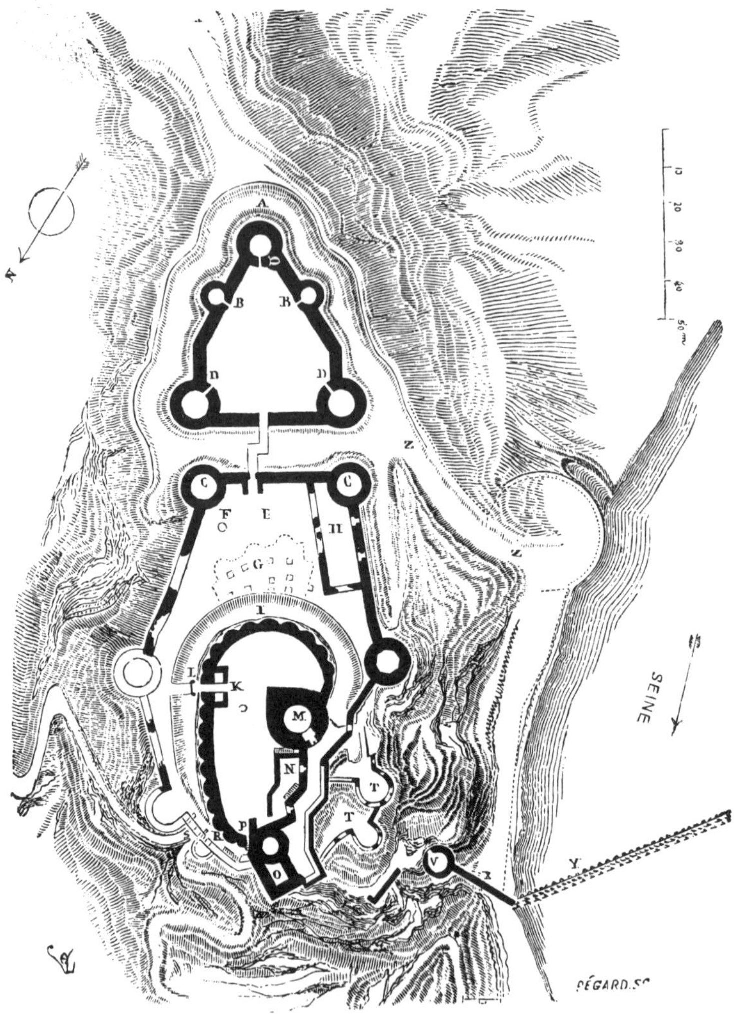

Fig. 90. **O Castelo Gaillard**, Normandia (França), planta (por E.-E. Viollet-le-Duc). A.BB.DD. fortificação avançada; A. fosso escavado na rocha e torre principal; BB.DD. torres secundárias; CC. torres principais; E. primeiro recinto do castelo, em torno do pátio baixo; F. poço; G. porões comunicando com o exterior; H. capela; K. entrada do castelo; L. fosso; M. torreão; N. aposentos do comandante; P. poterna de emergência; R. caminho de ronda; T. torres e paredes escavadas na rocha; V. torre; X. muralha; Y. paliçada de barragem do rio; Z. grande fosso cavado à mão.

Fig. 91. O Castelo Gaillard, Normandia (França), vista aérea do sudeste, durante o cerco de Filipe Augusto (1203-04) (por E.-E. Viollet-le-Duc). A. paliçada de barragem do rio, destruída pelos homens de Filipe Augusto; B. ilhota com forte octogonal; C. petit Andely; D. torres da linha fortificada criada por Filipe Augusto; E. lago artificial entre petit e grand Andely; F. vale em que morreram de fome os habitantes de petit Andely, refugiados no castelo e depois expulsos.

Viollet-le-Duc entrever uma história das classes sociais na França, extraída do concreto da história, antecipando a geografia social e as conclusões de Tricart.

É necessário ler os melhores textos da escola francesa de geografia, que se desenvolveu no início deste século, para encontrar uma atitude científica semelhante; mesmo a literatura mais superficial do ensaio de Albert Demangeon[10] sobre a casa rural na França evoca os escritos do grande tratadista. Partindo da descrição da paisagem artificial do campo, Demangeon vê na residência o elemento persistente que se modifica em tempos longos e cuja evolução é mais longa e mais complexa do que a da economia rural, a que nem sempre e facilmente corresponde; assim, ele enfoca a questão das constantes tipológicas na habitação tratando de procurar os tipos elementares da habitação.

Enfim, a habitação, extraída do ambiente local, demonstra não ser derivada desse ambiente apenas, mas apresenta relações externas, parentescos distantes, reflexos gerais. Portanto, na repartição geográfica de um tipo de habitação, muitas observações fogem ao determinismo local, seja este relativo aos materiais, seja às estruturas econômicas ou às funções; e se delineiam as relações históricas e as correntes culturais.

A análise de Demangeon detém-se necessariamente diante de uma concepção mais vasta da estrutura da cidade e do território, que havia sido, porém, entrevista de forma global pelos tratadistas; com respeito aos estudos de Viollet-le-Duc, ela ganhou em precisão e em rigor metodológico o que perdeu na compreensão geral.

É significativo, tanto quanto inesperado, que caiba a um arquiteto considerado totalmente revolucionário retomar os temas aparentemente distantes dessas análises, para repropô-los numa síntese unitária. Na definição de casa como máquina e de arquitetura como utensílio, tão escandalosa para os cultores estetizantes da arte, Le Corbusier[11] apenas faz seu todo o ensinamento positivo da escola francesa, baseada no estudo do real. De fato, nos mesmos anos, no ensaio citado, Demangeon fala da casa rural como de um utensílio forjado para o trabalho do camponês. A criação humana e o utensílio forjado parecem, pois, encerrar os fios desse discurso numa visão da arquitetura baseada no con-

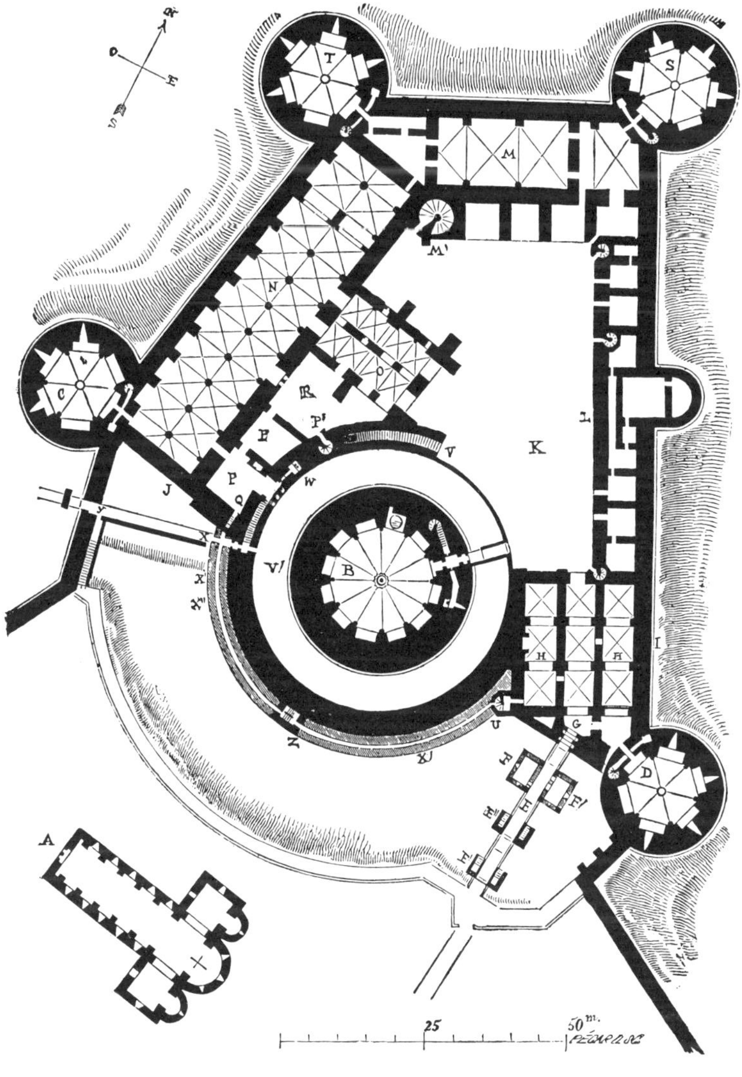

Fig. 92. O Castelo de Coucy na Île-de-France (séculos XIII-XIV), planta do rés-do-chão (por E.-E. Viollet-le-Duc). A. capela preexistente; B. torreão; C, D, S, T. torres; E. ponte de acesso; K. pátio; L. edifícios de serviço; M. aposentos em três andares; N. armazéns no rés-do-chão e grande sala no andar superior.

creto, através de uma visão totalizante que talvez constitua a contribuição do artista.

Mas creio que uma conclusão desse gênero acabaria encerrando o discurso sem ter estabelecido um progresso, se confiasse à personalidade isolada, e não a um progresso da arquitetura como ciência, a solução das relações entre análise e projeto, negando aquela esperança contida na observação de Laborde, que via na nova geração homens de arte e de cultura que haviam adquirido o costume da crítica e da observação; em outras palavras, que via a possibilidade de um entendimento mais profundo da estrutura da cidade. Creio, pois, que apenas uma meditação mais profunda sobre o objeto da arquitetura, tal como esta foi continuamente entendida – a criação humana –, é capaz de levar adiante a análise e a proposta.

Mas essa meditação deve se estender necessariamente a toda a estrutura que compreende a relação entre obra individual e social, o depósito dos séculos, a evolução e as permanências das diversas culturas. Sem deleite literário, pois, mas de acordo com o desejo de uma análise mais complexa, este parágrafo começa com um trecho de Victor Hugo[12] que pode ser um programa de estudo. Na paixão muitas vezes enfática pela grande arquitetura nacional do passado, Victor Hugo, como tantos outros artistas e cientistas, procurou compreender a estrutura da cena fixa da vicissitude humana. E quando nos indica a arquitetura e a cidade em seu aspecto coletivo e como "espécies de formação", enriquece a busca de uma referência tão autorizada quanto sugestiva.

20. Ecologia urbana e psicologia

No parágrafo precedente, avancei algumas considerações sobre os resultados a que chegaram certos estudiosos de diferentes formações no estudo da cidade, procurando esclarecer como qualquer pesquisa sobre a cidade tem, em primeiro plano, o discurso sobre a arquitetura, referindo ao filão mais concreto da própria arquitetura muitas dessas análises. Tento insistir no fato de que a partir da arquitetura, talvez mais do que de qualquer outro ponto de vista, é possível se atingir uma visão globalizante da cidade e, portanto, uma compreensão da sua estrutura. Sobretudo nesse sentido enfatizei os estudos sobre a casa feitos por Viollet-le-Duc e por Demangeou, mostrando como uma análise comparada de seus resultados pode dar lugar a afirmações de grande interesse. Além disso, é no campo da arquitetura – e citei Le Corbusier – que até agora se verificaram essas sínteses.

Esse discurso queria introduzir – como anunciamos, depois de expormos o conceito de "locus" – algumas observações sobre a ecologia e a psicologia, entendida, esta última, nas suas aplicações à ciência urbana. Pode parecer quase óbvio que um problema desse tipo seja levantado diretamente numa pesquisa que é continuamente percorrida por referências aos resultados obtidos por esses tipos de análise. Mas pretendo estabelecer alguns critérios para uma discussão mais ampla desse problema, que só lateralmente concerne ao presente livro.

A *ecologia* como conhecimento das relações entre o ser vivo e seu ambiente não pode ser discutida aqui; este é um problema que pertence à sociologia e à filosofia natural, a partir de Montesquieu. Aludir a ele, pelo extraordinário interesse que apresenta, também nos levaria longe demais.

Consideremos apenas esta pergunta: o "locus urbis", uma vez determinado, de que modo influencia o indivíduo e a coletividade? Essa questão interessa-me apenas no sentido que Max Sorre deu à indagação básica da ecologia: de que modo o ambiente influencia o indivíduo e a coletividade? Max Sorre respondeu que essa pergunta é ainda mais interessante quando formulada junto com sua recíproca: de que modo o homem altera o seu ambiente?[13] Com isso, a ecologia humana muda bruscamente de sentido e abrange toda a história da civilização. Respondemos à pergunta, ou ao sistema que essas duas perguntas formam, quando, no iníco deste estudo, indicamos as definições da cidade como a coisa humana por excelência.

Mas será necessário então repetir que, também no caso da ecologia, e da ecologia urbana a que nos referimos, a pesquisa só tem sentido quando a cidade é vista em toda a sua construção, como uma estrutura complexa. Não se podem estudar as relações e as influências entre o homem, tal como ele é historicamente determinado, e a cidade, reduzindo-a a um esquema de cidade. Refiro-me aos esquemas urbanos da ecologia da escola americana, de Park a Hoyt. E aos desenvolvimentos dessas teorias, as quais, pelo que sei, podem produzir algum resultado na técnica urbanística, mas pouca contribuição oferecem ao desenvolvimento da ciência urbana, que pretende basear-se em fatos e não em esquemas.

Que o estudo da *psicologia coletiva* tenha um papel essencial no estudo da cidade parece-me incontestável. Algumas das citações mais importantes dos autores a que pretende vincular-se essa pesquisa baseiam-se no estudo da psicologia coletiva, e esta última está ligada à sociologia. Sobre esses vínculos existem amplos estudos. A psicologia coletiva torna-se perceptível, pois, em todas as ciências em que a cidade como objeto de estudo está em primeiro plano.

Creio igualmente que se podem alcançar resultados úteis com as experiências levadas a cabo com base na *psicologia da Gestalt*, tal como foram iniciadas pela Bauhaus no campo da forma e tal como são propostas pela escola americana de Kevin Lynch[14] – sobretudo como confirmação experimental. Neste livro, referi-me, a propósito do bairro, a algumas conclusões de Kevin Lynch, com a finalidade de confirmar o caráter distintivo dos diversos bairros no interior da cidade. Há, porém, extensões impróprias dos métodos da psicologia experimental. No entanto, antes de encarar esse problema, devemos deter-nos brevemente na *relação entre a cidade e a arquitetura como técnica.*

Quando falo da constituição de um fato e da sua memória, entendo que esses problemas são, em grande parte, de natureza coletiva; eles pertencem à cidade, logo à coletividade. Podemos, agora, aceitar a teoria segundo a qual, numa arte ou numa ciência, os princípios e os meios de ação são elaborados coletivamente ou transmitidos por tradição, de modo que todas as ciências e as artes são fenômenos coletivos. Mas, ao mesmo tempo, elas não são coletivas em todas as partes essenciais; elas têm como promotores indivíduos.

Ora precisamente essa relação entre um fato coletivo – e um fato urbano o é, porque de outro modo seria inconcebível – e quem o promoveu e realizou singularmente, e, por outro lado, a relação entre esse fato urbano e quem dele participa só podem ser esclarecidas através do estudo das técnicas com que o fato se manifesta. Essas técnicas são diversas; uma delas é a arquitetura e, já que ela é a técnica assumida como objeto deste estudo, ocupamo-nos sobretudo dela (e, em parte, da economia e da história, na medida em que se manifestam na arquitetura da cidade).

Essa relação entre o fato urbano (coletivo) e o indivíduo é única com respeito a qualquer outra técnica ou arte; de fato, cumpre ressaltar que, para se impor como um vasto movimento cultural e ser discutida e criticada fora de um estreito círculo de especialistas, é necessário que a arquitetura se realize, que se torne parte da cidade, que se torne "a cidade". Em certo sentido, não existem edifícios "de oposição", pois o que se realiza deve-se sempre à classe dominante, ou, pelo menos, deve surgir uma possibilidade de conciliar certas novas exigências com a realidade urbana específica.

Há, pois, uma relação direta entre a arquitetura enquanto formulação de certas propostas e as construções que se colocam na cidade. Mas também é indubitável que essa relação deve ser considerada em seus distintos termos; o mundo da arquitetura pode se desenvolver e ser estudado na sua sucessão lógica de enunciados e de formas de um modo suficientemente autônomo da concretude do "locus" e da história.

Portanto, a arquitetura pressupõe a cidade, mas pode se constituir no interior de uma cidade ideal, de relações perfeitas e harmoniosas, onde ela desenvolve e constrói seus termos de referência. É diferente a arquitetura concreta da cidade, que está, com a primeira, naquela relação característica e ambígua que nenhuma outra arte ou ciência pode apresentar. Assim, é compreensível a contínua atitude demiúrgica dos arquitetos no sentido de apresentar sistemas em que a ordem espacial se torna ordem da sociedade e pretende transformar a sociedade, como uma sobreposição de planos diversos e não-congruentes.

Além do desenho, além da arquitetura em si, existem os fatos urbanos, existe a cidade, existem os monumentos; os estudos isolados acerca de determinado período, de determinado entorno, esclarecem-nos a esse respeito. Ao estudar a Florença do Humanismo, Chastel[15] mostra-nos claramente todos aqueles vínculos de civilização e, portanto, de arte, de história e de política existentes entre a nova visão da cidade, Florença (e Atenas, Roma, Nova York), e a arte e as técnicas que estavam elaborando a nova cidade. Pensemos em Palladio, nas cidades vênetas historicamente determinadas em que vemos a obra de Palladio e em como o estudo dessas mesmas cidades, das próprias obras individualmente consideradas transcende o Palladio arquiteto. Aqui, o conceito de "locus", de que parti para desenvolver estes raciocínios, adquire todo o seu significado e se torna o contexto urbano, identifica-se com o fato em si.

Perguntamo-nos novamente: onde começa a individualidade? Ela começa no fato em si, na matéria e em suas vicissitudes, e na mente dos elaboradores desse fato. Ela consiste ainda no lugar que determina uma obra, em sentido físico, mas também e principalmente no sentido da escolha daquele lugar e da unidade indissolúvel que se estabeleceu entre o lugar e a obra.

A história da cidade também é a história da arquitetura; mas a história da arquitetura é, no máximo, um ponto de vista de que se deve olhar a cidade. A incompreensão disso levou, desde há muito, ao estudo da cidade e de sua arquitetura referindo-se à imagem e à tentativa de vê-la através de certas outras ciências, como a psicologia, para livrar o estudo da imagem de alguns pontos mortos em que ela caíra.

Mas o que nos pode dizer a psicologia, a não ser que certo indivíduo vê a cidade daquele modo e que vários indivíduos vêem a cidade daquele modo? E como essa visão privada e inculta pode ser relacionada às leis e aos princípios com que a cidade surge e através dos quais ela forma a sua imagem? Se nos ocupamos arquitetonicamente da cidade não apenas do ponto de vista estilístico, não fazê-lo não significa deixar de lado a arquitetura e tratar de outra coisa. Ao contrário, jamais passaria pela cabeça de alguém que, quando os tratadistas nos dizem que os edifícios devem corresponder a critérios de solidez, utilidade e beleza, eles deveriam tratar de nos explicar quais são os móbeis psicológicos desse princípio.

Quando Bernini fala com desprezo de Paris[16], porque acha bárbara a paisagem gótica dessa cidade, pouco nos importa a psicologia de Bernini; importa-nos, sim, o julgamento de um arquiteto que, com base numa cultura vasta e precisa da cidade, julga a constituição de outra cidade. E importa-nos que Mies van der Rohe tenha certa visão da arquitetura, não para saber qual é o "gosto" ou a "atitude" do alemão médio relativamente à cidade, mas para poder ver qual a base teórica, a herança cultural sobre a cidade alemã do classicismo schinkeliano e de outros fatos ligados a ela.

O crítico que discute por que o poeta utilizou um novo ritmo em determinado lugar da sua poesia está considerando o problema compositivo que se lhe apresentou naquela ocasião. Assim, o crítico, que estuda que relação existe na poesia de Foscolo, ou como a entendemos, trata da literatura italiana e tem todos os meios adequados para tratar dessa questão.

Naturalmente, as técnicas e as artes não resolveram todos os seus problemas, e à medida que os resolvem alguns outros aparecem. É possível, assim, que saibamos muito pouco sobre a relação entre a cidade e algumas arquiteturas, entre um fato urbano determinado e nossa capacidade de entendê-lo e de promovê-lo, mas isso não significa que não nos seja permitido estudá-lo com os instrumentos que possuímos.

21. Especificação dos elementos urbanos

Ora, para prosseguir essa análise, é imprescindível encararmos alguns desses fatos, típicos ou singulares, e procurarmos compreender como esses problemas surgem e se esclarecem neles e através deles. Talvez esses novos raciocínios sobre as coisas, sobre a cidade como arquitetura, possam proporcionar-nos novos fundamentos ou, pelo menos, uma nova compreensão. Os arquitetos de todos os tempos perceberam isso; os arquitetos da época moderna tentaram sistemas lógicos para recuperar esse fato, mas nem sempre seus resultados foram positivos; às vezes os lugares e as culturas particulares os favoreceram, outras vezes esses mesmos elementos os enganaram.

Acontece-me com freqüência pensar, desse ponto de vista, no valor do *simbolismo* na arquitetura, que é, provavelmente, a manifestação mais sensata do simbolismo (de fato, pensar no simbolismo como a construção do símbolo de um acontecimento é mera posição funcionalista); e, entre os simbolistas, nos arquitetos da Revolução e nos construtivistas (estes também, aliás, arquitetos da Revolução). Como se precisamente nos momentos decisivos da história a arquitetura se repropusesse essa necessidade de ser "signo" e "acontecimento" para poder fixar e constituir ela mesma uma nova época[17].

"Um globo, em todos os tempos, só é igual a si mesmo; é da igualdade o mais perfeito emblema. Nenhum corpo tem, como ele, esse título capital, de que um só de seus aspectos é igual a todos os demais." No símbolo, portanto, de um lado, resume-se a arquitetura e seus princípios; de outro, está a própria condição para construir: o motivo. A esfera não só representa, ou melhor, não representa, ela é, de *per si*, a idéia da igualdade, e a sua presença como esfera, logo como monumento, é a constituição da igualdade. O vínculo com a continuidade dos fatos urbanos é como que perdido e deve ser reencontrado em novas condições que são novos fundamentos.

Pense-se sempre na discussão, apenas aparentemente de natureza tipológica, sobre as *plantas centrais* no período do Humanismo: "... a função do edifício é dupla: dispor a alma o melhor possível para suas faculdades contemplativas e, com isso, chegar a uma espécie de terapêutica espiritual que exalta e purifica o espectador; todavia, a própria sublimidade da obra realiza um ato de adoração que alcança o tom religioso através da beleza absoluta."[18]

Ora, as controvérsias sobre a planta central, na medida em que acompanham as tendências de reforma ou de simplificação da prática religiosa dentro da igreja, recuperam um tipo de planta que fora uma das formas típicas da baixa antiguidade, antes de se tornar o tipo canônico de igreja do império bizantino. Chastel resume isso tudo, quando afirma: "Três séries de considerações atuavam em favor da planta central: o valor simbólico anexo à forma circular, o grande número de especulações geométricas provocadas pelo estudo dos volumes em que vinham a combinar-se esfera e cubo, o prestígio dos exemplos históricos"[19].

Tome-se a Igreja milanesa de San Lorenzo[20]. O esquema de San Lorenzo retorna diretamente no Renascimento e é continuamente analisado, de maneira quase obsessiva, nos cadernos de

Leonardo da Vinci. Mas torna-se um fato excepcional a sua presença nos cadernos de Borromini, que é terrivelmente influenciado pelos dois maiores monumentos milaneses: San Lorenzo e o Duomo. Borromini medeia entre esses dois edifícios toda a sua arquitetura e introduz características desconhecidas, quase biográficas, ao acompanhar o verticalismo gótico do Duomo com a planta central de San Lorenzo. Por outro lado, em San Lorenzo, tal como a vemos hoje, há acréscimos de vários tipos, dos bárbaros (S. Aquilino) aos renascentistas (Martino Bassi) e toda a construção permanece no lugar das antigas termas romanas, no próprio coração da Milão romana.

Estamos agora diante de um monumento; é possível colocarnos a questão do desenho do ambiente urbano? Falar dessa obra puramente em termos de figurabilidade? Parece-me muito mais justo procurar seu significado, sua razão, seu estilo, sua história. Desse modo, ela se apresenta aos artistas do Renascimento e se torna uma idéia de arquitetura que se repropõe num novo desenho. Ninguém pode falar de arquitetura da cidade ignorando esses fatos; e eles devem ser conhecidos cada vez melhor. São o principal fundamento de uma ciência urbana. A acepção particular que demos aqui da arquitetura do simbolismo pode abarcar toda a arquitetura, principalmente no que concerne à identificação entre acontecimento e signo que ela comporta. É a necessidade de estabelecer um novo juízo que se coloca mais ou menos necessariamente em certos períodos da arquitetura.

Há obras que constituem um acontecimento originário na constituição urbana e que permanecem e se caracterizam no tempo, transformando a sua função ou negando a função original até constituir um trecho de cidade, tanto que os consideramos mais do ponto de vista tipicamente urbano do que do ponto de vista da arquitetura. Há obras que assinalam uma nova constituição, são o signo de novos tempos na história urbana; elas são, na maior parte, ligadas a períodos revolucionários, a acontecimentos decisivos no curso histórico da cidade.

É evidente que, embora trate da arquitetura da cidade considerando intimamente unidos os problemas da arquitetura em si e os da arquitetura urbana, entendida como um todo, este livro não pode encarar alguns problemas específicos da arquitetura;

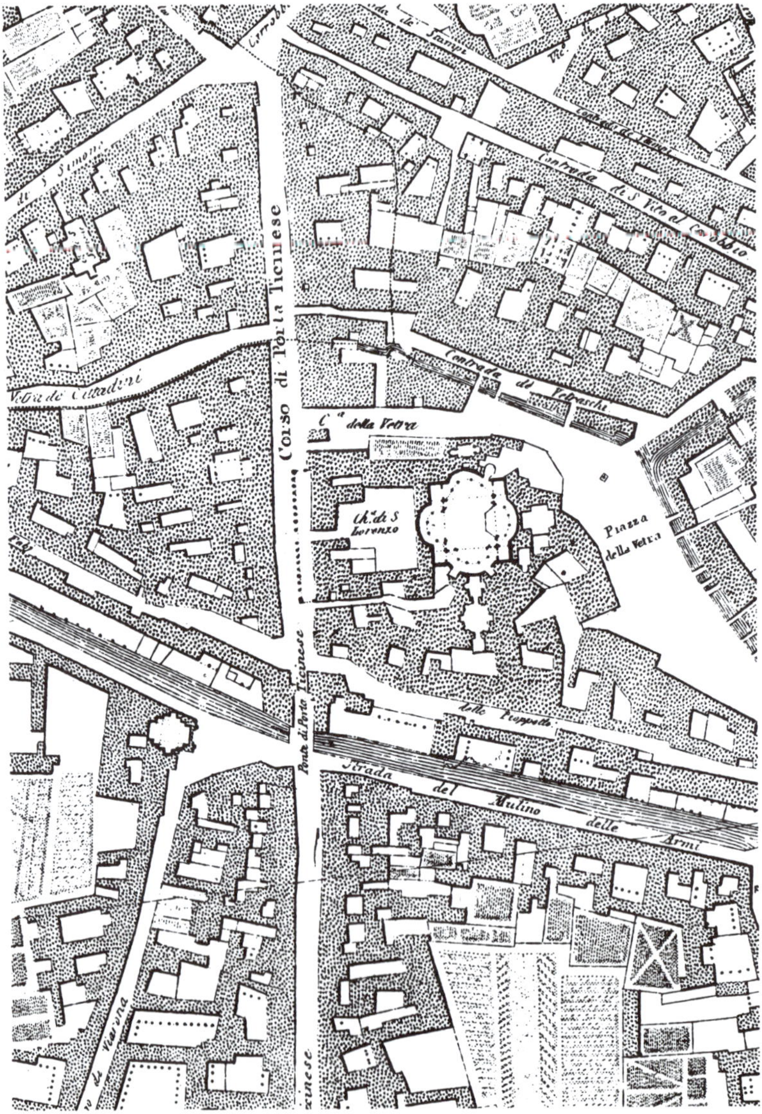

Fig. 93. **Milão, a Basílica de S. Lorenzo Maggiore** e a zona circundante na planta topográfica dos astrônomos de Brera (encomendada em 1807; detalhe do redesenho em 4 folhas de 1810).

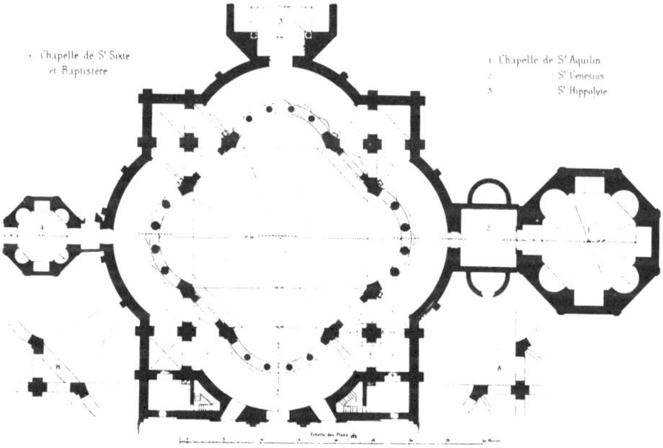

Milão, a Basílica de S. Lorenzo Maggiore. Fig. 94. Vista do norte, numa água-forte de Domenico Aspari de 1791. **Fig. 95.** Planta da basílica e das capelas no relevo de Fernand De Dartein, segunda metade do século XIX (de *Étude sur l'archicteture lombarde...*, Paris, 1865-82).

refiro-me aos *problemas compositivos*. Considero, de fato, que esses problemas têm decididamente sua autonomia; eles concernem à arquitetura como uma composição. Isso significa também que dizem respeito ao estilo.

Procurei, mais acima, diferenciar os fatos urbanos enquanto tais e a arquitetura em si; quero dizer que, agora, do ponto de vista da arquitetura urbana, os resultados mais importantes, concretamente verificáveis, se dão pela coincidência desses dois aspectos e pela influência que um problema tem sobre o outro.

Mas o que quero dizer pontualmente sobre a arquitetura, e sobre a composição e o estilo, é que esta é incidente e determinante na constituição dos fatos urbanos quando está em condições de assumir todo o alcance civil e político de uma época; quando ela é altamente racional, compreensiva e transmissível. Em outras palavras, quando pode ser julgada como estilo. Esse fundamento da arquitetura também é o único que implica a possibilidade do seu ensino; e de um ensino capaz de transmitir um estilo universal.

A identificação de alguns fatos urbanos e da própria cidade com o estilo da arquitetura é tão imediata, num certo entorno de espaço e de tempo, que podemos falar com razoável precisão da cidade gótica, da cidade barroca, da cidade neoclássica. Essas definições estilísticas tornam-se, ao mesmo tempo, definições morfológicas; elas especificam a natureza dos fatos urbanos. Nesse sentido, é possível falar de desenho citadino.

Portanto, para que isso aconteça é necessário que um momento de decisiva importância histórica e política coincida com uma arquitetura racional e definida nas suas formas; é então possível, para a comunidade, resolver o problema da escolha, querer uma cidade e recusar outra.

Tratarei disso ao falar do problema das opções e do problema político da cidade.

Por ora, é útil afirmar que nenhuma opção pode ser feita sem essas condições e que a constituição de um fato urbano não é possível, por si, sem essa coincidência. São únicos e imutáveis os princípios da arquitetura; mas continuamente diferentes são as respostas que as situações concretas, as situações humanas, dão a questões diferentes. De um lado há, pois, a racionalidade da arquitetura; de outro, a vida das obras. Quando a arquitetura coloca o problema da constituição de novos fatos urbanos não correspondentes à situação real da cidade, coloca-se necessariamente no plano do estetismo; seus resultados não podem deixar de corresponder historicamente aos movimentos reformistas.

Essa assunção dos fatos urbanos como princípio e fundamento da constituição da cidade nega o problema do *town-design* e a ele se contrapõe. O problema do desenho em escala urbana é entendido comumente no sentido do ambiente; trata-se de configurar, de construir, um ambiente homogêneo, coordenado, contínuo, que seja capaz de se apresentar com a coerência de uma paisagem. Procuram-se leis, motivos, ordens, que não surgem da realidade histórica da cidade como ela é, mas são ligados a um plano, a um desenho geral de como ela deve ser.

Essas teorias somente são aceitáveis e concretas quando se referem a um "pedaço de cidade", no sentido em que falamos disso na primeira parte, ou quando se referem a um conjunto de edifícios. Essa teoria não pode levar a nada de positivo na formação da cidade; é certo, por outro lado, que com freqüência os fatos urbanos se colocam como lacerações no interior de certa ordem e, sobretudo, como algo que constitui, não como algo que continua as formas.

Uma concepção desse tipo, que reduz a forma dos fatos urbanos a uma imagem e ao gosto com que essa imagem é captada, resulta demasiado limitada na compreensão da estrutura dos fatos urbanos; a essa concepção se opõe a possibilidade de estabelecer fatos urbanos em toda a sua inteireza, isto é, capazes de resolver uma parte de cidade de modo completo, determinando todas as relações que se podem estabelecer no interior de certo fato.

Num recente estudo sobre a formação da cidade moderna, Carlo Aymonino ilustrou como a tarefa da arquitetura moderna é a de "... aperfeiçoar uma série de conceitos e de relações que, embora tenham do ponto de vista tecnológico e distributivo algumas leis fundamentais comuns a todos, realizam-se em *modelos* parciais e diferenciados precisamente através da sua resolução numa forma arquitetônica consumada e, por conseguinte, particular e reconhecível". Afirma, além disso, que, "rompido o sistema do destino do uso no plano horizontal (previsão de zona) e da utilização edificatória puramente volumétrico-quantitativa (normas e regulamentos), a seção arquitetônica... torna-se uma das *imagens* de partida, o núcleo gerador de toda a composição..."[21]

Parece-me que repropor inclusive em termos de projeto arquitetônico o *edifício em toda a sua concretude* pode dar novo impulso à própria arquitetura, reconstituindo aquela visão global de análise e de proposta em que tanto se insistiu. Uma concepção desse tipo, em que a tensão arquitetônica prevalece, impondo-se em primeiro lugar como forma, corresponde à natureza dos fatos urbanos como eles realmente são.

A constituição de novos fatos urbanos, que em outros termos significa o crescimento da cidade, sempre aconteceu mediante a especificação de uma série de elementos; e é precisamente a extrema especificação deles que causou uma série de reações que não são espontâneas e no entanto, mesmo não sendo previsíveis em seus modos concretos de atuação, estão previstas num quadro geral. Nesse sentido, o plano de desenvolvimento pode ter um significado.

Procurei demonstrar que essa teoria nasce da análise urbana, da realidade; essa realidade contradiz todos aqueles que acreditam que *funções* preordenadas possam de *per si* orientar os fatos e que crêem que o problema seja dar *forma* a certas funções; na realidade, são as próprias formas, em sua constituição, que vão além das funções que devem desempenhar; elas se colocam como a própria cidade.

Nesse sentido, o edifício também se identifica com a realidade urbana; e aqui se revela o caráter urbano dos fatos arquitetônicos, os quais adquirem um significado mais vasto com relação às características do "projeto". Querer entendê-los separadamente destas, procurando forçar e interpretar as funções puramente distributivas como momento de representação, leva o discurso à estreita visão funcionalista da cidade. Visão negativa, quando se pretende conceber o edifício como uma estrutura suscetível de variações, um continente abstrato que segue todas aquelas funções que progressivamente o completarão.

Repito que sei bem que a alternativa à concepção funcional não é nem simples, nem fácil, e que, se de um lado devemos nos opor ao funcionalismo ingênuo, de outro devemos acertar as contas com o conjunto das teorias funcionalistas. Mas também é oportuno discernir os limites dentro dos quais ela se repropõe continuamente e os equívocos que contém, inclusive nas propostas mais atualizadas que aparentemente parecem contradizê-la.

Segundo a minha teoria, não superaremos esses aspectos enquanto não percebermos a *importância da forma e dos processos lógicos da arquitetura*, vendo na própria forma a capacidade de assumir valores, significados e usos diversos. Anteriormente, ao desenvolver esse mesmo argumento, dei os exemplos do teatro de Arles e do Coliseu; em geral, sempre me referi a questões desse tipo, mesmo falando dos monumentos.

Também procuro demonstrar que é o conjunto desses valores, incluindo a própria memória, que constitui a estrutura dos fatos urbanos; esses valores não têm nada em comum, nem com a distribuição, nem com o funcionamento considerados em si. Inclino-me a crer que o desenvolvimento de certas funções não muda, ou só muda com características de necessidade. Além disso, estou convencido de que a mediação entre funcionamento e esquemas distributivos só pode ocorrer através da forma.

Todas as vezes que nos deparamos com fatos urbanos reais temos condições de perceber sua complexidade. Essa complexidade da sua estrutura superou a atribuição unívoca da sua funcionalidade. Destino do uso no plano horizontal e esquemas distributivos só podem ser referências, indubitavelmente úteis para uma análise da cidade como artefato.

22. O Foro Romano

Nas páginas precedentes, partimos do conceito de "locus" para avançar algumas considerações sobre a arquitetura da cidade e, sucessivamente, sobre o valor dos fatos arquitetônicos na constituição e no crescimento da cidade. À luz dessas considerações, voltarei agora à relação entre a arquitetura e o "locus" para encarar sucessivamente outros aspectos desse problema e o valor do monumento na cidade. Tentaremos observar o Foro Romano desse ponto de vista, certos de que as pesquisas aprofundadas sobre monumentos dessa importância poderão proporcionar um material fundamental para a compreensão dos fatos urbanos[22].

O Foro Romano, centro do Império, referência na construção e na transformação de muitas cidades do mundo clássico e fundamento da arquitetura do classicismo, tem formas e situação anômalas com respeito à ciência da cidade tal como era praticada pelos romanos. Suas origens são geográficas e históricas ao mesmo tempo; uma zona baixa e pantanosa entre colinas íngremes, no centro águas estagnadas entre salgueiros e campos de junco, que se alagavam completamente durante as chuvas; nas colinas, bosques e pastos. Assim Enéas vê o foro:

> ... e viam em torno o gado
> no Foro Romano e pelas magníficas Carinas mugir[23].

Assim também o vêem os latinos e os sabinos, que se estabelecem no Esquilino, no Viminale, no Quirinale.

Esses lugares favoráveis aos encontros dos povos da Campânia e da Etrúria favoreciam os assentamentos. Os arqueólogos dão por certo que, já no decorrer do século VIII, os latinos desciam de suas colinas para lá depositar seus mortos. Assim, o vale do Foro, um vale qualquer do campo romano, entrou para a história, e a necrópole descoberta por Boni entre 1902 e 1905, aos pés do templo de Antonino e Faustina, constitui o testemunho mais antigo que o homem lá deixou. Necrópole, depois sede de batalhas ou, mais provavelmente, de ritos religiosos, ela se torna cada vez mais a sede de uma nova forma de vida, o princípio da cidade que vai sendo formada pelas tribos esparsas nas colinas, que lá se encontram e se fundem.

A conformação geográfica ditou o percurso das trilhas, depois das estradas, subindo dos vales no sentido de seu aclive mínimo (via Sacra, Argiletus, vicus Patricius), determinou os itinerários das pistas extra-urbanas; nenhum desenho urbanístico claro, mas uma estrutura imposta do terreno. Esse caráter de vínculo com o terreno, com as condições de desenvolvimento da cidade, permanece depois em toda a história do Foro, na sua forma, que o torna tão diferente dos foros das cidades de fundação mais recente.

Portanto, essa irregularidade já criticada por Lívio ("É por essa que as velhas cloacas, que antes passavam sob as vias públicas, agora às vezes também passam sob casas particulares e que a cidade tem muito mais a forma de uma ocupação de terreno do que de uma divisão ordenada."[24]), cuja causa atribui à velocidade da reconstrução depois do incêndio gálico, e a impossibilidade de aplicar a "limitatio" deveu-se precisamente ao tipo de crescimento muito semelhante ao das cidades contemporâneas, que Roma teve de seguir.

Por volta do século IV, o Foro cessa sua atividade como lugar de mercado (isto é, perde uma função que tinha sido fundamental) e se torna uma verdadeira praça, quase seguindo o ditado de Aristóteles, que mais ou menos naquela época escrevia: "A praça pública... nunca será sujada por mercadorias e a entrada nela será vedada aos artesãos... Distante e bem separada da cidade será a que é destinada ao mercado..."[25] Precisamente nessa época, o Foro vai se cobrindo de estátuas, de templos, de monumentos; assim, o vale, que era cheio de nascentes locais, de lugares sagrados, de mercados, de tabernas, torna-se rico em basílicas, templos e arcos, e permanece sulcado por duas grandes vias, a Sacra e a Nova, em que desembocam várias ruelas.

Depois da urbanização de Augusto e da ampliação da zona central de Roma, com o Foro de Augusto e os Mercados de Trajano, depois das obras de Adriano e até a queda do Império, o Foro não perde seu caráter essencial de lugar de encontro, de centro de Roma; Forum Romanum ou Forum Magnum, ele acaba se tornando um fato específico no próprio interior da cidade, uma parte que resume seu todo.

Assim escreve Romanelli: "Na via Sacra e nas ruas adjacentes adensavam-se as lojas de luxo, e as pessoas passavam por ali olhando-as, sem querer nada, sem fazer nada, somente esperando que chegasse a hora dos espetáculos e da abertura das termas. Recordemos o episódio do importuno que Horácio nos descreveu brilhantemente na sua sátira: 'ibam forte via Sacra...' O episódio repetia-se mil vezes por dia, todos os dias do ano, menos naqueles em que algum trágico acontecimento, nos palácios imperiais do Palatino ou no campo dos pretorianos, ainda conseguia abalar o ânimo entorpecido dos romanos. Porque o

Roma, vistas do Foro. Fig. 96. Vista do campanário de Santa Francesca Romana, na direção do oeste; à direita, a via Sacra; à esquerda, as encostas do Palatino, com os restos dos palácios imperiais. **Fig. 97.** Vista, na direção do leste, fim do século passado; no fundo, o Arco de Tito e o Coliseu.

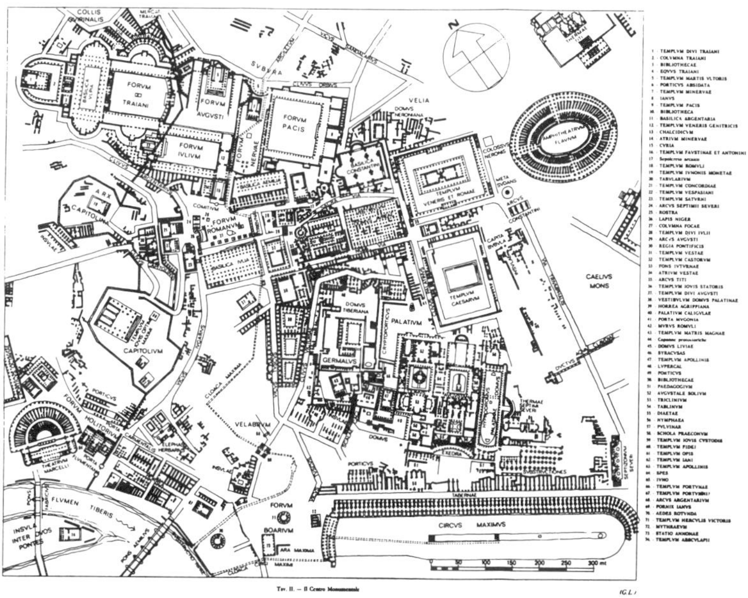

Roma antiga. Fig. 98. Vista parcial da maquete da cidade imperial, de 1939. **Fig.** 99. Planta do centro monumental da cidade, segundo a reconstrução de Giuseppe Lugli.

Foro ainda foi, algumas vezes, durante o Império, teatro de acontecimentos sanguinários, mas foram acontecimentos que se encerraram e se esgotaram quase sempre em si mesmos, com respeito aos lugares em que se desenrolaram e, poder-se-ia dizer, à própria cidade: suas conseqüências produziam-se mais fora do que lá"[26].

As pessoas passavam sem querer nada, sem fazer nada: é a cidade moderna, o homem da multidão, o ocioso que participa do mecanismo da cidade sem o conhecer, só pertencendo a ela na sua imagem. E o Foro torna-se, assim, um fato urbano de extraordinária modernidade; possui em si tudo o que de inexprimível existe na cidade moderna. Isso me faz pensar nas palavras de Poète, que singularmente nascem do seu extraordinário conhecimento da cidade antiga e da Paris moderna: "Um sopro de modernidade parece vir até nós desse mundo longínquo; temos a impressão de que não nos sentiríamos excessivamente fora de nosso ambiente em cidades como Alexandria ou Antioquia, tal como em certos momentos nos sentimos, talvez, mais próximos da Roma imperial do que de qualquer cidade medieval"[27].

O que liga o ocioso ao Foro, por que ele é intimamente participante desse mundo, por que se identifica na cidade através dessa cidade? Trata-se do mistério que os fatos urbanos suscitam em nós. Ligado à origem da cidade, extrema e incrivelmente transformado no tempo, mas sempre crescido sobre si mesmo, paralelo à história de Roma, que se documenta em cada pedra histórica, e a lendas como o *lapis niger** e os Diôscuros, chegando até nós com seus signos mais claros e esplêndidos, o Foro Romano constitui um dos fatos urbanos mais esclarecedores de todos os que podemos conhecer.

Ele resume Roma e é parte de Roma, é o conjunto de seus monumentos, mas sua individualidade é mais forte do que cada monumento em si; é a expressão de um desenho preciso, ou, pelo menos, de uma visão precisa do mundo das formas, a visão clássica, mas seu desenho também é mais antigo, quase persis-

* Pedra de mármore negro existente no Foro Romano que, segundo a crença, encobria o túmulo de Rômulo (ou de Faustino, ou de Hostílio). (N.T.)

tente e preexistente no vale a que acorriam os pastores das colinas primitivas. Eu não saberia definir de outro modo o que é um fato urbano: é a história e a invenção. Portanto, também é – e nesse sentido é particularmente assumido aqui – uma das mais elevadas lições de arquitetura que conhecemos.

É oportuno, neste ponto, *distinguir entre esse "lugar" e o ambiente*, tal como costuma ser entendido nos discursos de arquitetura e nos discursos relativos ao desenho urbano. A análise que tentamos aqui dos valores do "locus" pretende colocar uma definição extremamente racional de um fato complexo por natureza, mas sobre o qual é necessário tentar projetar uma luz, exatamente como faz um cientista quando encara temas que procuram esclarecer o mundo indistinto da matéria e as suas leis. Tratamos do valor psicológico dessa análise mais acima.

Em todo caso, o "locus" assim entendido não tem pontos de contato com o ambiente: o ambiente parece estranhamente ligado à ilusão, à "ilusividade"; lingüisticamente, está ligado a expressões do tipo "tinham a ilusão de viver na Idade Média", "lá tudo é diferente" e outras pérolas do gênero. Um ambiente assim entendido nada tem a partilhar com a arquitetura da cidade; é concebido como uma cena e, enquanto cena, requer ser conservado inclusive em suas funções; trata-se de uma permanência necessária de funções que salvam com sua simples presença a forma, imobilizam a vida e nos entristecem como todos os falsos turistas de um mundo desaparecido.

Não é por nada que esse conceito de ambiente é aplicado e recomendado com freqüência pelos que pretendem conservar as cidades históricas mantendo as fachadas antigas ou reconstruindo de modo que se mantenham os perfis, as cores e outras coisas do gênero; e o que encontramos depois dessas operações, admitindo-se que sejam sustentáveis e realizáveis? Uma cena vazia, não raro repugnante.

A reconstrução do centro de Frankfurt, uma pequena parte, segundo o princípio da manutenção dos volumes góticos com arquiteturas pseudomodernas ou pseudo-antigas é uma das coisas mais pavorosas que já vi. Não se sabe direito onde foi parar aquela sugestividade e aquela ilusão que parece preocupar tanto essas iniciativas.

Na realidade, quando falamos de monumento, também podemos muito bem entender uma rua, uma zona, uma região; mas, nesse caso, se é para conservar, deve-se conservar tudo, como fizeram os alemães em Quedlinburg. Mesmo que, no fim das contas, viver em Quedlinburg possa ser bastante obsessivo, é justificável, na medida em que essa cidadezinha é um museu eficaz do gótico (e extraordinário museu de tanta história alemã); senão, não há justificativa. Um caso típico a esse respeito é o de Veneza, que merece uma análise particular.

Não pretendo deter-me agora nesse assunto, que de resto é muito debatido e deve ser sustentado com exemplos muito precisos e dificilmente generalizáveis, mas ainda farei uma referência a ele partindo da análise do Foro Romano avançada mais acima.

Em julho de 1811, De Tournon expunha ao conde de Montalivet, ministro do Interior, seu programa para o Foro: "*Trabalhos para a restauração dos monumentos antigos.* Assim que nos defrontamos com esse problema, a primeira coisa que nos vem à mente é o 'Forum', célebre lugar em que tais monumentos estão pura e simplesmente acumulados e se relacionam às maiores recordações. A restauração desses monumentos consiste antes de mais nada em libertá-los da terra que cobre suas partes inferiores, em ligá-los depois entre si e, finalmente, tornar o acesso a eles cômodo e agradável. (...) A segunda parte do projeto abrange a ligação dos monumentos entre si mediante um passeio arranjado irregularmente. Apresentei num projeto, traçado sob a minha direção, um tipo de ligação, e não posso deixar de me referir a ele... Acrescentarei apenas que o monte Palatino, imenso museu todo coberto pelas magníficas ruínas dos palácios dos Césares, deve estar necessariamente compreendido na parte do jardim a ser plantado, e esse jardim, pelos monumentos que deverá conter, pelas recordações de que está repleto, será certamente único no mundo"[28].

A idéia de Tournon não foi realizada e provavelmente teria sacrificado pelo jardim grande parte dos monumentos, privando-nos de uma das mais puras experiências arquitetônicas; mas, a partir dessa idéia, com o advento da arqueologia científica, o problema dos Foros torna-se um grande problema de urbanismo, ligado à própria continuidade da cidade moderna. Seria necessá-

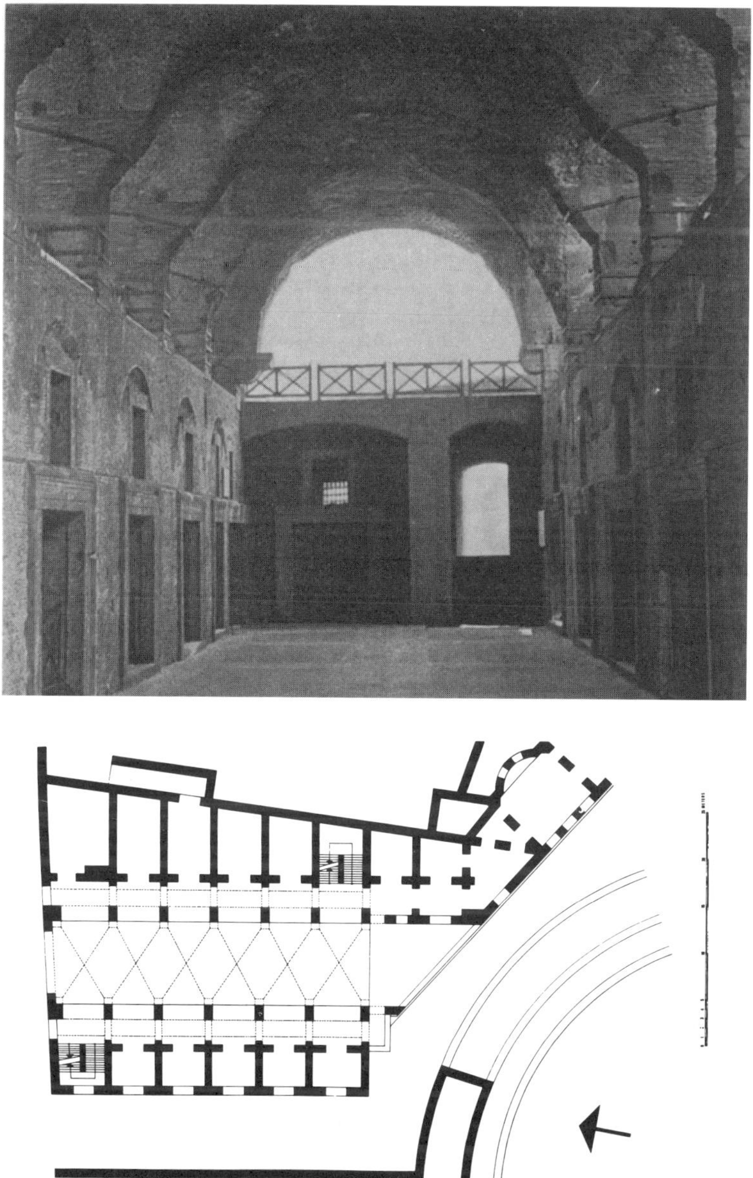

Figs. 100, 101. **Roma, Mercados de Trajano** (início do século II d.C.). Vista interna e planta da rua coberta com lojas.

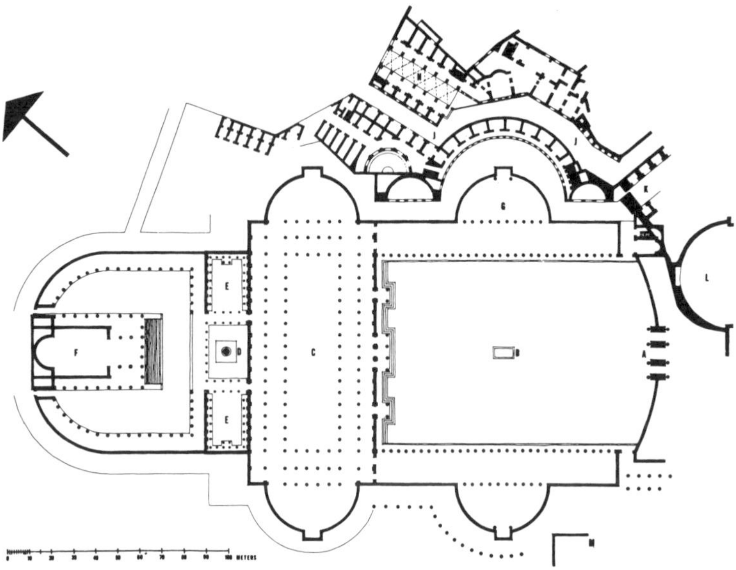

Figs. 102, 103. **Roma, o Foro de Trajano** (início do século II d.C.). Planta e vista geral.

Figs. 104, 105 (pág. da direita). Seção transversal e reconstrução axonométrica.

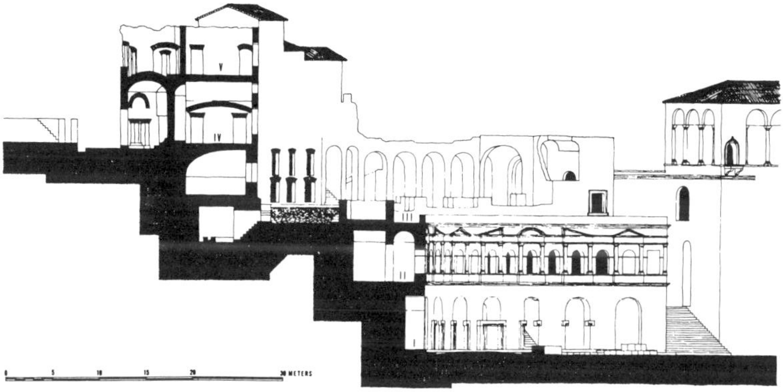
V
IV
III
II
0 5 10 15 20 30 METERS

rio, em primeiro lugar, conceber a exploração do Foro não mais como um estudo dos seus monumentos singulares, mas como uma pesquisa integral de todo o complexo; conceber o Foro não como uma soma de arquiteturas, mas como um fato urbano global, como a permanência da própria Roma. É significativo que a idéia encontre apoios na República Romana de 1849 e junto a ela se desenvolva; também nesse caso, é a ação da Revolução, que lê a antiguidade de modo moderno, não lhe sendo estranhas, mas sim diretamente relacionadas, as experiências dos arquitetos revolucionários parisienses. No entanto, a idéia é mais forte do que as contingências políticas, prosseguindo, com diferentes vicissitudes, também sob a restauração pontifícia.

Ao considerarmos hoje esse problema do ponto de vista arquitetônico, muitos problemas vêm-nos à mente, muitos pensamentos nos conduzem a considerações arqueológicas do século passado relativas a uma reconstrução do Foro e de sua reunião com o Foro de Augusto e os Mercados de Trajano, inclusive reutilizando esse enorme conjunto. Mas basta aqui ter exposto que esse grande monumento é hoje uma parte de Roma, que resume a cidade antiga, que é um monumento da cidade moderna, que é um fato urbano incomparável.

Isso nos faz pensar que, se a praça São Marcos de Veneza permanecesse de pé com o Palácio Ducal numa cidade completamente diferente, como talvez venha a ser a Veneza do futuro, não sentiríamos por causa disso uma emoção menor e não seríamos menos participantes da história de Veneza, encontrando-nos no centro desse excepcional fato urbano. Lembro-me da visão, nos anos do pós-guerra, da Catedral de Colônia na cidade destruída; nada pode assumir, para a fantasia, o valor dessa obra que permaneceu intacta entre as ruínas. Claro, uma reconstrução pálida e feia da cidade circunstante é danosa, mas ela não toca o monumento; do mesmo modo, muitas disposições feias de muitos museus modernos podem nos irritar, mas nem por isso deformam ou alteram o valor do que é exposto.

Essa observação deve ser entendida, naturalmente, apenas no sentido analógico; detive-me muitas vezes a considerar o valor do monumento como fato urbano; essa analogia com o valor dos monumentos nas cidades destruídas serve apenas para esclarecer dois pontos: o primeiro, que não é o ambiente ou qualquer caráter ilusório que nos leva a compreender o monumento; o segundo, que só compreendendo o monumento como fato urbano singular, ou opondo-lhe outros fatos urbanos, pode-se estabelecer um sentido na arquitetura da cidade.

O significado disso tudo está, para mim, sintetizado na *planta de Roma de Sisto V*: as basílicas se tornam os lugares autênticos da cidade, seu conjunto é uma estrutura que deriva sua complexidade desses fatos primários, das ruas que os ligam, dos espaços (residência) que se encontram no interior do sistema.

Fontana apresenta deste modo as características principais do plano, seu ponto de partida: "Querendo ainda Nosso Senhor facilitar o caminho para aqueles que, movidos pela devoção ou por votos, costumam visitar com freqüência os mais santos lugares da cidade de Roma, em particular as sete Igrejas tão celebradas pelas grandes indulgências e relíquias que lá estão, abriu em muitos lugares ruas muito amplas e muito retas, de modo que cada um possa, a pé, a cavalo e de coche, partir de onde quer que seja em Roma e ir quase direto às mais famosas devoções..."[29]

Giedion, que talvez tenha sido o primeiro a compreender a extrema importância desse projeto, assim o expõe: "Seu projeto não era um projeto pensado no papel; Sisto V tinha Roma no sangue tal como ela era; ele próprio seguira cansativamente a pé as ruas que os peregrinos deviam percorrer e experimentara as distâncias entre os diversos pontos e, em março de 1588, quando abriu a nova rua que unia o Coliseu ao Laterano, percorreu-a toda a pé com seus cardeais até o Palácio do Laterano, então em construção. Sisto V estendeu suas ruas organicamente, como uma espinha dorsal, onde a estrutura topográfica de Roma assim o exigia, mas foi bastante sábio para incorporar com grande cuidado tudo o que lhe foi possível da obra de seus predecessores"[30]. "Diante dos edifícios construídos por ele, o Laterano e o Quirinale, e em todos os pontos em que as vias se cruzavam, Sisto V mandou abrir amplos espaços livres, suficientes para desenvolvimentos subseqüentes. (...) Isolando a Coluna Antonina e traçando o perímetro da Piazza Colonna em 1588, criou o atual centro da cidade. A Coluna Trajana, perto do Coliseu, com a vasta praça que a circunda, foi pensada como uma ligação entre a cidade velha e a nova. (...) O instinto urbanístico de Sisto V e de seu arquiteto ainda é demonstrado pela escolha do ponto em que erigiram o obelisco, à distância justa da Catedral não terminada. (...) O último dos quatro obeliscos que Sisto V conseguiu erguer talvez tenha sido aquele que teve a posição mais significativa. Colocado na entrada setentrional da cidade, assinala a confluência de três ruas principais (como também do prolongamento da Strada Felice, muitas vezes projetado e nunca executado). Dois séculos mais tarde, a Piazza del Popolo se cristalizaria em torno desse ponto. Somente outro obelisco ocupa uma posição tão dominante: o da Place de la Concorde, erguido em 1836."[31]

Creio que, nessa página, Giedion, cuja contribuição pessoal ao mundo da arquitetura é sempre extraordinário, disse muitas coisas sobre a cidade em geral, bem como no plano considerado. São significativas as anotações em que fala do primeiro projeto não pensado no papel, mas um projeto vivido em seus dados imediatos, empíricos, em que fala de um projeto bastante rígido, mas atento à estrutura topográfica da cidade e, sobretudo, de um projeto que, mesmo em suas características revolucionárias – melhor dizendo, em virtude delas –, incorpora e valoriza todas as iniciativas precedentes que se apresentam com características de validade, que são na cidade.

Soma-se a isso a consideração sobre os obeliscos, sobre os lugares dos obeliscos, desses signos em torno dos quais se cristaliza a cidade; talvez nunca a arquitetura da cidade, nem mesmo no mundo clássico, tenha alcançado tal unidade de compreensão e de criação; todo um sistema urbano se realiza, se dispõe segundo linhas de força ao mesmo tempo práticas e ideais, e a cidade se reencontra, toda assinalada por pontos de união e de agregação futura. As formas dos monumentos (lembremos a transformação do Coliseu em fiação) e a forma topográfica permanecem firmes num sistema que muda, como se, compreendida a colocação de obeliscos em lugares particulares, a cidade fosse pensada no passado e no futuro.

Pode-se objetar que, ao avançar essas considerações, eu só faço *referência à cidade antiga.* Posso responder a essa crítica com dois argumentos: o primeiro, apresentado constantemente como hipótese deste estudo, é que não se faz aqui nenhuma di-

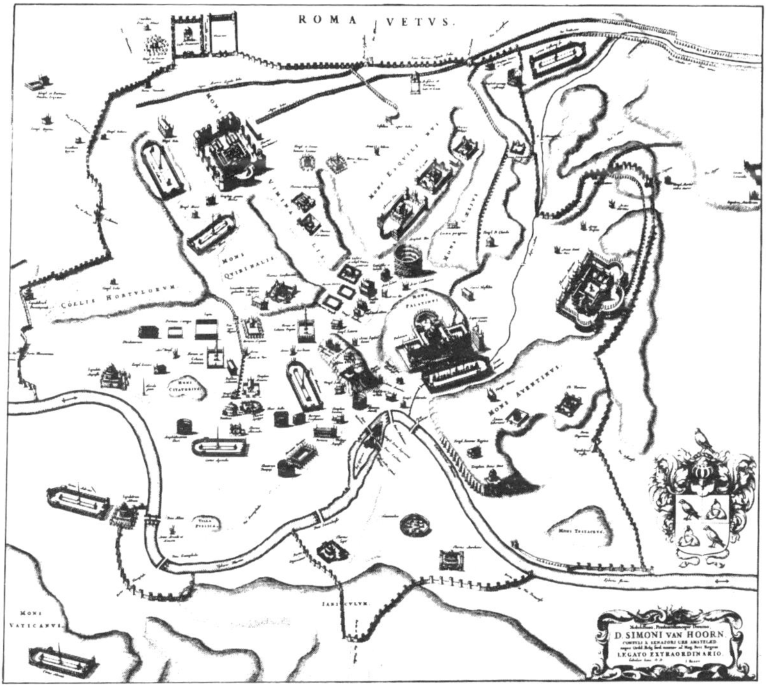

Fig. 106. **Roma antiga**, planta em perspectiva, com os edifícios principais, de Joannis Blaeu, Amsterdã, 1663.

ferença entre cidade antiga e moderna, entre um antes e um depois, do ponto de vista do artefato; o segundo é que não existem exemplos de cidades articuladas exclusivamente com base em fatos urbanos modernos, ou que, pelo menos, tais cidades não são em absoluto típicas, sendo próprio da cidade seu caráter de permanência no tempo.

Por outro lado, conceber a *fundação da cidade por elementos primários* é, a meu ver, a única lei racional possível, isto é, a única extração de um princípio lógico na cidade para continuá-la. Como tal ela foi assumida na época do iluminismo e como tal foi repelida pelas teorias destrutoras da cidade como progresso; basta pensar na crítica de Fichte à cidade ocidental, em que a defesa da característica comunitária da cidade gótica ("Volk") já contém a crítica reacionária dos anos seguintes (Spengler) e a concepção da cidade como fatalidade. Ainda que eu não trate dessas teorias ou visões da cidade, é indubitável que elas têm a sua tradução numa cidade sem referências formais e que se opõem, mais ou menos conscientemente nos epígonos, ao valor iluminista do plano.

Também desse ponto de vista pode-se avançar a crítica aos socialistas românticos, aos vários conceitos de comunidades auto-suficientes e aos falanstérios. Eles admitem e sustentam que a sociedade não pode exprimir mais nenhum valor que a transcenda, nem mesmo valores comuns que a representem, e pretendem que a redução utilitarista e funcional da cidade (portanto na residência e nos serviços) seja a alternativa "moderna" à primeira.

A concepção progressista crê, ao contrário, que, precisamente por ser a cidade um fato eminentemente coletivo, ela se define e *é* naquelas obras de natureza essencialmente coletiva e que, embora nascendo como meios para constituir a cidade, tais obras logo se tornam um objetivo – e têm esse objetivo em seu ser e em sua beleza. E que tal beleza reside ao mesmo tempo nas leis da arquitetura e na opção pela qual a coletividade quer essas obras.

Tratarei desses problemas no último capítulo, como problemas decisivos no estudo da cidade. No parágrafo seguinte, procurarei resumir as questões principais tratadas no presente capítulo.

23. Os monumentos. Crítica ao conceito de ambiente

Nas páginas precedentes tratamos principalmente:

– do "locus" entendido como ponto singular e da situação;

– dos fundamentos da arquitetura e da sua relação com a cidade;

– do ambiente e do monumento.

Percebo que o conceito de "locus" deve ser objeto de pesquisas particulares; um estudo desse tipo aplicado a toda a história da arquitetura poderá dar lugar a resultados significativos. Do mesmo modo, dever-se-á analisar a relação entre o *locus* e o projeto. Somente à luz dessas pesquisas poder-se-á resolver o antagonismo aparentemente insanável entre o projeto como elemento racional e como imposição e a natureza do lugar que participa da obra. Nessa relação está compreendido o conceito de individualidade.

Procurou-se examinar o uso do termo "*ambiente*", que a maioria entende como um empecilho à pesquisa. Ao ambiente, contrapusemos o *monumento*; além de ser historicamente determinado, o monumento tem uma realidade analisável. Além disso, podemos propor-nos a construir "monumentos"; mas, como se observou precedentemente, para fazer isso necessitamos de uma arquitetura, isto é, de um estilo. A redução dos problemas urbanos à sua realidade física não pode acontecer de modo diferente. Só a existência de um estilo arquitetônico pode permitir opções originais; nessas opções originais cresce a cidade.

A arquitetura se apresenta aqui como uma técnica. A questão das técnicas não pode ser subestimada por quem se coloca o problema da cidade; também nesse caso é até fácil demais notar como o discurso da imagem é inútil caso ele não se concretize na arquitetura que forma essa imagem. A arquitetura se torna, assim, por extensão, a cidade; ela tem sua base, mais do que qualquer outra arte, na conformação da matéria e na sujeição da matéria de acordo com uma concepção formal. A cidade se apresenta ainda como um grande artefato arquitetônico. Não é possível deixarmos de nos ocupar mais demoradamente dessa concepção formal.

Procurou-se ver a correspondência existente na cidade entre signo e acontecimento; mas isso não é suficiente, se não es-

Aquedutos romanos e paisagem. Fig. 107. As ruínas do aqueduto de Cláudio no campo romano. **Fig. 108.** Segóvia, aqueduto na cidade (época de Trajano).

Aquedutos romanos e paisagem. Fig. 109. O campo romano em torno da via Appia no fim do século passado (km 6), olhando da Villa dei Quintili em direção ao norte e ao leste; no fundo, as arcadas do aqueduto de Cláudio e o monte Soratte. **Fig. 110.** Pont-du-Gard, vista aérea (perto de Nîmes, 19 a.C.); ponte e aqueduto são associados num só artefato.

tendermos a análise a toda a gênese da forma arquitetônica. Ora, pode-se afirmar que a forma arquitetônica da cidade é exemplar nos monumentos, cada um dos quais é uma individualidade em si. Eles são como as datas: sem elas, sem um antes e um depois, não poderíamos compreender a história.

Embora, como já dissemos, não seja objetivo do presente estudo tratar da arquitetura em si, mas da arquitetura como componente do fato urbano, devemos avançar aqui algumas considerações. É inútil pensar que o problema da arquitetura pode se resolver, do ponto de vista compositivo, na pesquisa ou na descoberta de um novo ambiente ou numa pretensa extensão, como se diz, de seus parâmetros. Essas proposições não têm sentido, a partir do momento em que o ambiente é precisamente o que se constrói mediante a arquitetura; e, que a individualidade de uma obra cresça junto com o "locus" e sua história, também isso pressupõe a existência de um fato arquitetônico.

Inclino-me a crer, portanto, que o momento principal de um fato arquitetônico está na sua técnica, isto é, nos princípios autônomos segundo os quais ele se funda e se transmite. E, em termos mais gerais, na solução concreta que todo arquiteto dá ao seu encontro com a realidade – solução que é verificável precisamente através de certas técnicas. (E que constitui, portanto, também e necessariamente, uma limitação.) No interior dessa técnica, como princípio lógico da arquitetura, está sua capacidade de se transmitir e de agradar: "Estamos longe de pensar que a arquitetura não pode agradar; dizemos, ao contrário, que é impossível ela não agradar, quando é tratada de acordo com seus verdadeiros princípios. (...) Ora, uma arte como a arquitetura, arte que satisfaz imediatamente tão grande número de nossas necessidades... como poderia deixar de nos agradar?"[32]

A partir dessa constituição do fato arquitetônico inicia-se uma série de outros fatos; aqui a arquitetura se entende como estendendo-se também ao projeto de uma *cidade nova: Palmanova ou Brasília*. Podemos julgar os projetos dessas cidades como projetos de arquitetura: sua formação é independente, autônoma. Trata-se de projetos precisos com uma sua história, e essa história pertence à arquitetura. Também aqui eles são concebidos de acordo com uma técnica ou um estilo, de acordo com princípios e de acordo com uma idéia geral da arquitetura.

Não podemos ocupar-nos mais desses princípios e da idéia geral da arquitetura; mas basta-nos saber que, sem eles, não poderíamos de maneira nenhuma julgar essas cidades, ainda que tenhamos diante de nós Palmanova e Brasília como dois notáveis e extraordinários fatos urbanos, com uma individualidade e uma história próprias. Dessa individualidade, o fato arquitetônico é apenas a constituição; mas é precisamente essa constituição que afirma a lógica autônoma do processo compositivo e sua importância. Compreende-se, pois, que encontramos na arquitetura um dos princípios da cidade.

24. A cidade como história

O *método histórico* parece ser aquele capaz de nos oferecer a verificação mais segura de qualquer hipótese sobre a cidade; a cidade é, por si mesma, depositária de história.

Nessa pesquisa, vimos o método histórico de *dois pontos de vista diferentes*: o *primeiro* diz respeito ao estudo da cidade como fato material, como artefato, cuja construção ocorreu no tempo e do tempo conserva os vestígios, ainda que de modo descontínuo. Desse ponto de vista, o estudo da cidade nos proporciona resultados de grande importância: a arqueologia, a história da arquitetura, as próprias histórias municipais nos proporcionam uma documentação muito ampla.

As cidades são o texto dessa história; ninguém pode imaginar seriamente estudar os fenômenos urbanos sem se colocar esse problema, e talvez este seja o único método positivo, porque as cidades se oferecem a nós através dos fatos urbanos determinantes, em que é preeminente o elemento histórico. Tratei continuamente desse argumento no decorrer deste estudo, e ele constitui em parte sua base; foi desenvolvido pela assunção e pela crítica das teorias de Poète e de Lavedan, portanto pela teoria das permanências.

O *segundo ponto de vista* concerne à história como estudo do próprio fundamento dos fatos urbanos e da sua estrutura. É o complemento do outro e concerne diretamente não apenas à estrutura material da cidade, mas também à idéia que temos da cidade como síntese de uma série de valores. Concerne à imaginação coletiva. É evidente que o primeiro e o segundo argumento são intimamente correlatos, até confundirem-se em seus resultados. Atenas, Roma, Constantinopla, Paris constituem idéias de cidade que vão além da sua forma física, além da sua permanência; nesse sentido, podemos falar de cidades das quais restam pouquíssimos indícios.

Neste parágrafo e no seguinte desenvolverei duas teses que se referem ao segundo argumento, tal como foi exposto. Essas duas teses sustentam a continuidade dos fatos urbanos e essa continuidade deve ser buscada nas camadas profundas, onde se entrevêem certas características fundamentais que são comuns a toda a dinâmica urbana. Retomemos os escritos de Carlo Cattaneo; é significativo que Carlo Cattaneo, de formação positivista, em seu estudo sobre a evolução civil das cidades consideradas como fundamento das histórias italianas, encontre nelas um princípio indefinível em termos que não sejam ligados à sua própria história[33]. Nas cidades, ele encontra aqueles "... termos imóveis de uma geografia anterior aos romanos (que) permaneceram colados aos muros dos municípios"[34].

Nas descrições das vicissitudes da cidade de Milão na época posterior ao Império, ele explica certas características de preeminência da cidade com respeito aos outros centros lombardos, preeminência que não era justificada nem pela dimensão, nem pela riqueza maior, nem por causas demográficas, nem por outros fatos observáveis como um fato intrínseco à natureza da cidade, mas era como uma característica tipológica de ordem não verificável. "Essa preeminência era inata à cidade; era a tradição de uma grandeza anterior à igreja ambrosiana, anterior ao papado, ao império, à conquista romana: 'Mediolanum Gallorum Caput'."[35] Mas esse princípio de ordem quase mística vai se tornar o princípio da história urbana, quando se resolve como permanência de civilização: "A permanência do município é outro fato fundamental e quase comum a todas as histórias italianas"[36].

Mesmo nas épocas de maior decadência, como no baixo império, quando as cidades aparecem como "cadáveres de cidades semidestruídas"[37], na realidade elas não são corpos mortos, dirá Cattaneo, mas apenas desmaiados. A relação entre a cidade e seu território é um signo característico do Município, pois "a cidade formou com seu território um corpo inseparável"[38]. Nas guerras, nas invasões, nos momentos mais difíceis para a liberdade comunal, a união entre o território e a cidade é uma força extraordinária; às vezes, o território regenera a cidade destruída. A história da cidade é a história da civilização: "Nos quatro séculos, aproximadamente, de domínio gótico e longobardo, a barbárie cresceu... As cidades não eram apreciadas, a não ser como fortalezas... Os bárbaros iam se apagando, junto com as cidades que haviam desolado"[39].

As cidades constituem em si um mundo; seu significado, sua permanência exprime-se num princípio absoluto: "Os estrangeiros se espantam em ver entre as cidades da Itália a mesma perseverança nas ofensas que nunca se espantam em ver entre um reino e outro, porque não sabem entender a índole militante e régia daquelas cidades. A prova de que a causa das inimizades que cercavam Milão estava no seu poderio, ou, para dizer com maior justeza, na sua ambição, é esta: muitas outras cidades, quando a viram esmagada e destruída e acharam não terem mais por que a temer, uniram-se para reerguê-la das ruínas"[40].

"O princípio" de Cattaneo pode ser referido a muitos dos temas aqui expostos; sempre me pareceu que aquelas camadas mais profundas da vida da cidade expostas por Cattaneo podem encontrar-se largamente nos monumentos e que estes participam daquela individualidade dos fatos urbanos a que aludi várias vezes no curso deste estudo. O fato de que uma relação desse tipo, entre "princípio" dos fatos urbanos e forma, também existia no pensamento de Cattaneo é indiscutível quando só se examinam seus escritos sobre o estilo lombardo e o início da descrição da Lombardia, onde até mesmo a terra, cultivada e tornada fértil no curso dos séculos, é o mais importante testemunho de uma civilização.

Suas intervenções na polêmica sobre a praça do Duomo de Milão atestam, por outro lado, todas as dificuldades não resolvidas que nasciam de uma problemática tão rica; a pesquisa dos temas da cultura lombarda, ainda que no interior do seu federalismo, acabava se chocando com todos os outros temas, reais e abstratos, do debate sobre a unidade da Itália e sobre o sentido novo e antigo que as cidades da península acabavam por ter no quadro nacional. Se o seu federalismo lhe permitia evitar todos os erros devidos à retórica nacionalista, por outro lado impedia-o de ver plenamente o novo quadro geral em que as cidades vinham se encontrar.

É indubitável que o grande ímpeto iluminista e positivista que havia animado a cidade estava se extinguindo na época da unidade da Itália, mas esta não era certamente a única causa daquela decadência; por outro lado, é indubitável que as propostas de Cattaneo ou o estilo municipal ensinado por Boito podiam voltar a dar às cidades um sentido que se ofuscara.

Houve certamente uma crise mais profunda. É num enfoque desse tipo que deve ser visto o debate sobre a *escolha da capital*, que empolgou a Itália logo depois da unidade, debate esse que foi centrado em *Roma*. Existe a esse respeito uma nota de Antonio Gramsci de grande valor em si e para o embasamento de um estudo desse tipo. "A Theodor Mommsen, que perguntou com que idéia universal a Itália ia a Roma, Quintino Sella respondeu: 'A da Ciência'. (...) A resposta de Sella é interessante e apropriada; naquele período histórico, a ciência era a nova 'idéia universal', a base da nova cultura que estava sendo elaborada. Mas Roma não se tornou a cidade da ciência; teria sido necessário para tanto um grande programa industrial, o que não aconteceu."[41] Portanto, a resposta de Sella permaneceu vaga e, afinal, retórica, ainda que fundamentalmente correta; para realizá-la era necessário enfrentar um programa industrial sem o temor de criar em Roma uma classe operária moderna e consciente, pronta para intervir no desenvolvimento da política nacional.

Mas o estudo desse debate é, para nós, mesmo hoje, de grande interesse; sabemos que, para Roma, o debate sobre Roma capital viu o empenho de homens políticos e estudiosos de todas as tendências, preocupados com ver de que tradição devia ser depositária a cidade e em direção a que Itália devia iniciar seu destino de capital. Considero que uma pesquisa sobre esse argumento seria de extrema importância para os estudos sobre a cidade; é indubitável que, além da retórica e dos interesses partidários, há nesse debate um conteúdo de extrema importância:

ele diz respeito à idéia de cidade e à indiscutível força dessa idéia de modo concreto.

Com base nessa concretude histórica, dever-se-ia evidenciar melhor o significado de certas intervenções tendentes a qualificar a cidade em sentido moderno e a estabelecer uma relação entre seu passado e a fisionomia das principais capitais européias. Reduzir esses problemas àqueles da retórica nacionalista, que indubitavelmente existiu, significa colocar-se em limites demasiado estreitos para julgar um processo tão importante; um processo, de resto, típico para muitos países e para muitos períodos.

Será antes necesssário ver como certas estruturas urbanas se identificam com um modelo de capital e quais as relações possíveis entre a relidade física de uma cidade e esse modelo; sabe-se que, para a Europa, e não só para ela, esse modelo é Paris. E o é a tal ponto que não se pode compreender a estrutura de muitas capitais modernas, Berlim, Barcelona, Madri, Roma e outras, sem levar em conta esse fato. Aqui todo o processo histórico-político tem na arquitetura da cidade um desdobramento preciso, mas só se poderá apreender o sentido dessa relação esclarecendo os modos concretos pelos quais se produziu.

Mais uma vez, existe uma relação entre os fatos urbanos estruturais da cidade e a fundamentação de um projeto e de um esquema; e os motivos dessa relação são muito complexos. Certamente há cidades que realizam a sua vocação e outras que nunca consumam seus projetos.

25. A memória coletiva

Essas considerações nos aproximam do conhecimento da estrutura mais profunda dos fatos urbanos e, portanto, da sua forma, ou seja, da nossa tese inicial na presente pesquisa: a arquitetura da cidade. Trata-se de conhecer a qualidade desses fatos; o estudo de Cattaneo de que parti para as presentes considerações está entre os resultados mais válidos de nossos estudos; existem importantes afirmações e referências sobre aquela "alma da cidade" que outros autores indicam como o nexo estrutural da cidade, depois de terem partido da descrição dos fatos morfológicos.

Aqui, a "alma da cidade" se torna história, signo ligado aos muros dos municípios, caráter distintivo e ao mesmo tempo definitivo, memória. Em *La mémoire collective*, Halbwachs escreveu: "Quando um grupo é inserido numa parte do espaço, ele a transforma à sua imagem, mas, ao mesmo tempo, dobra-se e adapta-se a coisas materiais que resistem a ele. A imagem do meio exterior e das relações estáveis que este mantém com aquele passa para o primeiro plano da idéia que o meio faz de si mesmo"[42].

Ampliando a tese de Halbwachs, gostaria de dizer que a própria cidade é a memória coletiva dos povos; e como a memória está ligada a fatos e a lugares, a cidade é o "locus" da memória coletiva. Essa relação entre o "locus" e os citadinos torna-se, pois, a imagem predominante, a arquitetura, a paisagem; e, como os fatos fazem parte da memória, novos fatos crescem juntos na cidade. Nesse sentido, de todo positivo, as grandes idéias percorrem a história da cidade e a conformam.

Assim, tratando da arquitetura da cidade, esforçamo-nos por nos referir ao "locus" como sendo o princípio característico dos fatos urbanos; o "locus", a arquitetura, as permanências e a história serviram-nos para tentar esclarecer a complexidade dos fatos urbanos. Enfim, a memória coletiva se torna a própria transformação do espaço, a cargo da coletividade; uma transformação que é sempre condicionada por aqueles dados materiais que se opõem a essa ação.

Assim entendida, a memória se torna o fio condutor de toda a complexa estrutura; nisso a arquitetura dos fatos urbanos se destaca da arte enquanto elemento que existe por si mesmo; até os maiores monumentos da arquitetura estão intimamente ligados à cidade. "... coloca-se a pergunta: de que modo a história fala mediante a arte? Isso acontece, antes de mais nada, através dos monumentos arquitetônicos que são a expressão voluntária do poder, seja em nome do Estado, seja em nome da religião. Mas é possível contentar-se com um 'Stonehenge', se naquele determinado povo não existe a necessidade de falar mediante formas. (...) Assim, o caráter de nações, civilizações e épocas inteiras fala através do conjunto de arquiteturas que elas possuem como que através de um revestimento externo do seu ser."[43] Creio que hoje o conhecimento dos fatos urbanos pode se estender para uma pesquisa mais profunda do que esta que se tentou aqui; e que tal pesquisa supera os próprios pontos de partida do nosso ensaio. Podemos dizer, por exemplo, que também as opções já não nos parecem livres, como podiam parecer num primeiro momento, mas são profundamente ligadas à natureza dos fatos urbanos em que se produzem.

Afinal, a afirmação de que a cidade tem por fim a si mesma parece surgir das próprias coisas; e ela tem por fim a si mesma à medida que desenvolve, intencionalmente, uma certa idéia de cidade. Dentro dela situam-se as ações dos indivíduos; portanto, nos fatos urbanos nem tudo é coletivo.

Com esses problemas havíamos iniciado o presente capítulo; anteriormente tínhamos visto aquelas questões que parecem mais objetiváveis, que pertencem aos fatos urbanos e à sua natureza coletiva. Natureza coletiva e individualidade dos fatos urbanos dispõem-se agora como a própria estrutura urbana. A memória, no interior dessa estrutura, é a consciência da cidade; trata-se de uma ação em forma racional cujo desenvolvimento está em demonstrar com a máxima clareza, economia e harmonia, algo já aceito.

Dessa demonstração, interessam-nos sobretudo os modos de atuação e os modos de leitura; sabemos que eles dependem do tempo, da cultura e das circunstâncias, mas já que são esses fatores no seu conjunto que determinam os próprios modos, é neles que encontramos o máximo de concretude. Há regiões muito pequenas ou muito grandes em que a diferença dos fatos urbanos nunca poderá ser explicada se não se levar isso em conta; elas possuem conformações e aspirações correspondentes a uma individualidade quase predestinada. Penso agora nas cidades da Toscana ou da Andaluzia, ou de outras regiões: como poderão fatores gerais, bastante comuns, explicar sua individualidade tão diferente?

É provável que esse valor da história, como memória coletiva, entendida pois como relação da coletividade com o lugar e com a idéia dele, permita-nos ou nos ajude a compreender o significado da estrutura urbana, da sua individualidade, da arquitetura da cidade, que é a forma dessa individualidade. Individualidade essa que resulta, assim, ligada ao fato original, ao princípio no sentido de Cattaneo, que é um acontecimento e uma forma.

Assim, a união entre o passado e o futuro está na própria idéia da cidade, que a percorre tal como a memória percorre a vida de uma pessoa e que, para concretizar-se, deve conformar a realidade, mas também conformar-se nela. E essa conformação permanece em seus fatos únicos, em seus monumentos, na idéia que temos deles. Isso explica também por que, na antiguidade, se colocava o mito como fundamento da cidade.

26. Atenas

"Mas os historiadores áticos, que queriam dar a seu país uma série de reis, fizeram, por assim dizer, Cécrope reviver em Erictônio, o segundo ateniense primordial, do qual sabemos a estranha história de seu nascimento a partir das lendas relativas à deusa Atena. (...) Ele deve ter também construído o Santuário, já nomeado, de Atena Pólias, deve ter erigido a estátua de madeira da deusa e ter sido enterrado exatamente lá. (...) Parece que seu nome, que significa de modo evidente um 'ctônio', ser do reino dos Infernos, originalmente não indicava um senhor, um rei desta terra, do nosso mundo, mas o rapaz misterioso, que era venerado em alguns mistérios e raramente nomeado nas histórias. (...) De um ser primitivo, os atenienses haviam tomado o nome de Cecrópides; desse seu rei e herói, tomaram o de Erectídios."[44]

Poderá parecer estranho que este capítulo dedicado à história termine com a recordação de um mito, ainda que esse mito preceda a cidade sobre a qual não podemos calar por mais tempo: Atenas. Atenas é a primeira idéia clara da ciência dos fatos urbanos; ela é a passagem da natureza à cultura, e essa passagem, no próprio interior dos fatos urbanos, nos é oferecida pelo mito. Quando o mito se torna um fato concreto no templo, já surge da relação com a natureza o princípio lógico da cidade, e esta se torna a experiência que se transmite.

Assim, a memória da cidade percorre seu caminho às avessas até a Grécia; aqui, os fatos urbanos coincidem com o desenvolvimento do pensamento e a imaginação se torna história e experiência. A cidade concreta que analisamos tem, assim, sua origem na Grécia; se por um lado Roma soube fornecer

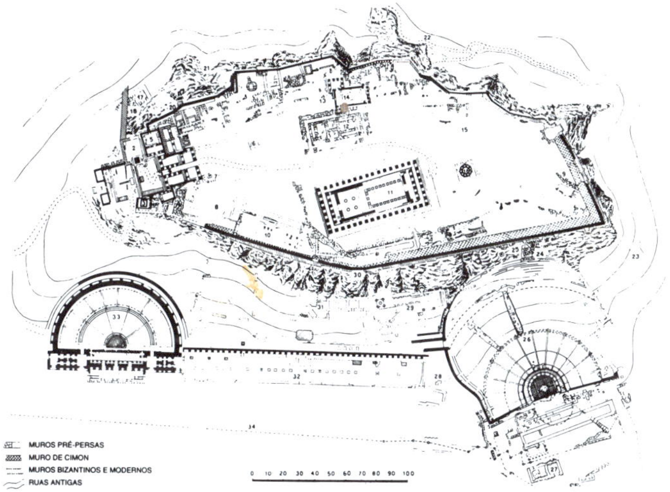

Atenas. Fig. 111. Planta aproximada da cidade na época de Péricles (segunda metade do século V a.C.), com os bairros residenciais (em pontilhado) distribuídos em torno dos edifícios públicos (em negrito). **Fig. 112**. Planta da Acrópole. Entre os edifícios principais: 1. porta Beulé; 3. templo de Atenas Nike; 4. Propileus; 11. Partenon; 12. templo arcaico de Atenas; 14. Erectéion; 16. templo de Roma e de Augusto; 26. teatro de Dioniso; 32. "stoà" de Eumênio; 33. "odéion" de Herodes ático; 34. aqueduto.

princípios gerais sobre o urbanismo e, portanto, construir cidades segundo esquemas lógicos em todo o mundo romano, por outro lado é na Grécia que encontramos os fundamentos da constituição da cidade. E também, fundamentalmente, um tipo de beleza urbana, de arquitetura da cidade, que se torna uma constante da nossa experiência da cidade; a cidade romana, árabe e gótica e a cidade moderna aproximam-se desse valor conscientemente, mas somente às vezes afloram a sua beleza. Tudo o que há de coletivo e de individual na cidade, até mesmo sua intencionalidade estética, está fixado na cidade grega em condições que nunca mais podem voltar.

Essa realidade da arte e da cidade grega pressupõe a mitologia e a relação mitológica com a natureza. A analogia entre a cidade grega e a relação mitológica com a natureza deve ser aprofundada no exame concreto de todas as cidades-estado do mundo helênico; na base dessa pesquisa deve estar a extraordinária intuição de Karl Marx, que, num trecho da *Crítica da economia política*, fala da arte grega como a infância da humanidade; o que torna assombrosa a intuição de Marx é referir-se à Grécia como "infância normal" da humanidade, contrapondo-a às outras civilizações antigas, cuja "infância" é desviada em relação ao destino da humanidade. Veremos como, por outras vias, essa intuição retorna em outros estudiosos, aplicada propriamente à vida e à origem do fato urbano.

"Mas a dificuldade não está em entender que a arte e o epos grego estão ligados a certas formas do desenvolvimento social. A dificuldade é representada pelo fato de que eles continuam a suscitar em nós uma fruição estética e constituem, sob certo aspecto, uma norma e um modelo inalcançáveis. Um homem não pode voltar a ser criança, senão se torna pueril. Mas não se compraz com a ingenuidade da criança e não deve, ele mesmo, aspirar a reproduzir, num nível mais alto, a verdade da criança? Na natureza infantil, o caráter próprio de todas as épocas não revive na sua verdade natural? E por que a infância histórica da humanidade, no momento mais belo do seu desenvolvimento, não deveria exercer um fascínio eterno como estágio que nunca mais volta? Há crianças rudes e crianças sabidas como velhotes. Muitos povos antigos pertencem a essa categoria. Os gregos eram crianças normais. O fascínio que sua arte exerce sobre nós não está em contradição com o estágio social pouco ou nada desenvolvido em que ela amadureceu. É antes o resultado deste, inseparavelmente vinculado ao fato de que as imaturas condições sociais em que ela surgiu, e só nas quais podia surgir, nunca mais podem retornar."[45]

Não sei se Marcel Poète conhecia essa passagem de Marx; mas é certo que, ao expor a cidade grega e sua constituição, ele sente a necessidade de diferenciá-la das cidade do Egito e do Eufrates como exemplos daquela infância obscura, sem desenvolvimento, ao contrário da infância normal de que fala Marx. Essas afirmações lembram irresistivelmente os mitos contrapostos de Atenas e Babilônia, que percorrem a história da humanidade.

"Decididamente, Atenas nos proporciona o ensinamento de uma idade diferente das que vimos no Egito ou nos vales do Eufrates e do Tigre, nas quais os únicos elementos formadores eram o templo da divindade ou o palácio do soberano. Já aqui, além dos templos – também diferentes daqueles das civilizações precedentes –, encontramos como elementos geradores da cidade as sedes dos órgãos de uma vida política livre (*boulé*, igreja, areópago) e os edifícios ligados a exigências tipicamente sociais (ginásios, teatro, estádio, Odeon). Uma cidade como Atenas corresponde a um grau superior da vida humana associada."[46]

Eis que, na estrutura de Atenas, os que chamamos de fatos urbanos primários são efetivamente definidos aqui como elementos geradores da cidade: o templo e os órgãos da vida política e social, tendo ao redor, variadamente dispostas e em contínua evolução, as áreas residenciais. De fato, a residência participa ativamente da formação da cidade grega e constitui seu desenho de fundo, através do qual tomamos consciência dos fatos principais.

Para compreender corretamente o valor que se dá aqui à cidade grega e seu caráter de modernidade enquanto fato urbano que percorre a história sucessiva, é oportuno recordar o caráter original da estrutura da cidade grega com respeito às outras cidades, inclusive as cidades romanas. Além da sua complexa constituição política no sentido lembrado por Poète, a cidade grega é caracterizada pelo desenvolvimento de dentro para fora, seu elemento constitutivo são as habitações e o templo; somente depois do período arcaico, por motivos puramente defensivos, as cidades gregas

Atenas. Fig. 113. A Acrópole durante a ocupação turca, com a mesquita construída dentro do Partenon. **Fig. 114**. Vista da Acrópole a partir dos Propileus, em 1830.

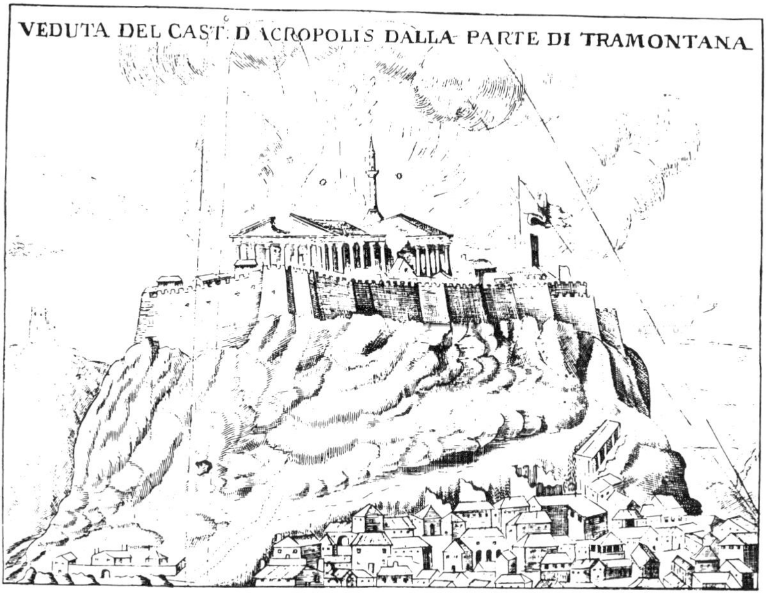

Atenas. **Fig. 115**. Explosão do Partenon, transformado pelos turcos em depósito de pólvora durante o cerco dos venezianos, em 1687. **Fig. 116**. Vista da Acrópole do nordeste, a partir do monte Licabeto, em 1930.

cercam-se de muros, mas em nenhum caso eles são o elemento primitivo da "polis". Ao contrário, as cidades do Oriente fazem dos muros e da porta a "res sacra" da cidade, o elemento constitutivo e primário; dentro dos muros, os palácios e os templos cercam-se, por sua vez, de muros, como que recintos e fortificações sucessivos. O mesmo princípio do valor dos limites se transmite à civilização etrusca e romana. Já a cidade grega não tem limites sagrados; é um lugar e uma nação, é a morada dos citadinos e, portanto, a sua atividade. Na sua origem, não está a vontade de um soberano, mas a relação com a natureza sob a forma do mito.

No entanto, essa característica da cidade grega – e também, repito, seu modelo inigualável – não poderá ser compreendida completamente se não se levar em conta outro fator decisivo: a "polis" é uma cidade-estado, seus habitantes pertencem à cidade, mas estão, em grande parte, dispersos nos campos. O vínculo com o território é fortíssimo.

Ao avançar essas considerações, devemos retomar também uma afirmação de Carlo Cattaneo, já que o vínculo entre o que ele diz acerca da natureza da cidade e da constituição efetiva da cidade grega é tão esclarecedor que não pode ser deixado de lado. Também para Cattaneo parecia muito claro, como para Poète, o destino diferente da "polis" em relação às cidades do Oriente, as quais não são mais que "grandes acampamentos murados", e aos assentamentos dos bárbaros, que só "habitam em aldeias"[47].

Cattaneo intui que os acampamentos murados são a separação completa do território, enquanto na Itália "a cidade formou com seu território um corpo inseparável"[48]. "... Essa coincidência do condado com a cidade, onde moram os mais notáveis, os mais opulentos, os mais industriosos, constitui uma pessoa política, um estado elementar, permanente e indissolúvel."[49] Não sabemos até onde Cattaneo levava esse paralelo das cidades comunais livres com a cidade grega; ele não se detém nesse ponto. Mas tal encontro da intuição de um historiador com a estrutura efetiva da cidade projeta uma luz positiva sobre a ciência dos fatos urbanos e leva-nos a aprofundar as pesquisas nesse sentido. Ora, não é esse vínculo entre a cidade e o território precisamente o que caracteriza a cidade democrática grega e a cidade-estado por excelência, Atenas?

Fig. 117. Atenas, Acrópole, vista da cidade e da paisagem a partir da ala norte dos Propileus (Pinacoteca).

Atenas é uma cidade formada por citadinos; uma cidade-estado cujos habitantes vivem num território bastante vasto e de modo esparso, mas estão bastante ligados à cidade. Ainda que muitos centros da Ática possuam uma administração local, esta não entra em concorrência com a cidade-estado. "O termo 'polis' que designa a cidade também indica o Estado; inicialmente se aplicava à Acrópole, lugar primitivo de refúgio, de culto e de governo, e, como tal, ponto de origem do aglomerado ateniense. A Acrópole e, junto com ela, a cidade no sentido de Estado: este é o duplo significado do termo 'polis'."[50] Originalmente, pois, "polis" é a acrópole, enquanto o termo "astu" indica o habitado.

A vicissitude histórica da cidade confirma o fato fundamental de que o vínculo que une o ateniense à cidade é essencialmente político e administrativo, e não residencial. Os problemas da cidade só interessam ao ateniense do ponto de vista político e do ponto de vista urbano geral. A esse respeito, a observação de Roland Martin[51] é decisiva: ele nota que, precisamente graças à concepção da cidade como estado, como lugar dos atenienses, as primeiras reflexões sobre a organização urbana são de tipo puramente especulativo, isto é, são teorias que tratam da melhor forma da cidade e da organização política mais favorável ao desenvolvimento moral do cidadão. Mesmo nas antigas disposições, o aspecto material da cidade parece secundário, como se ela fosse puramente um lugar mental. Talvez a cidade grega também deva a esse caráter especulativo da arquitetura sua extraordinária beleza.

É nesse ponto, porém, que ela se destaca de nós, da nossa experiência viva; ao contrário de Roma, que mostra no curso da história republicana e imperial todos os contrastes e contradições da cidade moderna. Talvez com um caráter de dramaticidade que poucas cidades modernas conhecem, Atenas permanece a mais pura experiência da humanidade, em condições que não podem mais retornar.

CAPÍTULO IV

Evolução dos fatos urbanos

27. A cidade como campo de aplicação de diferentes forças. A economia

Afirmei várias vezes que a cidade só pode ser definida com referência precisamente ao espaço e ao tempo; só assim podemos compreender de que fato urbano estamos nos ocupando. Roma hoje ou Roma na época clássica são dois fatos distintos, ainda que sempre devamos ver a importância dos fenômenos de permanência que ligam a Roma do passado à Roma de hoje. Em todo caso, se quisermos ter consciência das transformações dos fatos urbanos, deveremos sempre nos ocupar de fatos muito circunstanciados. Os estudos mais aprofundados – e a experiência do homem confirma isto, em todo caso – indicam-nos que uma cidade muda completamente ao cabo de cinqüenta anos; quem vive na mesma cidade habitua-se lentamente a essa transformação, mas nem por isso ela é menos verdadeira.

Certamente existem épocas, ou períodos de tempo, mais ou menos longos em que as cidades se transformam muito mais rapidamente do que em outros: Paris sob Napoleão III, Roma quando da sua ascensão a capital da Itália e assim por diante, em todos aqueles casos em que as transformações são rápidas, impetuosas, aparentemente imprevistas. Mas, em todas as épocas, todas as literaturas estão cheias de descrições, de anotações, freqüentemente de desabafos nostálgicos sobre a transformação da fisionomia da cidade.

Mutações, mudanças, simples alterações têm, pois, tempos diferentes; fenômenos particulares, acidentais como as guerras ou as expropriações, podem subverter em pouco tempo situações urbanas que pareciam definitivas, ou essas mudanças podem se produzir em tempos mais longos e por modificações sucessivas, às vezes de elementos e partes isoladas. Em todas essas modificações, atuam muitas forças que se aplicam à cidade; essas forças podem ser de natureza econômica, política ou outra.

Uma cidade pode mudar pela sua riqueza econômica, que impõe intensas transformações no modo de vida, ou pode ser destruída por uma guerra; basta pensar nas transformações de Paris e de Roma nas épocas que recordei acima, na destruição de Berlim ou da antiga Roma, na reconstrução de Londres e de Hamburgo depois dos grandes incêndios que as devastaram ou depois dos bombardeios da última guerra. Em todos os casos, as forças que orientam essas mudanças são identificáveis.

Uma análise da cidade permite-nos ver também por que caminhos elas se produzem. Por exemplo, através do estudo das propriedades nas séries históricas cadastrais, podemos levantar a evolução da propriedade com base em certas tendências econômicas, a aquisição das áreas pelos grandes grupos financeiros que, quando ocorre, determina o fim da fragmentação dos lotes e a formação de grandes áreas disponíveis para conjuntos completamente diferentes. O que não fica claro é o modo concreto pelo qual essas forças se manifestam e, principalmente, a relação entre sua força potencial e os efeitos que elas produzem.

Se estudarmos, por exemplo, a natureza da especulação, entendida como manifestação de certas leis econômicas, poderemos provavelmente estabelecer algumas leis que lhe são próprias; essas características, porém, serão de natureza geral. No entanto, se procurarmos indagar por que a aplicação dessas forças produz efeitos tão diferentes na estrutura da cidade, teremos dificuldade para dar uma resposta.

Portanto, será necessário procurar conhecer melhor essas duas ordens de fatos, que se referem às forças que agem sobre a cidade, à natureza da cidade e, além disso, ao modo concreto pelo qual se produzem as transformações. Assim, o problema principal, de nosso ponto de vista, não é tanto o de conhecer essas forças em si, mas saber: a) como elas se aplicam; b) como sua aplicação produz mudanças diferentes. Essas mudanças dependerão, de um lado, da natureza dessas forças, de outro da sua situação local, do tipo de cidade, etc. Devemos, pois, estabelecer uma relação entre essas forças e a cidade e conhecer os modos das transformações.

Na época moderna, grande parte dessas transformações podem ser explicadas pelos *planos*, na medida em que estes são a forma concreta sob a qual se manifestam as forças que presidem à transformação das cidades. Os planos são entendidos aqui como aquelas operações efetuadas pela prefeitura, de maneira autônoma ou acolhendo propostas privadas, que prevêem, coordenam e agem sobre os aspectos espaciais da cidade. Falamos de planos na época moderna; na realidade, desde a sua fundação as cidades têm a característica de possuir e, em parte, crescer mediante planos; precisamente o caráter coletivo do fato urbano implica que, de certo modo, na origem ou no curso do desenvolvimento um plano se manifeste de alguma forma.

Vimos também como esses planos, do ponto de vista constitutivo, colocam-se em pé de igualdade com qualquer outro fato urbano determinado; nesse caso, eles constituem um ponto de partida. Entre as forças que presidem à maioria desses planos há forças de natureza econômica, sendo interessante estudar, visto que a possibilidade desse estudo nos é dada por um amplo material, como essas forças se aplicam. Essa aplicação manifesta-se na cidade capitalista através da especulação; esta representa uma parte do mecanismo, dos modos através dos quais as cidades crescem.

Aqui interessa ver quais são as relações entre esses fatos de natureza econômica e o tipo de crescimento da cidade, isto é, de que modo a forma da cidade depende deles; em outras palavras, se os fatos urbanos na sua configuração são ou não independentes, ou em que medida são dependentes dessas ações. Planos, expropriações, especulações, agem sobre a cidade, mas a relação com os fatos urbanos concretos é tão problemática, que não pode ser facilmente assumida.

Neste capítulo, ocupar-me-ei de *duas teses diferentes* que estudaram a cidade do ponto de vista econômico e, fazendo meus seus dados fundamentais, procurarei chegar a uma conclusão.

A primeira dessas teses é desenvolvida por Maurice Halbwachs e analisa o caráter das *expropriações*; ela sustenta que os fatos econômicos são, por sua natureza, preeminentes na evolução da cidade, a ponto de darem lugar a leis gerais, mas que, do ponto de vista econômico, costuma-se cometer o erro de atribuir uma importância de primeira ordem ao modo preciso, concreto, da realização de um dado geral, que se deve produzir necessariamente mas que não muda de significado por se ter produzido daquela forma, naquele lugar e naquele momento, e não sob uma forma, um lugar e um momento diferentes.

O conjunto desses fatos econômicos não nos explica os fatos urbanos na sua estrutura global. Mas, então, qual o motivo da individualidade de cada fato? Halbwachs devia responder a essas perguntas quando relacionava a cidade ao desenvolvimento dos grupos sociais e remetia a relação entre a cidade como construção e seu comportamento a um sistema mais complexo, à estrutura da memória coletiva.

Nesse estudo sobre as características da expropriação, que remonta a 1925, sendo pois do mesmo ano de *Les cadres sociaux de la Mémoire*, Halbwachs, partindo de seus conhecimentos científicos, vale-se de modo magistral dos dados estatísticos, assim como fará em *L'évolution des besoins dans les classes ouvrières*[1]. Poucas obras sobre a cidade são concebidas, sobre essa base, com tanto rigor.

A segunda dessas teses, de Hans Bernoulli, sustenta que a *propriedade privada do solo* e sua fragmentação é o mal principal da cidade moderna. A relação entre a cidade e o solo urbano tem um caráter fundamental e indissolúvel; ele considera portanto necessário que o solo urbano retorne à coletividade. A partir dessa tese, o discurso de Bernoulli estende-se a considerações de ordem propriamente arquitetônica referidas à estrutura urbana. A habitação, o bairro, os equipamentos dependem intimamente do uso do solo. Essa tese, exposta e sustentada com grande clareza, enfrenta, como todos sabem e podem ver, um dos aspectos preeminentes das questões urbanas[2].

Alguns sustentam também que a propriedade do solo por parte do Estado, isto é, a abolição da propriedade privada, é uma diferença qualitativa entre a cidade capitalista e a cidade socialista. Essa afirmação é indubitável, mas diz ela respeito aos fatos urbanos? Inclino-me a crer que sim, pois o uso e a disponibilidade do solo urbano são elementos fundamentais, só que ela ainda parece uma condição, certamente uma condição necessária, mas não um fato em si.

Creio que essas teses nos servem para percebermos mais plenamente a real natureza dos fatos urbanos. Há muitas outras teses de caráter econômico, mas preferi escolher estas, pela sua clareza e porque se atêm à realidade urbana. Em todo caso, por trás e além dos fatos e das forças econômicas, há o problema das opções; e essas opções, de natureza política, só podem ser feitas à luz da estrutura total dos fatos urbanos.

28. A tese de Maurice Halbwachs

No início do seu estudo, Halbwachs[3] se propõe estudar do ponto de vista econômico os fenômenos de expropriação de uma grande cidade. Ele parte da hipótese de que é interessante, do ponto de vista científico, considerar as expropriações destacadas do seu contexto, isto é, admitir que elas possuem características próprias e constituem realmente uma série homogênea. De fato, ao se compararem dois casos particulares, pode-se prescindir das suas diferenças. Seja a causa fortuita (um incêndio), normal (a obsolescência) ou artificial (a especulação), parece que ela não influi sobre a natureza do efeito, que é sempre uma demolição ou uma construção pura e simples.

Por outro lado, a expropriação não se exerce de modo homogêneo sobre toda a cidade; ela muda completamente certos bairros e respeita outros. Será necessário, então, para ter um quadro completo, examinar as variações por bairros segundo séries históricas; somente a partir de um quadro geral de vários bairros e por diferentes períodos de tempo poderemos medir as grandes variações no espaço e no tempo.

Quanto a essas variações, é bom examinar algumas características suas. Vejamos duas fundamentais. A *primeira* diz respeito

Fig. 118. **Paris**, típica casa de apartamentos burguesa construída no período do Segundo Império (de uma revista inglesa de 1858). Fachada, planta do térreo (para uso comercial), planta do primeiro andar (com três apartamentos). V. vestíbulo; S. salão; D. sala de jantar; B. quarto; K. cozinha; W. w.c.; Y. poço de ventilação; C. pátio.

Paris. Fig. 119. Transformações do sistema viário executadas ou projetadas durante o Segundo Império, de acordo com a reconstrução de Pierre Lavedan (a de maior credibilidade das muitas que foram feitas). **Fig. 120.** Vista do fim do século passado do Boulevard du Temple (por Adolphe Joanne, *Paris illustrée en 1870 et 1877*, 3ª ed., Paris, s.d.).

ao papel do indivíduo, isto é, à ação exercida por certa personalidade enquanto tal; a *segunda*, à importância considerável dada ao fato pela sucessão pura e simples dos fatos considerados. "Se uma rua – escreve textualmente Halbwachs – se chama Rambuteau, uma avenida Pereire, um bulevar Haussmann, decerto não é para homenagear esses indivíduos: é que essas denominações são marcas de origem."[4]

Quando iniciativas municipais relacionam-se a necessidades denunciadas pela população e a propostas discutidas, há muitas influências, muitos motivos, inclusive motivos acidentais. Mas quando a câmara municipal não representa a vontade popular (como em Paris, entre 1831 e 1871), como não pôr em primeiro plano as idéias de estética, de higiene, de estratégia urbana, de prática social de um indivíduo ou de poucos indivíduos no poder? Desse ponto de vista, a configuração atual de uma grande cidade será como a superposição da obra de certos partidos, de certas personalidades, de certos soberanos; assim, planos diversos se sobrepuseram, se misturaram, se ignoraram, tanto que a Paris atual é como uma fotografia compósita, obtida a partir da reprodução num mesmo papel da Paris de Luís XIV, de Luís XV, de Napoleão I, do barão Haussmann. Não é verdade que muitas ruas inacabadas e o abandono de certos bairros atestam a diversidade e a relativa independência de um grande número de projetos?

A *segunda* característica é relativa à sucessão pura e simples dos fatos considerados. Em todos os tempos, há forças constantes que são levadas a construir, a comprar e a vender os terrenos. Mas essas forças desenvolvem-se de acordo com certas direções concretas que lhes são oferecidas, de maneira a se inserirem em certos planos que lhes são apresentados. Ora, essas orientações mudam bruscamente, freqüentemente de maneira imprevisível. Se a natureza desses fatos econômicos normais não pode ser modificada, sua intensidade pode, porém, ser muito aumentada ou muito diminuída, sem que seja necessário invocar razões propriamente econômicas.

Entre os outros motivos de transformação de Paris, Haussmann apresentou razões de ordem estratégica, ou seja, destruir bairros pouco propícios ao agrupamento de tropas. Essas considerações podem ser compreensíveis de parte de um governo autoritário e impopular, como outras: o trabalho amplamente proporcionado aos operários, ricas perspectivas abertas aos especuladores, igualmente convenientes a um regime que procurava compensar o mínimo de direitos políticos com o máximo de prosperidade material. Portanto, os grandes movimentos de expropriação em Paris, sob esse reinado, explicam-se através das causas políticas: o triunfo, aparentemente decisivo, do partido da ordem sobre a revolução, da classe burguesa sobre a classe operária.

Outro exemplo característico do papel desempenhado pelas circunstâncias particulares da história são, durante o período revolucionário, os grandes planos viários que se seguiram à nacionalização dos bens dos emigrados e do clero. A Comissão dos Artistas põe no papel grandes ruas, utilizando os terrenos das novas e enormes propriedades nacionais. O estudo das transformações de Paris liga-se, pois, ao estudo da história da França; a forma dessas transformações depende, assim, seja do passado histórico da cidade, seja dos grandes atos realizados por certos indivíduos cujas vontades agiram como força da história.

Pode-se dizer, portanto, que os fatos de expropriação diferem por sua própria natureza de todos os outros fatos que estão na origem das mudanças de propriedade. Um fato ligado a essa hipótese é que os atos de expropriação não se apresentam, em geral, sob forma isolada, não concernem a essa rua ou àquele grupo de habitações, mas relacionam-se a um sistema de que não são mais que uma parte. Relacionam-se às tendências de desenvolvimento da cidade.

Em todos os casos em que são evocadas razões históricas para explicar as mudanças de Paris, vêem-se outras explicações possíveis que põem em relação fatos econômicos – as expropriações – com outros fatos econômicos. Cita-se a nacionalização dos bens do clero; mas, por outro lado, nem todas as ruas projetadas pela Comissão dos Artistas foram realizadas; e a expropriação dos bens dos conventos não é também um fato econômico? Essas propriedades constituíam empecilhos, inclusive em sua forma física, ao desenvolvimento das cidades; portanto, em circunstâncias diferentes teriam sido expropriadas pelo rei, ou vendidas pelos frades, de um modo nada diferente do que aconteceu mais tarde no caso das ferrovias.

Ou seja, comete-se freqüentemente o erro de não dar uma importância de primeira ordem ao modo preciso, concreto, da realização de um fato geral, que se deve produzir necessariamente, mas que não muda de significado por se ter produzido daquela forma, naquele lugar e naquele momento, e não de uma forma, num lugar e num momento diferentes.

Pode-se dizer isso do plano de Haussmann e de todos os argumentos de ordem estratégica, política e estética que são citados para esse plano. O argumento estratégico não modificou, não digamos na forma topográfica, mas na sua natureza econômica, a rua em questão, logo não é preciso levá-lo em conta mais do que o químico leva em conta a forma e o tamanho da proveta em que realiza suas experiências; embora intervenham motivos de ordem, de higiene, de estética, enquanto esses motivos não tiverem como efeito uma modificação econômica importante, que só possa ser explicada por motivos econômicos, o economista não deverá preocupar-se. Ou esses motivos tiveram esse efeito, e então não podem ser negligenciados, ou é só ao final da pesquisa positiva e depois da eliminação de todas as causas econômicas que se pode estabelecer a existência de tal "resíduo".

Por isso se estabelece a hipótese do caráter puramente econômico dos fatos de expropriação, da sua independência com respeito aos fatos individuais e da história política. Além do mais, a expropriação é uma adaptação rápida e de conjunto: os diferentes componentes da operação realizam-se simultaneamente, e não sucessivamente; portanto, pode-se imaginar que o ato global revelará a direção e a influência das forças presentes num período precedente. (O modo pelo qual a expropriação se manifesta, inclusive o modo jurídico, não tem, pois, importância.)

Desde o momento em que a consciência de uma necessidade coletiva se forma, desde o momento em que ela se torna clara, tem-se o ponto de partida para uma ação total. Decerto, podem existir erros na consciência social; a cidade pode ser levada a traçar ruas onde não é realmente necessário, a urbanizar terrenos onde a cidade não tende a se expandir; ruas criadas rapidamente podem ficar desertas. Assim, a expropriação pode antecipar um momento regular da evolução; as causas para isso são múltiplas: por exemplo, projetando-se uma rua cuja necessidade é urgente, pode-se ser levado a construir outras por analogia.

Em todo caso, a hipótese de Halbwachs recusa-se a considerar a expropriação como um fato anormal e extraordinário; ao contrário, pretende estudá-la como o fato mais certo e seguro da evolução urbana. O estudo dos fatos de expropriação é um ponto de vista, e o ponto de vista mais seguro e mais claro para estudar um conjunto muito complexo de fenômenos, pois é nos movimentos de expropriação e em suas conseqüências imediatas que se manifestam, como numa síntese bastante condensada, as tendências econômicas através das quais se deve analisar a evolução fundiária urbana.

Pela importância que atribuo à tese de Halbwachs aqui exposta, quero ressaltar três pontos que considero fundamentais:

a) a relação, portanto também a independência, entre os fatos econômicos e o desenho da cidade;

b) a contribuição da personalidade, do individual, nas mutações urbanas, seus valores e seus limites; portanto, também a relação entre o modo preciso, historicamente determinado, pelo qual um fato se manifesta e as causas gerais dele;

c) a evolução urbana como um fato complexo, de ordem social, que tende a se realizar de acordo com leis e orientações de crescimento bem precisos.

Acrescente-se a esses pontos o mérito de ter focalizado o princípio da importância do estudo das expropriações como momento decisivo da dinâmica da evolução urbana.

29. Considerações sobre as características das expropriações

Com base na hipótese de Halbwachs, poder-se-iam realizar vários estudos sobre muitas cidades; considero que é esse um dos métodos realmente mais seguros e importantes para o estudo da cidade. Algo nessa direção tentei fazer no estudo de um bairro milanês[5], procurando realçar a importância de certos fatos, aparentemente acidentais, como as destruições provocadas pelos acontecimentos bélicos, os bombardeios, na evolução posterior da cidade; creio ser possível demonstrar, e eu mesmo comecei a fazê-lo, que fatos desse tipo não fazem mais que acelerar certas tendências, modificando-as apenas parcialmente, mas permitindo realizar mais rapidamente planos que, em sua forma econômica, já existiam e teriam produzido efeitos físicos sobre o corpo da cidade, destruições e reconstruções, com um processo totalmente similar àquele de que a guerra foi artífice. É evidente, porém, que o estudo desses fatos, devido à maneira rápida e brutal com que se manifestam, permite proporcionar resultados muito mais imediatos do que os obtidos pelo estudo de uma longa série de fatos considerados através das séries históricas das propriedades fundiárias e das evoluções do patrimônio imobiliário na cidade.

Um estudo desse tipo tem, ademais, na época moderna, um apoio notável no estudo dos planos: planos de ampliação, planos reguladores, etc. Substancialmente, esses planos são intimamente ligados às expropriações, sem as quais eles não seriam possíveis e através das quais se manifestam. Por outro lado o que Halbwachs menciona acerca de Paris a propósito de dois planos importantes, por motivos diferentes, o dos Artistas e o de Haussmann (e em ambos os casos, pela forma desses planos, pode-se remontar a muitos planos da monarquia absoluta), é verdade para muitas cidades e, provavelmente, para todas as cidades. Eu mesmo procurei vincular a evolução da forma urbana de Milão às reformas de Maria Teresa, primeiro, e de José II, depois, concretizadas sob Napoleão. A relação entre essas iniciativas de natureza econômica e o desenho da cidade é claríssima; mas, sobretudo, ela mostra com nitidez a preeminência do fato econômico, a expropriação, sobre o fato arquitetônico, a forma.

Também revela como o caráter da expropriação, prescindindo do seu momento político, que demonstrará antes como ela pode ser usada em benefício de uma classe ou de outra, é um fato necessário que se produz durante toda a evolução da cidade e como sua base está bem arraigada nos movimentos de caráter social do conjunto urbano.

É possível demonstrar, a propósito de Milão, que a forma do *Plano napoleônico*[6], que podemos considerar um dos planos mais modernos criados na Europa, ainda que se inspirando no Plano dos Artistas da Convenção de Paris, é o desdobramento de uma longa série de expropriações e remoções de bens eclesiásticos, inclusive na sua forma física, levada a cabo pelo governo austríaco.

O Plano napoleônico é pois, simplesmente, a forma precisa, arquitetônica, desse fato e enquanto tal pode ser estudado por si mesmo; dentro desses limites, se é que assim se podem chamar, o juízo que podemos formular deve ser baseado na cultura neoclássica, nas personalidades diferentes de arquitetos como Cagnola ou Antolini, em toda uma série de propostas de tipo espacial que precederam o plano, que se resolvem no plano e que permanecem independentes da natureza econômica do plano.

Nesse sentido, isto é, no sentido da sua autonomia, elas podem ser verificadas na medida em que permanecem também nos planos sucessivos ou se vinculam a planos precedentes, mas não promovem transformações econômicas. O sucesso da Strada Napoleone, depois Via Dante, está compreendido inteiramente na dinâmica da vida urbana, a mesma dinâmica que permitiu o sucesso do plano Beruto na parte norte da cidade e decretou a falência da sua parte sul, onde algumas hipóteses ou eram demasiado avançadas, ou faziam abstração do conteúdo da realidade econômica.

Ora, essa força, de natureza econômica, se libera com os atos da *repressão das ordens religiosas* executada no vintênio entre 1765 e 1785 por José II da Áustria – fato político e econômico. A supressão dos jesuítas, da inquisição, das numerosas e bizarras congregações religiosas, que haviam crescido desmesuradamente em Milão, como em poucas cidades espanholas, não significou apenas um passo rumo ao progresso civil e moderno, mas significou concretamente a possibilidade, para a cidade, de dispor de vastas áreas urbanizadas, de ordenar as ruas retificando situações absurdas, de construir escolas, academias, jardins; justamente nos jardins de dois conventos de freiras e no do Senado surgiram os jardins públicos.

Assim, o *Foro Bonaparte* não foi certamente uma exigência arquitetônica; ele nasceu com a necessidade da cidade dotar-se de uma fisionomia moderna, construindo um centro de negócios para a nova burguesia, que tomava o poder. E isso é independente da forma e do modo concreto, topográfico e arquitetônico com que escolheu o Foro Bonaparte – um modo também histórico, no sentido de que foi escolhida a área do castelo que, por motivos políticos, devia ser destruído.

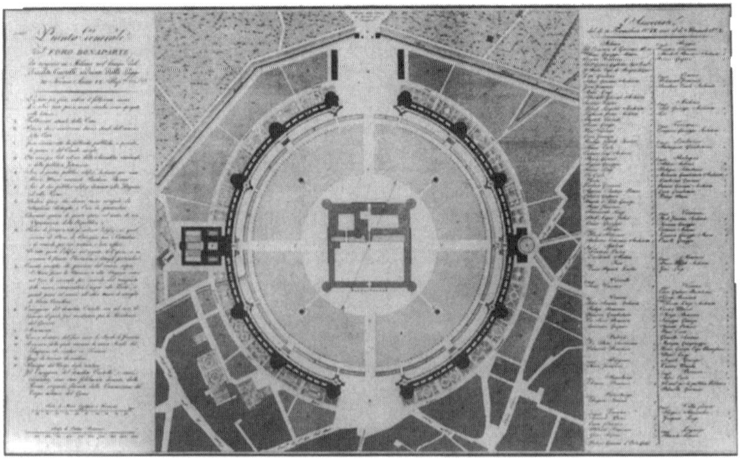

Milão, projeto para o Foro Bonaparte do arq. Giovanni Antolini, 1801. **Figs. 121, 122, 123**. Planta geral, vista da cidade, vista da Barriera Sempione (cf. também p. 223).

Fig. 124. **Milão, Plano napoleônico**, redigido pela Comissão de Ornato em 1807 ("Planta representando os Projetos das novas Retas"; "Advertência. Todas as áreas em pontilhado indicam as demolições a serem feitas para as novas vias. Todos os espaços em preto assinalam os recortes das ruas atuais a serem conservados nas edificações vizinhas").

A idéia de Antolini permaneceu, porém, pura idéia formal; e como tal, num contexto político totalmente diferente, retorna no projeto de Beruto e com notável importância em seu plano; só que, por fatos de natureza ainda econômica, o centro dos negócios não será o Foro Bonaparte e essa disposição, devido à natureza global dos fatos urbanos, terá um valor diferente no equilíbrio urbano. Esse valor, repito, é independente do seu desenho.

O que nos pode fazer compreender melhor o desenvolvimento da teoria de Halbwachs é a confusão que geralmente se faz, partindo-se de pressupostos nada científicos e ignorando-se a natureza dos fatos urbanos, quando se fala de demolições, de planos absurdos, etc.

A esse respeito, é típico o juízo sobre a *obra de Haussmann*; substancialmente, ampliando a teoria de Halbwachs, podemos afirmar que o plano de *Paris* de Haussmann só pode ser aprovado ou desaprovado, só pode agradar ou desagradar, se julgado em seu desenho. E, naturalmente, esse desenho é muito importante, e é precisamente disso que pretendo tratar nesta pesquisa. Mas também é importante poder julgar que a natureza desse plano está ligada à evolução urbana de Paris naqueles anos e que, desse ponto de vista, o plano é um dos maiores sucessos que já se alcançou, por uma série de coincidências, mas sobretudo por sua adequação pontual à evolução urbana naquele momento da história.

As vias abertas por Haussmann eram vias que seguiam a direção real do desenvolvimento da cidade e viam claramente a função de Paris nas suas características nacionais e supranacionais. Já se disse que Paris é grande demais para a França, mas que, por outro lado, é pequena demais para a Europa; e isso é justo, no sentido de que não se pode avaliar a dimensão de uma cidade e das operações de um plano prescindindo-se do sucesso real desse plano, da realidade urbana que esse plano entrevê. Podem-se dar outros exemplos, falando-se de cidades como Bari, Ferrara, Richelieu, de um lado, e Barcelona, Roma, Viena, de outro. Isto é, num caso, o plano antecipou os tempos, ou até mesmo permaneceu apenas um emblema, uma iniciativa não traduzida, a não ser em algumas construções e em algumas ruas; no outro caso, o plano canalizou e guiou, muitas vezes acelerou, a propulsão de forças

Milão, projeto para o Foro Bonaparte do arq. Giovanni Antolini, 1801 (cf. também p. 220). **Fig. 125**. Fachada, do lado da cidade, do castelo transformado, "o qual pode ser reformado para a Residência do Governo". **Fig. 126**. Fachada das Termas (F), do lado interno do Foro. **Fig. 127**. Seção das Termas na parte externa do Foro.

PERSPECTIVA DO PROJETO DE URBANIZAÇÃO DA PARTE ANTERIOR DA PIAZZA DEL DUOMO.

PERSPECTIVA DO PROJETO DE URBANIZAÇÃO DO PIAZZALE ALÉM DO CASTELO.

PERSPECTIVA DO PROJETO DE URBANIZAÇÃO DO PIAZZALE EM FRENTE DO CASTELO.

Figs. 128, 129, 130. Milão. Perspectivas dos projetos do eng. Cesare Beruto para a Piazza del Duomo e o Piazzale del Castello.

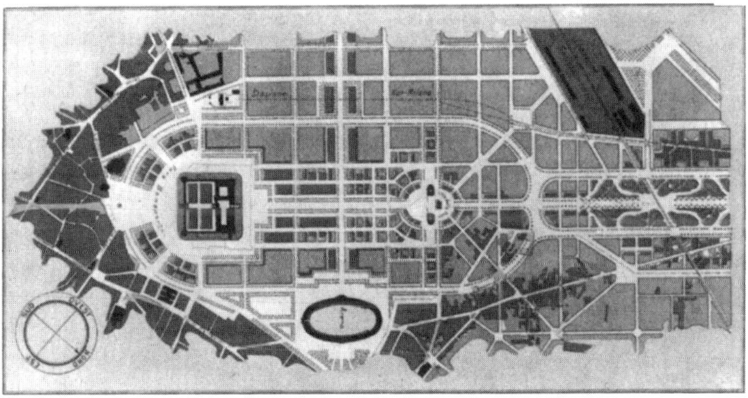

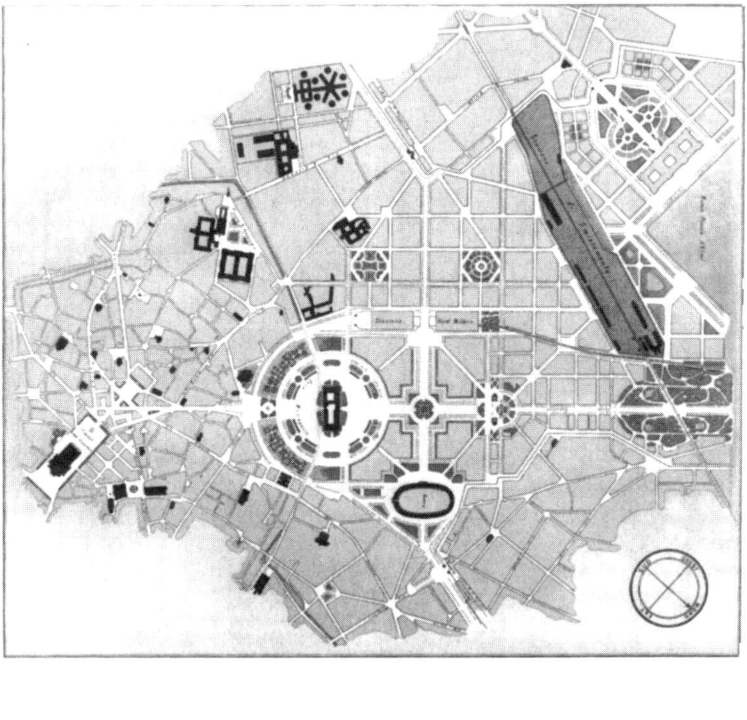

Figs. 131, 132. Milão. Duas das variantes propostas pelo engenheiro Cesare Beruto (projetista do primeiro plano regulador) para a urbanização da zona do Castelo (1884).

que agiam ou estavam por agir na cidade. Em outros casos ainda, o plano foi projetado para o futuro de um modo particular; julgado inatual no momento, bloqueado em suas primeiras manifestações, ele foi, por assim dizer, "recuperado" em épocas sucessivas, demonstrando a qualidade das previsões.

Claro, em muitos casos, a relação entre as forças econômicas e de desenvolvimento e o desenho do plano não é nem simples, nem fácil de ser individuada; um exemplo muito importante, e insuficientemente mencionado, é o do *Plan Cerdá de Barcelona*[7], um plano extremamente avançado do ponto de vista técnico e perfeitamente correspondente às transformações econômicas que premiam na capital catalã; um plano vasto e oportuno, embora partisse de uma avaliação demasiado ampla do desenvolvimento demográfico e econômico da cidade; um plano, portanto, que não foi realizado como devia ser, ou, se quiserem, não foi em absoluto realizado, no sentido estrito, mas que, ainda assim, determinou o desenvolvimento subseqüente de Barcelona.

O Plan Cerdá não foi realizado onde as suas visões técnicas eram demasiado avançadas com respeito a seu tempo e onde as soluções que dava requeriam um grau de evolução urbana bem superior ao existente na época; um plano certamente mais avançado que o de Haussmann e que, portanto, não podia ser realizado facilmente, não só pela burguesia catalã, mas por qualquer outra cidade européia.

Veremos em breve as características do Plan Cerdá. Aqui não importa analisá-lo, basta pensar em seus pontos básicos: a viabilidade, nisso comum às preocupações de Haussmann, uma retícula geral que permitisse a síntese do conjunto urbano e, dentro dele, a autonomia dos bairros, dos núcleos residenciais. O plano pressupunha, pois, condições políticas, além de técnicas mais avançadas, e fracassa precisamente em pontos como os conjuntos residenciais autônomos, que requeriam maior empenho administrativo e que foram, de certo modo, retomados pelo grupo do GATCPAC.

Por outro lado, o plano, como Oriol Bohigas notou com justeza, não era sustentável onde pressupunha uma densidade baixa demais; hipótese totalmente contrária ao modo de vida e à própria estrutura das cidades mediterrâneas.

Ademais, transformando as "illes"[8] em grandes blocos construídos e aceitando o princípio geral da malha retangular, o plano acabava prestando-se magnificamente aos desígnios da especulação e, como tal, só foi acolhido através de um esquema mortificado. Pode-se ver, pois, como nesse caso a relação entre o desenho e a situação econômica é complexa e não contradiz a tese de Halbwachs, ao contrário.

O crescimento urbano de Barcelona acontecia então de qualquer maneira, e o Plan Cerdá foi solicitado por esse crescimento; ele não teve o poder de transformá-lo nas suas razões político-econômicas e foi pouco mais que um pretexto ou um esboço a que se ater. No entanto, sua importância se destaca da situação das forças econômicas atuantes em Barcelona, ou não é relacionável a ela, para se tornar um momento da história do urbanismo e para ser julgado como tal.

Naturalmente, podemos repetir neste ponto que, sendo a cidade uma entidade complexa, ela pode coincidir, e às vezes coincide perfeitamente, com um plano que nasce dela, às vezes pode não coincidir, seja pelas carências desse plano, seja pela situação histórica particular em que ela se encontra. Em todo caso, essa relação deve ser julgada apenas lateralmente ao seu desenvolvimento.

Acaso não podemos julgar o *plano de Ferrara dos duques d'Este* independentemente do seu fracasso, da falha das suas previsões de desenvolvimento? Ou será que deveremos dizer que aquele plano não era bom porque não foi realizado?

Outro exemplo clamoroso pode ser proporcionado pelo *plano murattiano para Bari*[9]. Trata-se de um exemplo típico de "expropriação", como é tratado por Halbwachs, uma expropriação caracterizada, como aliás todas elas, por uma série de circunstâncias precisas de caráter histórico e político. O que interessa notar aqui é que o plano projetado sob os Bourbons e aprovado em 1790 teve, através de diversas vicissitudes, um desenvolvimento das edificações que prosseguiu, com períodos sucessivos, até 1918. Também nesse caso e ainda hoje, o plano foi alterado de diversas maneiras precisamente em suas características antiespeculativas e nas características dos quarteirões, mas permaneceu não como a marca reconhecível pelo historiador, mas como for-

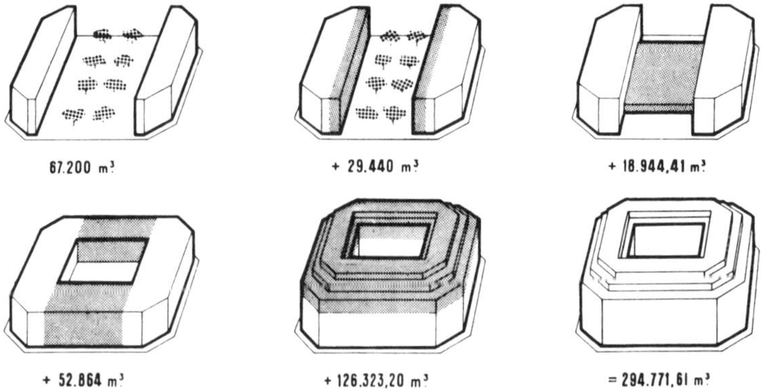
67.200 m³
+ 29.440 m³
+ 18.944,41 m³
+ 52.864 m³
+ 126.323,20 m³
= 294.771,61 m³

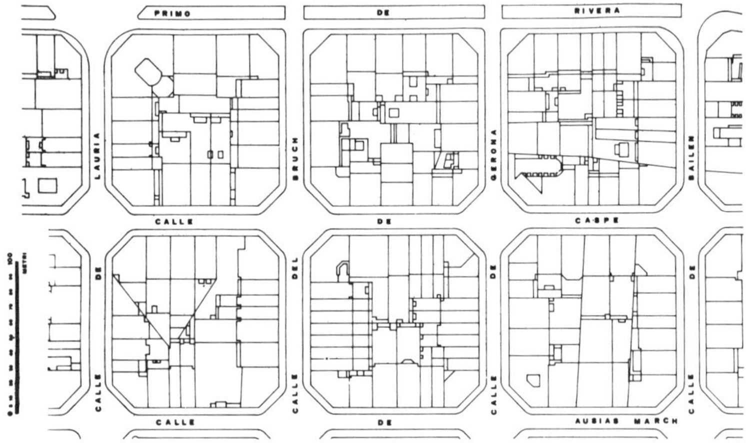
PRIMO
DE
RIVERA
LAURIA
BRUCH
GERONA
BAILEN
CALLE
DE
CASPE
CALLE DE
CALLE DEL
CALLE DE
CALLE DE
CALLE
DE
AUSIAS MARCH
METRI

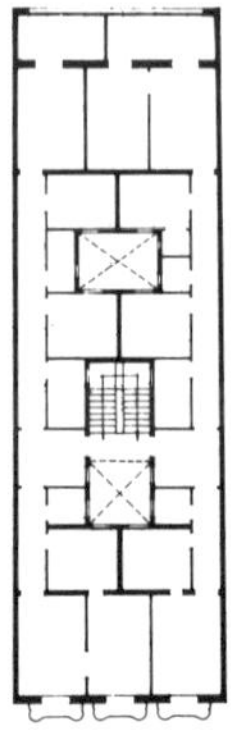

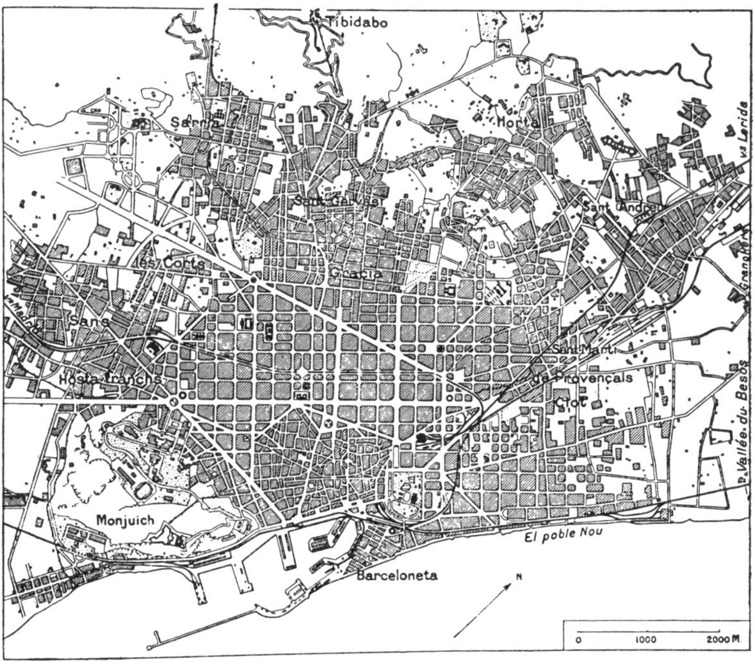

Barcelona (pág. da esquerda), os quarteirões das zonas de ampliação do plano de Ildefonso Cerdá (1859). **Fig. 133**. O aumento progressivo de densidade dos quarteirões. **Fig. 134**. Alguns quarteirões na planta cadastral de 1969. **Figs. 135, 136**. Tipologias residenciais: edifício de esquina, 1907 (arq. Juli M. Fossas i Martinez, Calle Lauria, 80); Casa Lamadrid, 1902 (arq. Lluís Domènech i Montaner, Calle Gerona, 113).

Fig. 137. **Barcelona,** planta da cidade.

ma concreta da cidade, constituindo aquele desenho típico de Bari, caracterizado pela separação entre cidade antiga e burgo murattiano, que é imediatamente reconhecível na cidade da Puglia.

Por outro lado, como se observou com justeza, poderíamos estudar não apenas como as cidades evoluem, mas também como elas *decaem*; nesse sentido, poderíamos fazer um estudo na mesma direção de Halbwachs, mas em sentido oposto.

Dizer que a cidade de Richelieu[10] decaiu rapidamente com o desaparecimento da cena política do grande cardeal-ministro, porque estava ligada a ele, não quer dizer nada: sua figura pode ter sido quem provocou o início, quem deu ocasião ao fundamento desse centro urbano, o qual poderia ter continuado crescendo depois por conta própria. Os séculos de decadência de algumas grandes cidades, ou de algumas pequenas cidades, alteraram de maneira diferente sua estrutura urbana, sem contudo comprometer a sua qualidade; ou será que devemos crer que, no caso de cidades como Richelieu ou Pienza, nunca se teve uma vida urbana? Talvez por serem *cidades artificiais*?

Mas o mesmo se poderia dizer de Washington e de outras cidades, como por exemplo Petersburgo. Não considero que a diversidade de escala entre essas cidades, às vezes gritante, tenha qualquer importância; ao contrário, ela é uma prova de que deveremos negligenciar a dimensão no estudo dos fatos urbanos, se quisermos lograr uma colocação científica do problema. No começo, Petersburgo podia ser considerada um ato arbitrário do czar, e a contínua bipolaridade da Rússia entre Moscou e a atual Leningrado está demonstrando que não foi nada pacífico o crescimento desta última ao nível de capital e, depois, de grande metrópole mundial. Os fatos concretos desse crescimento são, provavelmente, tão obscuros quanto os da decadência de Nijni-Novgorod com respeito a Moscou, ou quanto o predomínio de Milão, a partir de certa época, sobre Pavia e as outras cidades lombardas.

30. A propriedade do solo

Numa pequena obra, Hans Bernoulli[11] lançou luz sobre um dos problemas mais importantes, talvez o problema fundamental, que constitui um vínculo, uma pesada cadeia para o desenvolvimento da cidade. Nessa pequena obra, mais clara e essencial do que muitos doutos artigos e pesquisas realizadas mais tarde sobre esse problema, Bernoulli focalizou duas questões principais. A primeira, concerne não apenas ao caráter negativo da propriedade privada do solo, mas também à danosa conseqüência da sua extrema divisão; a segunda, intimamente ligada à primeira, põe em evidência os motivos históricos dessa situação e, precisamente, as conseqüências que a partir de certo ponto ela teve sobre a própria forma da cidade.

A propriedade do solo se acha subdividida, quer se trate de seu solo rural, quer se trate de seu solo urbano. Às bizarras formas dos campos se opõe a complexidade e, freqüentemente, o caráter absurdo da propriedade urbana: "A cada inovação opõe-se imediatamente o emaranhado dos limites de propriedades, oriundos da antiguidade, de caráter bem diferente dos limites campestres ao longo dos quais correm o arado e a grade, mas não menos arraigados e inamovíveis. Ademais, esses lotes não são apenas circundados por pedras, mas também ocupados por novas construções de pedra. Conquanto se saiba que as novas ruas e as novas construções que aí deveriam surgir podem ser melhores do que as estreitas ruelas serpeantes e do que as casinhas já desgastadas pelo uso, nada se pode fazer, a não ser quando forem resolvidas as inevitáveis disputas relativas aos direitos de propriedade. Longas disputas, que requerem paciência e dinheiro, e freqüentemente deformam ao longo de seu caminho a intenção original"[1].

Em grande parte, o fato histórico que inicia esse processo de desmembramento do solo urbano se deve à Revolução Francesa, quando, em 1789, o solo se torna livre; as grandes propriedades da aristocracia e do clero são vendidas a burgueses e camponeses. Mas, tal como em grande parte todos os direitos fundiários da nobreza são derrogados, também o são os dos Municípios, dispersando-se assim as grandes áreas do patrimônio público. O monopólio do solo passa para a propriedade privada, por isso o terreno se torna comerciável, como qualquer outra coisa.

"O terreno que por acaso escapou do Município e caiu nas mãos de prudentes camponeses e sagazes citadinos logo iria tornar-se objeto de verdadeira especulação. (...) A cidade viu-se novamente naquele ponto de seu caminho em que o direito de propriedade fundiária se manifestou plenamente nos novos equipamentos de construção. Os novos tempos, inesperadamente despertados para uma outra atividade industrial, deram aos proprietários uma possibilidade quase desmedida de valorizar seus terrenos."[13]

Essa análise é muito lúcida e descreve claramente a situação real no interior de um momento histórico preciso da cidade. Mas a essa análise é necessário opor os argumentos seguintes. O fenômeno da subdivisão negativa do terreno é indicado por Bernoulli nas conseqüências da Revolução Francesa, ou pelo menos no fato de que os revolucionários de então não perceberam o enorme capital comum: os terrenos municipais, que deveriam ser mantidos como propriedade coletiva, e as grandes propriedades da nobreza e do clero, que deveriam ser confiscadas e mantidas pela comunidade, e não subdivididas entre os privados, que as alienavam, prejudicando o desenvolvimento racional da cidade (e dos campos).

Por outro lado, onde isso não aconteceu, como em grande parte da Alemanha e em Berlim, o fenômeno se deu com as mesmas conseqüências quando, em 1808, em execução da proposta de Adam Smith, a lei financeira permitiu que os bens dominicais fossem empregados para pagar as dívidas do Estado e os terrenos públicos fossem "... transformados em propriedade privada 'o mais possível livre e irrevocável'"[14].

Assim, também nesse caso, o solo, tornando-se mercadoria comerciável, torna-se objeto de monopólio econômico. Na sua história do desenvolvimento moderno de Berlim, Hegemann[15] colocou em plena evidência as espantosas conseqüências ocasionadas para a cidade e para os trabalhadores alemães por essas iniciativas, até aquele famigerado Plano Regulador do Prefeito de Polícia de 1853, que deu início aos famosos "pátios berlinenses".

Essa exposição de Bernoulli e todas as teses desse tipo, particularmente esclarecedoras de muitos aspectos, devem ser criticadas segundo *dois argumentos distintos.*

O *primeiro* refere-se à validade no tempo dessa análise, ou seja, ao fato de que ela nos explica certos aspectos, certamente

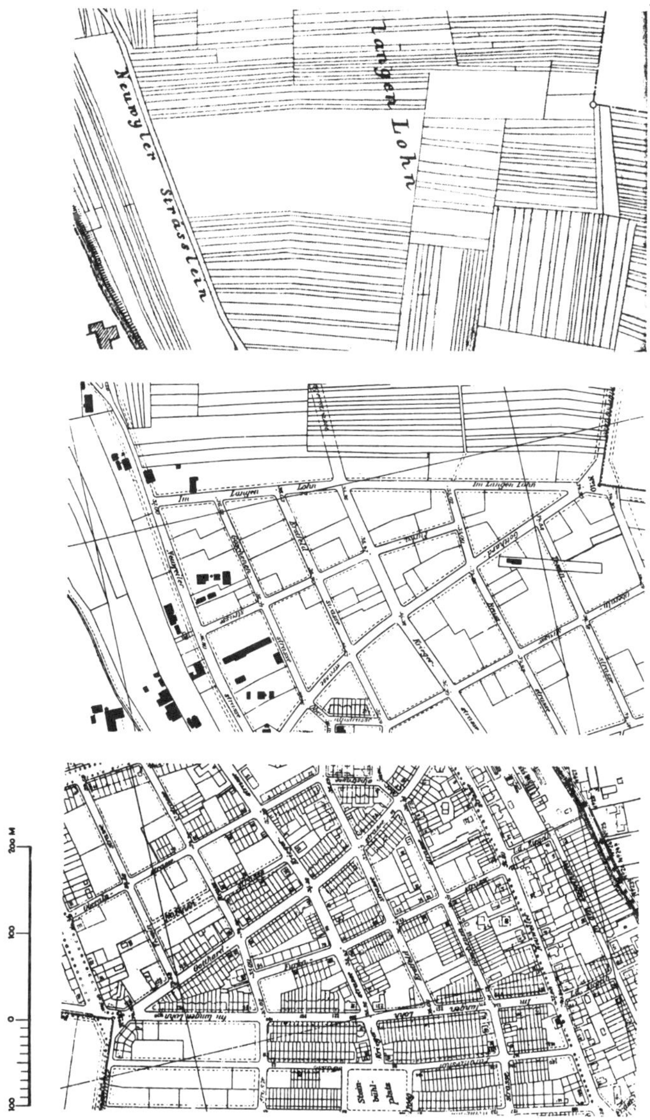

Fig. 138. Organização e divisão do solo. Basiléia, transformação de uma área dos subúrbios: comparação dos limites de propriedade em 1850, 1920 e 1940. Na primeira data, o uso do solo é agrícola; na segunda, o solo foi reorganizado para se predispor à edificação; na terceira, foi densamente subdividido em lotes para construção (segundo H. Bernoulli).

Situação em 1797

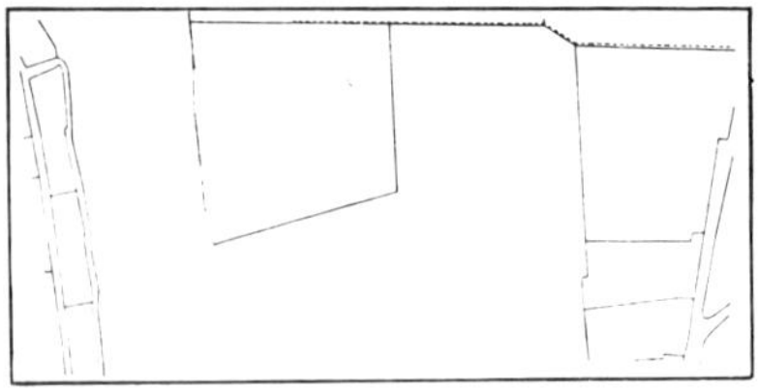

Situação em 1866

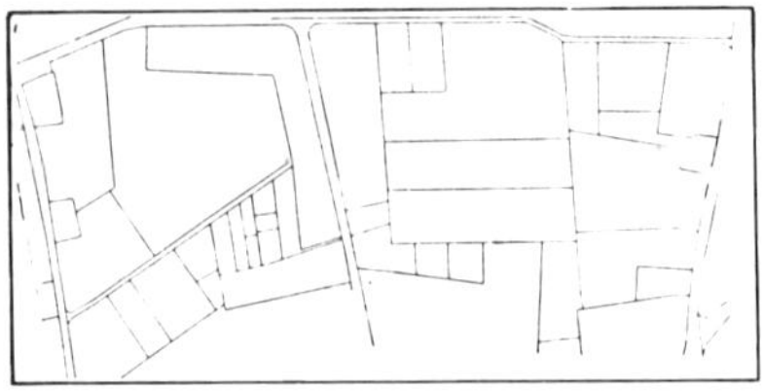

Situação em 1900

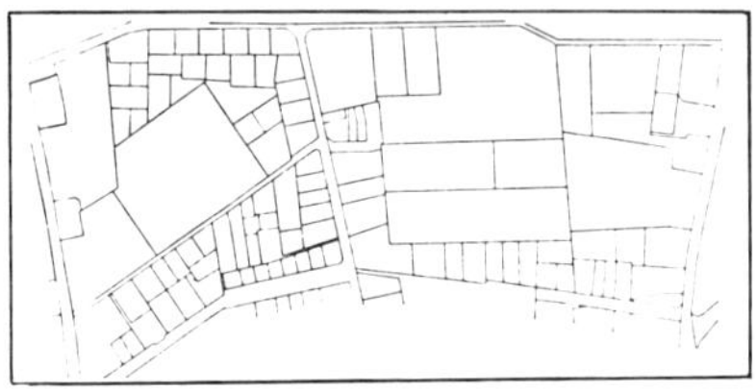

Situação em 1945

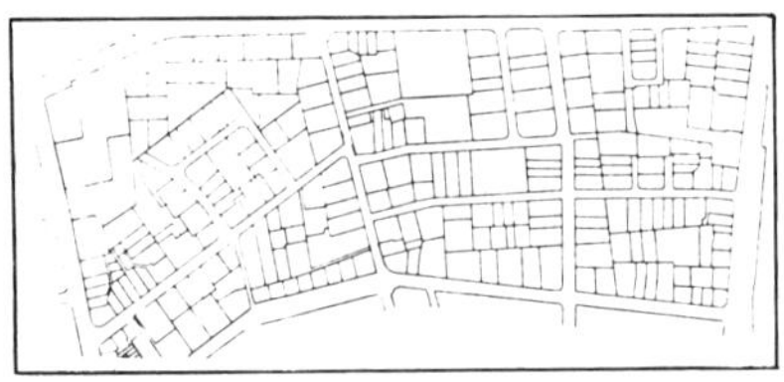

Fig. 139. Organização e divisão do solo. Berna, transformação de uma área nos arredores da cidade: a fragmentação da propriedade fundiária e suas conseqüências sobre o desenvolvimento das edificações. A comparação entre as situações de 1797, 1866, 1900 e 1945 mostra como a casualidade na subdivisão do solo leva a um desenvolvimento casual das edificações (segundo H. Bernoulli).

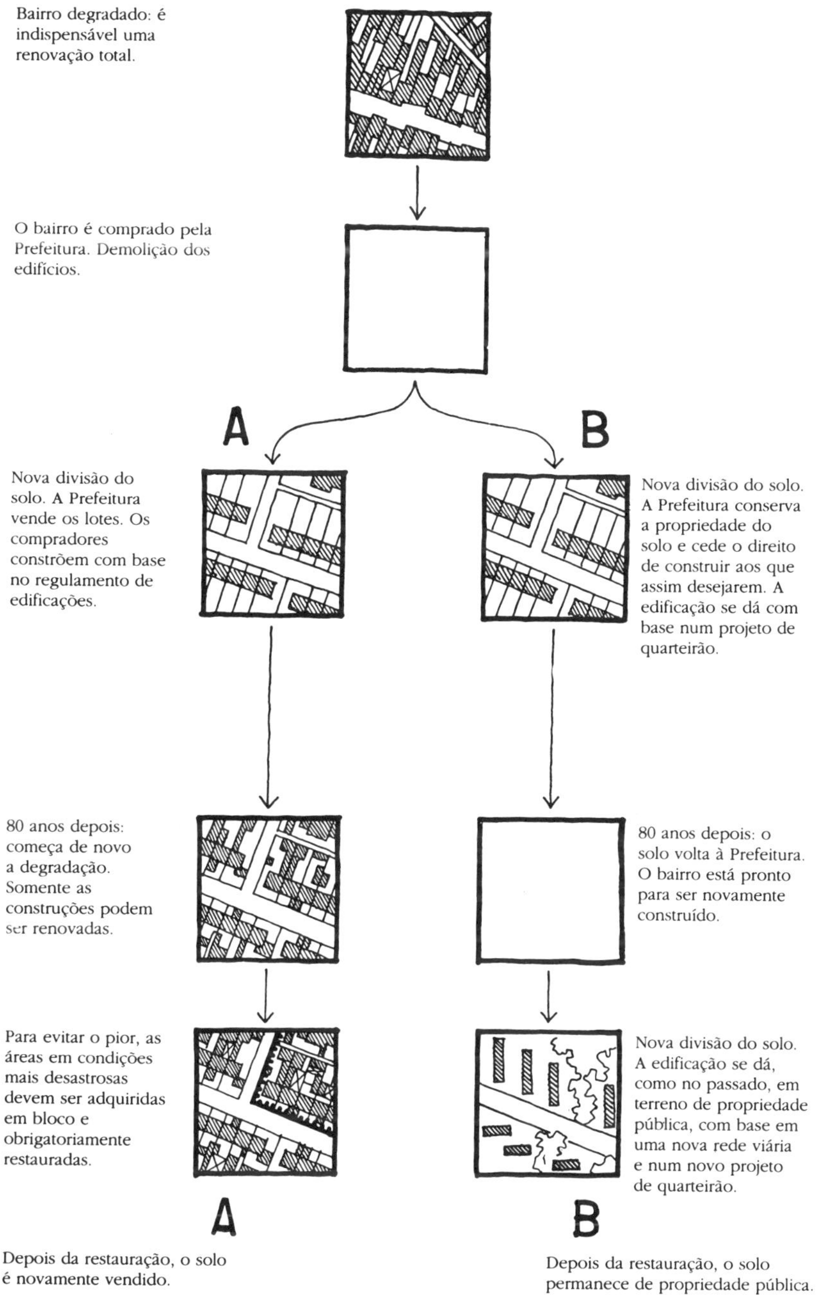

Fig. 140. **Organização e divisão do solo.** Exemplificação de dois métodos diferentes de restauração e renovação urbana (segundo H. Bernoulli).

importantes, mas não definitivos, da cidade capitalista-burguesa. E de que, além disso, esses aspectos são subordinados a leis econômicas gerais que iriam manifestar-se de qualquer modo e, portanto, no meu entender, foram concretamente um momento positivo no desenvolvimento da cidade; em suma, o fracionamento do terreno, enquanto é, de um lado, uma degeneração da cidade, de outro promove concretamente seu desenvolvimento.

Podemos retomar as conclusões de Halbwachs, que expus de propósito anteriormente e que nos dizem que não se deve dar uma importância de primeira ordem ao modo preciso, concreto, da realização de um fato geral que se deve produzir necessariamente, mas que ele não muda de significado por se ter produzido daquela forma, naquele lugar e naquele momento, e não de uma forma, num lugar e num momento diferentes. De fato, vimos como as grandes expropriações e também, por um lado, a maior subdivisão dos terrenos urbanos colocam-se em primeiro plano com a Revolução Francesa e a ocupação napoleônica (mas já temos claros precedentes nas reformas dos Habsburgo e até dos Bourbon) e acabam se manifestando também num país tão profundamente reacionário como a Alemanha prussiana.

Trata-se, em suma, de uma lei geral pela qual deviam passar os estados burgueses; e, como tal, ela é positiva. O fracionamento das grandes propriedades, as expropriações e a formação de uma nova situação cadastral é, afinal, um momento econômico necessário da evolução da cidade no Ocidente. O que se pode detectar é o caráter político com que esse processo ocorre e é só na opção política que poderemos encontrar a necessária diferença.

De fato, a esse respeito não se pode ignorar o aspecto substancialmente romântico dos socialistas à Bernoulli e à Hegemann, que, em termos históricos e econômicos, refletem o romantismo de Morris e de toda a origem do movimento moderno em arquitetura. É significativo que Hegemann combata as "Mietkasernen" em si, sem se colocar a questão de que, no fim das contas, os grandes casarios podiam ser tão válidos do ponto de vista higiênico, técnico e estético quanto as pequenas casas populares. Como acontecerá justamente nas Siedlungen de Viena e de Berlim, com a retomada de certos aspectos locais. Não é por acaso que sempre encontramos nesses autores a referência à cidade gótica ou ao socialismo de Estado dos Hohenzolern, que são situações que, inclusive e precisamente do ponto de vista urbano, deviam ser superadas, ainda que à custa de uma exasperação contingente da situação.

Com essa referência ao socialismo romântico, introduzo aqui o *segundo argumento*, ligando a tese de Bernoulli à visão que centra o problema do urbanismo moderno – o problema da cidade – em torno do nó histórico da Revolução Industrial. Essa visão sustenta que a problemática das grandes cidades coincide com o período da Revolução Industrial e que, antes dela, o problema urbano é qualitativamente diferente; a partir dessa premissa, sustenta que as iniciativas filantrópicas e utópicas deste (socialismo romântico) são, em si, positivas, melhor ainda, constituem a base do urbanismo moderno, tanto que, quando se perdem, a cultura urbanística, isolada do debate político, configura-se cada vez mais como pura técnica a serviço do poder constituído.

Tratarei aqui apenas da primeira parte dessa afirmação, na medida em que todo este livro não só não considera, como nega a hipótese da segunda parte, nos termos em que foi colocada. Ora, sustento que a problemática das grandes cidades precede o período industrial, que essa problemática é ligada à cidade e, portanto, sempre constitui um objeto de interesse de todos os que se ocuparam da cidade.

Bahrdt notou que a polêmica contra a cidade industrial surgiu antes que esta nascesse: as únicas grandes cidades existentes no início da polêmica romântica eram Londres e Paris. É precisamente a continuidade dos problemas urbanos no interior dessas cidades que desmente a polêmica romântica que atribui ao surgimento da indústria os males, reais ou presumidos, da urbanização[16]. Nos primeiros decênios do século XIX, Duisburg, Essen, Dortmund eram pequenas cidades com menos de 10.000 habitantes. Em grandes cidades industriais, como Milão e Turim, o problema da indústria não existia. Diga-se o mesmo de Moscou e Leningrado.

O que à primeira vista parece misterioso é ver como grande parte dos historiadores do urbanismo puderam conciliar as teses dos socialistas românticos com as denúncias de Engels. Qual é a tese de Engels? Simplesmente a seguinte: "As grandes cidades tornaram aguda a doença do organismo social que, nos campos, apresentava-se sob forma crônica e, com isso mesmo, puseram em evidência sua verdadeira essência e o modo de curá-la"[17]. Engels não diz que as cidades de antes da Revolução Industrial eram um paraíso, pelo contrário: na denúncia das condições de vida dos trabalhadores britânicos, ele ressalta que o surgimento da grande indústria piorou-as e fez aflorar condições de vida insustentáveis.

As conseqüências do surgimento da grande indústria, pois, não dizem respeito especificamente às grandes cidades; trata-se de um fato concernente à sociedade burguesa. Prova disso é a negação de que um antagonismo desse tipo possa ser resolvido, em todo caso, em termos espaciais. Esta é a crítica seja aos projetos de Haussmann, seja à renovação realizada nas cidades inglesas, seja aos projetos dos socialistas românticos. Isso significa também que Engels nega que, de algum modo, esse fenômeno diga respeito ao urbanismo; ao contrário, ele declara que pensar que iniciativas espaciais são capazes de intervir nesse processo é pura abstração, é praticamente uma operação reacionária. Creio que é errado tudo o que se queira acrescentar a essas posições.

31. O problema da habitação

Outra prova dessa posição é oferecida pelo discurso de Engels sobre o problema das habitações. Aqui a posição não admite equívocos. Centrar-se no problema da habitação para resolver de algum modo o problema social é um erro; o problema da habitação é um problema técnico, que pode ser resolvido ou não com base numa certa situação, mas não é característico da classe operária.

Nesse sentido, Engels confirma o que se sustentou acima, que a problemática das grandes cidades precede o período industrial, quando diz que: "*Esta* penúria de habitações não é algo particular da época presente, nem é um mal particular do proletariado moderno que o distinga de todas as classes oprimidas que o precederam; ao contrário, ela atingiu todas as classes oprimidas de todos os tempos de uma maneira bastante uniforme"[18].

Sabe-se hoje que o problema das habitações na *Roma antiga*, quando a cidade havia adquirido as dimensões de uma grande metrópole com todos os problemas a ela inerentes, não era menos grave do que o das cidades de hoje. As condições habitacionais eram, decerto, desesperadoras, e as descrições que nos restam dos escritores clássicos mostram que esse problema era preeminente e fundamental; como tal ele aparece na política urbana de César a Augusto e até os imperadores da decadência.

Problemas desse tipo perduram durante toda a *Idade Média*; a visão que os românticos nos deixaram da cidade medieval contradiz completamente a realidade. Os documentos, as descrições, o que ainda nos resta das cidades góticas evidenciam que a condição de vida das classes oprimidas nessas cidades era das mais tristes da história da humanidade.

Nesse sentido, é exemplar a *história de Paris* e toda a problemática relativa ao modo de vida urbano das massas proletárias francesas na metrópole; aliás, essa caracterização é um dos elementos decisivos da revolução, que se prolonga até o plano de Haussmann. Também nesse sentido, as demolições de Haussmann, seja como for que as queiramos julgar, representam um progresso. Os que se comovem com as demolições da cidade oitocentista sempre esquecem que elas constituem, em todo caso, uma afirmação, ainda que demagógica e interessada, do espírito iluminista. E que, em todo caso, as condições de vida nos bairros góticos das velhas cidades eram algo objetivamente insustentável e que precisava ser mudado, de uma maneira ou de outra.

Mas a tendência moralista implícita ou explícita nas posições de estudiosos como Bernoulli ou Hegemann não os impediu de chegar a uma visão científica da cidade. Ninguém que se tenha ocupado seriamente da ciência urbana deixou de perceber como os resultados mais importantes provêm dos *estudiosos em quem a pesquisa está associada singularmente a uma cidade*: Paris, Londres, Berlim estão indissoluvelmente ligadas, para o estudioso, aos nomes de Poète, Rasmussen[19], Hegemann. É significativo que nessas obras, tão diferentes sob muitos aspectos, delineie-se de forma exemplar a relação entre as leis gerais e o elemento concreto da cidade. Vale a pena somente recordar que, se a pesquisa específica tem para cada aspecto do pensamento científico aberturas mais amplas do seu objeto específico, no caso da ciência urbana ela apresenta vantagens indubitáveis, porque, seja como for, encara aquele elemento total, tão ligado ao conceito de obra de arte, que é próprio da cidade e que corre o risco de se tornar rígido e opaco, ou mesmo de se perder, numa análise geral.

Ora, uma das qualidades da pequena obra de Bernoulli é nunca perder de vista essa relação com os fatos urbanos e sempre referir toda asserção a um fato urbano preciso, sem que por isso ele se torne em absoluto um historiador, como acontece nas partes mais convincentes de Mumford. Bernoulli vê a cidade como uma massa construída – é assim que ele mesmo a define –, na qual cada elemento pode ter sua particularidade e sua diferenciação no interior de um plano de conjunto.

A relação entre a área e as construções está a ponto de superar a pura e simples relação econômica para se colocar como uma problemática mais vasta, porém nunca se formula completamente. O bairro como conjunto unitário evoca, na densa polêmica do teórico racionalista, os precedentes históricos dos grandes conjuntos de edificações unitários; e é significativo que, ao buscarem um fundamento histórico para a polêmica urbana, os racionalistas se dirijam aos grandes teóricos do Renascimento, notadamente a Da Vinci, àquele plano de cidade constituído por um sistema de ruas subterrâneas e canais para o tráfego de cargas e para o serviço no nível do subsolo, tendo acima uma rede de ruas para a circulação de pedestres no nível do térreo das casas. Logo depois vem, com uma sucessão canônica que seria bom estudar em sua ordem classificatória, o projeto dos irmãos Adam: o bairro Adelphi de Londres.

O *bairro Adelphi de Londres*, entre a City e Westminster, ao sul do Strand, onde os irmãos Adam obtiveram do duque de St. Alban, proprietário desse terreno, o direito de construir. O distrito era bastante grande para conter um complexo de edificações em que pudesse ser realizado um sistema de ruas superpostas, das quais as inferiores seriam ligadas à margem do Tâmisa. Nesses termos nos é apresentado o projeto de Adelphi. Mas será ele importante somente nesses termos? E a proposta de Da Vinci seria avaliável somente nos termos de uma proposta unitária, de notáveis dimensões, de forte impulso racionalizador?

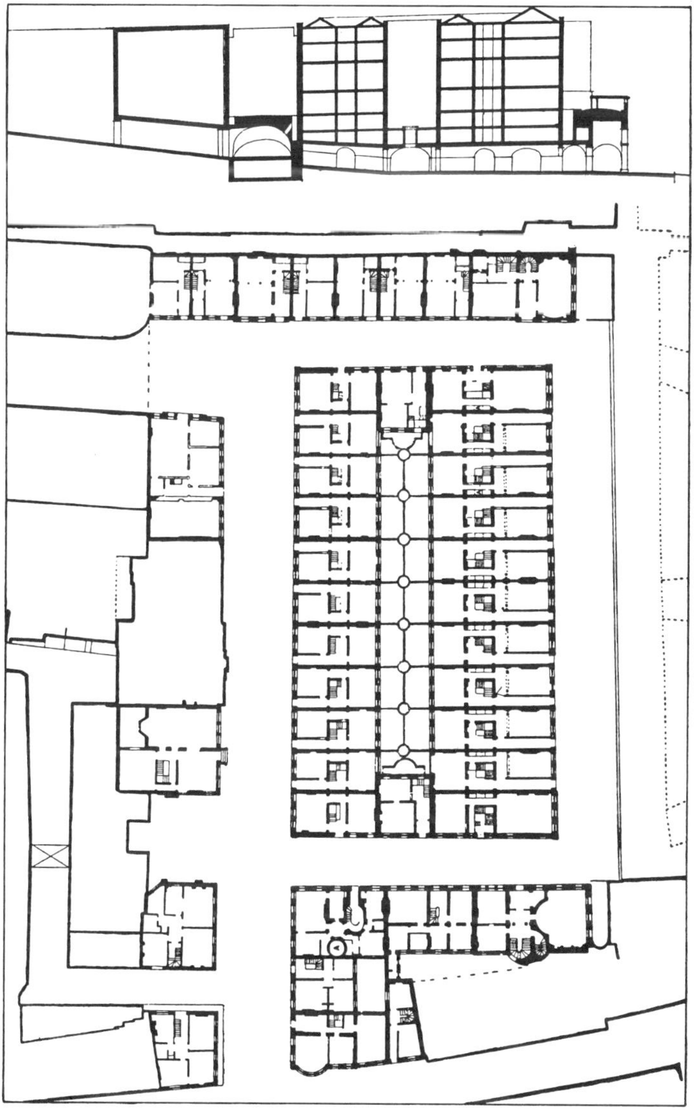

Fig. 141. **Londres, bairro Adelphi**, construído pelos irmãos James e Robert Adam em 1768-72 e demolido em 1937; seção transversal e planta do térreo (segundo S. E. Rasmussen).

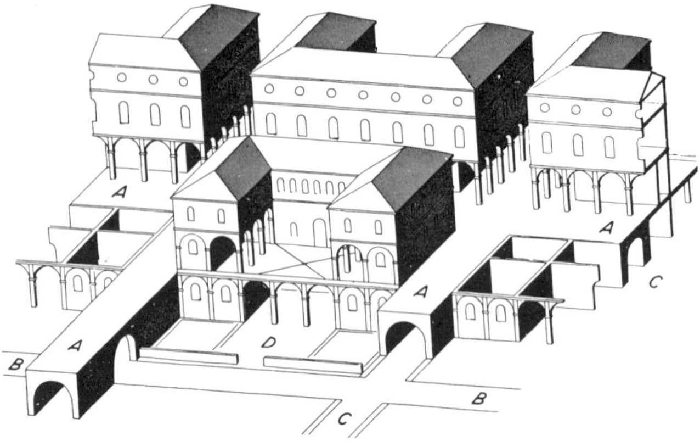

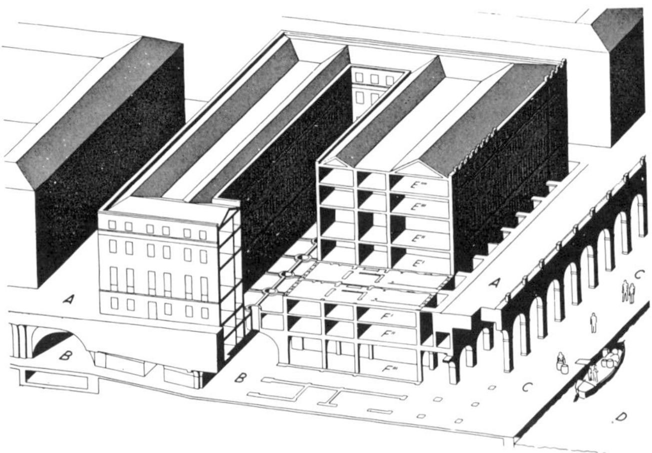

A cidade de Leonardo e o bairro Adelphi de Londres. Fig. 142. Redesenho de um esboço de Leonardo da Vinci (Manuscrito B, fólio 16). A cidade é baseada em dois sistemas de ruas em níveis diferentes: um sistema inferior, com as ruas ao ar livre BB para o tráfego de veículos e as ruas subterrâneas CC para o tráfego de transporte e descarga; um sistema superior AA, reservado aos pedestres. O sistema inferior comunica com os pátios D e o subsolo dos edifícios; o sistema superior, com os pórticos e o térreo. **Fig. 143.** O bairro Adelphi de Londres, dos irmãos James e Robert Adam. Um sistema viário inferior BB liga-se por um lado ao Tâmisa (D) e com o cais de descarga (C), por outro com o subsolo do conjunto de edificações (F'''). Um sistema viário superior AA, com terraços superelevados dando para o Tâmisa, dá acesso ao térreo das habitações privadas (E') (segundo H. Bernoulli).

Fig. 144. **Londres, o bairro Adelphi**, vista da fachada meridional, dando para o Tâmisa, com o cais sobre o rio, o embasamento que contém os armazéns e as ruas subterrâneas, a rua superior com os edifícios destinados a habitações (detalhe de uma ilustração dos Adam, em *The Works in Architecture of Robert and James Adam*, Londres, 1773-1822).

Bernoulli não podia chegar a ver todo o *projeto de Leonardo da Vinci* como uma das mais ambiciosas afirmações do Renascimento; a constituição da cidade como obra de arte suprema, no limite da natureza, da engenharia, da pintura, da política. O projeto leonardiano está bem além dos esquemas de plantas ideais; ele já está na cidade, uma cidade real em suas relações imaginadas, como reais são as praças de Bellini e dos pintores venezianos. Somava-se a uma experiência de cidade, dava forma concreta à Milão de Ludovico, o Mouro, assim como forma concreta era o grande hospital que traduzia a ordem de Filarete, como forma concreta eram os canais, as eclusas, as novas ruas. Nenhuma cidade é tão construída na sua totalidade quanto a do Renascimento; já mencionei como essas arquiteturas eram signo e advento e se colocavam numa ordem superior ao desenvolvimento da sua função. É o caso, precisamente, do grande hospital milanês, decerto nada estranho às meditações leonardianas e cuja presença constitutiva na cidade não modificou hoje seu valor.

Dois séculos e meio depois dos irmãos Adam, foi possível se construir uma parte da cidade, um fato urbano definido, enfrentando-se, inclusive, todas as reais dificuldades dessa empresa. Mas uma obra desse tipo será afinal tão excepcional assim, ou não significará antes que, isso sim talvez de modo excepcional, um grande elemento primário era originado da residência?

32. A dimensão urbana

Nos parágrafos precedentes indicamos algumas *deformações no estudo da cidade*; a importância do desenvolvimento da indústria vista de modo genérico e convencional com respeito à dinâmica real dos fatos urbanos, a abstração de alguns problemas do contexto da cidade, a confusão que algumas atitudes moralistas introduziram no estudo, impedindo a formação de um "habitus" científico na constituição dos estudos urbanos. Ainda que não tenham saído de um âmbito afinal limitado e não se tenham constituído claramente de forma sistemática – o que parece difícil –, muitas dessas deformações e preconceitos são fonte de vários equívocos, sendo conveniente considerá-las em algumas das suas partes.

Procurarei, aqui, expor de modo sintético as opiniões que se constituem sumariamente para explicar a gênese da cidade moderna. Às vezes encontramos exposições desse tipo como preâmbulo de estudos técnicos e setoriais[20]. Em primeiro lugar, essa visão tem como eixo o caráter problemático do termo cidade, hoje; essa problematicidade, segundo esses autores, nasce essencialmente do fim da homogeneidade física e política que se segue ao surgimento da indústria. A indústria, como fonte de todo mal e de todo bem, torna-se a verdadeira protagonista da transformação da cidade. A mudança é dividida historicamente em *três fases*.

Um *primeiro tempo*, e portanto, a origem da transformação da cidade, pode ser identificado na destruição da estrutura fundamental da cidade medieval, que se baseava na absoluta identidade entre local de trabalho e de habitação dentro do mesmo edifício. Começa, assim, o fim da economia doméstica entendida como unidade de produção e de consumo. A destruição dessa forma de vida básica da cidade medieval conduz a uma cadeia de reações, cujas últimas manifestações se mediriam plenamente na cidade do futuro.

Ao mesmo tempo, surgem as moradias dos trabalhadores, as casas de massa, as casas de aluguel; só aqui surgiria o problema da habitação como problema urbano e social. O sinal distintivo dessa fase, em termos espaciais, é a ampliação da superfície urbana, na medida em que residência e local de trabalho são pouco subdivididos na cidade.

O *segundo tempo*, decisivo, começaria com a progressiva industrialização, provocando a separação definitiva entre residência e trabalho e destruindo a relação de vizinhança. O aparecimento dos primeiros meios de trabalho coletivo permite escolher uma habitação que não se encontre na vizinhança imediata do local de trabalho.

Paralelamente a essa evolução, pode-se considerar a separação entre os locais de trabalho que produzem mercadorias e os que não as produzem. Produção e administração se separam; a divisão do trabalho em seu sentido mais preciso começou. É dessa divisão dos locais de trabalho que se originaria a "city", criando interdependências precisas entre os escritórios, que têm cada vez maior necessidade de contato entre si. A administração central de um complexo industrial, por exemplo, busca muito mais a proximidade dos bancos, da admnistração pública, das companhias de seguros, do que do local de produção. Num primeiro tempo, essa concentração se produz no centro da cidade, onde as áreas são suficientes.

A *terceira fase* da mudança da cidade começaria com o desenvolvimento dos meios de transporte individuais e com a plena eficiência de todos os meios de transporte destinados ao trabalho. Esse desenvolvimento deveria resultar não apenas da maior eficiência técnica, mas também da participação econômica das administrações públicas no serviço de transportes. A escolha dos locais de residência torna-se cada vez mais independente dos locais de trabalho. Ao mesmo tempo, desenvolvem-se as atividades de serviço que tendem a localizar-se no centro, adquirindo uma importância predominante. Em contraposição, é cada vez mais intensa a busca de casas de moradia fora da cidade, no campo limítrofe.

O trabalho e sua localização desempenham, na escolha da habitação, um papel cada vez mais subordinado. O citadino vai para qualquer parte do território, dando lugar aos deslocamentos "pendulares". Residência e trabalho acham-se agora, em sua relação, essencialmente ligados ao tempo, são função do tempo (Zeitfunktion).

É evidente que uma exposição desse tipo contém elementos verdadeiros e falsos continuamente misturados; ela tem seus limites mais evidentes na descrição dos fatos, dando lugar a uma espécie de "naturalismo" da dinâmica urbana, em que as ações dos homens, a constituição dos fatos urbanos e as opções políticas que a cidade faz são assumidas sem escolha. Acaba acontecendo que algumas propostas urbanísticas, legítimas e tecnicamente importantes – basta pensar nos problemas efetivos do descongestionamento e da relação trabalho-residência –, tornam-se mais fins do que meios, quase princípios e leis, em vez de instrumentos. Mas trata-se sobretudo de posições confusas em suas premissas, por terem estabelecido uma mistura demasiado fácil e esquemática de pontos de vista, de afirmações, de sistemas de leitura, de métodos diferentes.

As teses principais que nos parece necessário contestar nessa visão da cidade são, principalmente, as relativas ao problema da habitação e ao da dimensão. Do primeiro, já tratei suficientemente, dado o equilíbrio deste trabalho, em particular nos parágrafos precedentes, através da análise de um escrito de Engels. O segundo problema, o da dimensão, requereria uma exposição muito ampla. Pretendo referir-me aqui a apenas alguns aspectos principais dessa questão, tal como pode ser entendida à luz dos argumentos desenvolvidos neste estudo.

Uma análise correta do *problema da dimensão* deveria começar pelo problema do campo ou da área de estudo e de intervenção. Desse problema já tratei nos primeiros capítulos e também ao falar do "locus" e da qualidade dos fatos urbanos. Naturalmente, essa pesquisa do "campo" também pode ser aplicada em outras direções; por exemplo, no sentido da dimensão operacional. Aqui, pretendo referir-me à dimensão entendida como "nova dimensão da cidade".

É lógico que o extraordinário desenvolvimento das cidades nos últimos anos, os problemas de urbanização da população, de concentração, de aumento da superfície urbana, tenham se colocado com preeminência aos olhos dos urbanistas e de todos os estudiosos das ciências sociais que tratam da cidade. Esse desenvolvimento, a maior dimensão, é perceptível um pouco em toda parte, é um fenômeno comum às grandes cidades; em alguns casos, ela tem uma relevância extraordinária. Para definir a região da costa nordeste dos Estados Unidos entre Boston e Washington, de um lado, e entre o Atlântico e os Apalaches, de outro, Jean Gottmann[21] empregou o termo megalópole, já cunhado e ilustrado por Mumford[22]. Mas se este é o caso mais clamoroso da maior dimensão da cidade, não menos importantes são os casos de expansão das grandes cidades européias.

Essas expansões constituem fenômenos e como tais devem ser estudadas. As diversas hipóteses sobre a cidade território trouxeram material que poderá ser útil para o estudo da cidade. Nesse sentido, a hipótese da cidade região pode se tornar uma verdadeira hipótese de trabalho; e será tanto mais útil quanto mais servir para esclarecer situações que hipóteses precendentes não nos puderam explicar completamente.

O que queremos contestar é que a "nova dimensão" possa alterar a substância de um fato urbano. Pode-se imaginar que a dimensão modifica de certo modo um fato urbano, mas não altera a sua qualidade. Definições técnicas como a de "nebulosa urbana" podem ser úteis na linguagem técnica, mas não explicam nada. Por outro lado, o inventor do termo esclarece que o empregou "para explicar a complexidade e a falta de clareza da sua estrutura", mas que contesta em particular a tese de uma escola de ecologistas americanos para os quais "a velha noção de cidade, núcleo estruturado, definido no espaço, distinto da vizinhança, é um conceito morto", que vêem "o núcleo dissolver-se, formar-se um tecido mais ou menos coloidal, a cidade permanecer absorvida pela região econômica ou, mesmo, no conjunto da nação"[23].

Por outro lado, o geógrafo americano Ratcliff, de um ponto de vista diferente do nosso, também contestou e condenou como popular, mas falsa, a tese segundo a qual os problemas metropolitanos são problemas de dimensão[24]. Reduzir os problemas metropolitanos a problemas de dimensão significa ignorar completamente a existência de uma ciência da cidade; em outras palavras, significa ignorar até mesmo a estrutura real da cidade e suas condições de evolução. A leitura da cidade, aqui proposta, por elementos primários, fatos urbanos constituídos e áreas de influência permite estudar o crescimento da cidade sem que a dimensão alterada influencie as leis de desenvolvimento.

Mas acreditamos que o desenvolvimento impróprio dado pelos arquitetos à nova dimensão pode ser explicado mediante outras sugestões de caráter figurativo. Recordemos como Giuseppe Samonà, no início dessa polêmica, advertia para o erro cometido pelos arquitetos de uma identificação demasiado fácil da maior dimensão urbana com o gigantismo dos projetos. "A meu ver – ele declarava – está absolutamente fora de questão qualquer idéia de parâmetros espaciais gigantescos. Na verdade, encontramo-nos, como em todos os tempos, numa situação que, do ponto de vista geral, apresenta o homem e o espaço em dimensões equilibradas de relações análogas às relações antigas, só que, nas relações odiernas, todas as medidas espaciais são maiores do que eram as mais estáticas de cinqüenta anos atrás."[25]

33. A política como opção

Neste capítulo, tivemos a preocupação de indicar algumas questões – fundamentalmente ligadas aos problemas econômicos da dinâmica urbana ou deles deriváveis – que não surgiam nos temas tratados nos capítulos precedentes. (Ou só parcialmente, a propósito da classificação feita por Tricart.) Para tanto, expus e comentei inicialmente duas teses. A primeira, de Maurice Halbwachs, cujo trabalho global contribuiu notavelmente para aumentar nossos conhecimentos sobre a cidade e sobre a natureza dos fatos urbanos; a segunda, de Henri Bernoulli, teórico ágil e inteligente de um dos problemas mais discutidos da cidade moderna.

Esses dois autores expõem, desses pontos de vistas, mais alguns elementos de discussão que percorreram este estudo e que precisariam ser continuamente verificados. Bernoulli, desenvolvendo sua tese das relações entre a propriedade do solo e a arquitetura da cidade, deveria alcançar rapidamente uma concepção científica da cidade; coisa semelhante aconteceria, partindo do projeto, com os arquitetos teóricos, como Le Corbusier e Hilberseimer, no mesmo clima do racionalismo.

Nas páginas precedentes vimos o aspecto romântico de estudiosos como Bernoulli e Hegemann e como seu moralismo, que dá tanto valor à sua figura de polemistas e inovadores, acaba viciando seu estudo real. Estou convencido de que não se pode eliminar tão facilmente o componente moralista na apreciação dos estudos dos teóricos da cidade e que esta seria uma operação arbitrária.

A posição de Engels era, sem dúvida, mais fácil; ele encarava o problema por assim dizer "de fora", isto é, do ponto de vista político e econômico, para dizer-nos que, desse ponto de vista, o problema não existia. A conclusão poderá parecer paradoxal, mas é a única consideração esclarecedora. Quando Mumford acusa Engels de sustentar "que há habitações suficientes para se ir adiante, contanto que sejam 'divididas'" e de basear essa afirmação na presunção não verificada de que o que os ricos possuem é bom, ele deforma brutalmente o pensamento de Engels, mas substancialmente reafirma a validade da tese de Engels[26].

E, por outro lado, não surpreende que a tese de Engels não tenha sido desenvolvida nos estudos sobre a cidade; ela não podia ser desenvolvida naqueles termos porque se colocava em termos puramente políticos.

Neste ponto, poder-se-á objetar que, depois de procurar apreender a complexidade da questão urbana em todos os seus termos e, em seguida, remeter à própria totalidade da estrutura cada explicação particular, separo aqui o que, contudo, constitui o fato primeiro da "polis", a *política*, da sua construção. A questão pode ser colocada nos seguintes termos: se a arquitetura dos fatos urbanos é a *construção da cidade*, como pode estar ausente dessa construção aquilo que constitui seu momento decisivo, a política? Mas, com base em todas as argumentações aqui expostas, não só afirmamos o vínculo político mas também sustentamos a preeminência desse vínculo e, precisamente, seu caráter decisivo.

De fato, a política constitui aqui o problema das opções. Quem, em última instância, escolhe a imagem de uma cidade? A própria cidade, mas sempre e somente através das suas instituições políticas. Pode-se afirmar que essa opção é indiferente, mas seria simplificar banalmente a questão. Ela não é indiferente: Atenas, Roma, Paris, também são a forma da sua política, os signos de uma vontade.

Certamente, se considerarmos a cidade como artefato, tal como os arqueólogos, poderemos afirmar que tudo o que se acumula é signo de progresso; mas isso não impede que existam diferentes avaliações desse progresso. E diferentes avaliações de opções políticas. Mas, então, a política, que parecia estranha, quase mantida longe desse discurso sobre a cidade, faz sua aparição em primeira pessoa: ela se apresenta do modo que lhe é próprio e no momento constitutivo.

Então, a arquitetura urbana – que, sabemos, é a criação humana – é desejada como tal; o exemplo das praças italianas do Renascimento não pode ser reduzido nem à sua função, nem à casualidade. São um meio para a formação da cidade, mas podemos repetir que o que parece um meio tornou-se um fim, e aquelas praças são a cidade. Assim, a cidade tem por fim a si mesma e não há mais nada a explicar, além do fato de que a cidade está presente nessas obras. Mas esse modo de ser implica a vontade de que isso seja de tal modo e continue de tal modo.

Ora, ocorre que tal modo é a beleza do esquema urbano da cidade antiga, com a qual sempre comparamos nossa cidade. Claro que funções, tempo, lugar, cultura modificam esse esquema, assim como modificam as formas da arquitetura; mas essa modificação só tem valor quando é um ato, como acontecimento e como testemunho, que torna a cidade evidente a si mesma. Vimos como as épocas de novos acontecimentos se colocam esse problema; e somente uma feliz coincidência dá lugar a fatos urbanos autênticos; quando a cidade realiza em si mesma uma idéia sua da cidade, encerrando-a na pedra. Mas essa realização só pode ser apreciada nos modos concretos em que ocorre; há uma relação biunívoca entre o elemento arbitrário e o elemento tradicional na arquitetura urbana. Como entre as leis gerais e o elemento concreto.

Se em toda cidade há personalidades vivas e definidas, se toda cidade possui uma alma pessoal feita de tradições antigas e de sentimentos vivos, assim como de aspirações indecisas, nem por isso ela é independente das leis gerais da dinâmica urbana. Por trás dos casos particulares há fatos gerais, e o resultado é que nenhum crescimento urbano é espontâneo, mas é pelas tendências naturais dos grupos dispersos nas diversas partes da cidade que se podem explicar as modificações de estrutura.

Enfim, o homem não é apenas o homem daquele país e daquela cidade, mas é o homem de um lugar preciso e delimitado, não havendo transformação urbana que não signifique também transformação da vida de seus habitantes. Mas essas reações não podem ser simplesmente previstas ou facilmente derivadas: acabaríamos atribuindo ao ambiente físico o mesmo determinismo que o funcionalismo ingênuo atribuiu à forma. Reações e relações são dificilmente individuáveis de modo analítico; elas estão compreendidas na estrutura dos fatos urbanos. Essa dificuldade de individuação pode induzir-nos a procurar um elemento irracional no crescimento da cidade. Mas ela é tão irracional quanto qualquer obra de arte; seu mistério está, talvez e sobretudo, na vontade secreta e incontível das manifestações coletivas.

Fig. 145. **Moscou**, a cidade stalinista e a cidade das velhas construções de gesso e madeira (fotografia de Henri Cartier-Bresson).

Assim, a complexa estrutura das cidades surge de um discurso cujos termos de referência podem parecer escassos. Talvez seja exatamente como as leis que regulam a vida e o destino dos indivíduos: há em cada biografia motivo suficiente de interesse, embora toda biografia esteja compreendida entre o nascimento e a morte. É verdade que a arquitetura da cidade, a coisa humana por excelência, é o signo concreto dessa biografia, além de ser o significado e o sentimento com que a reconhecemos.

Notas

INTRODUÇÃO

1. FERDINAND DE SAUSSURE, *Cours de linguistique générale*, ed. por Ch. Bally e A. Sechehaye, Éditions Payot, Paris, 1922.

2. NUMA-DENIS FUSTEL DE COULANGES, *La Cité antique. Études sur le culte, le droit, les institutions de la Grèce et de Rome*, 1ª ed., Durand, Paris, 1864; ed. sucessivas, Librairie Hachette, Paris.

THEODOR MOMMSEN, *Römische Geschichte*, 4 vols., Weidmannsche Buchhandlung, Berlim, 2ª ed., 1856-57.

3. GILBERTO FREYRE, *Casa Grande e Senzala. Formação da família brasileira sob o regime de economia patriarcal*, Livraria José Olympio Editora, Rio de Janeiro, 1958.

GILBERTO FREYRE, *Sobrados e mocambos. Decadência do patriarcado rural e desenvolvimento urbano*, 2 vols., J. Olympio, Rio de Janeiro, 1961.

4. PAUL VIDAL DE LA BLACHE, *Principes de géographie humaine*, publicados por Emmanuel de Martonne com base nos manuscritos do autor, Librairie Armand Colin, Paris, 1ª ed., 1922.

5. FRANCESCO MILIZIA, *Principii di Architettura Civile*, primeira edição milanesa aumentada e ilustrada aos cuidados do Professor Arquiteto Giovanni Antolini, com tipos de Vincenzo Ferrario, Milão, 1832. A edição organizada por Antolini foi republicada em 1847: "Segunda edição milanesa melhorada aos cuidados do Doutor L. Masieri, por Serafino Majocchi, Milão, 1847." Essa segunda edição foi reimpressa com "reprodução anastática conforme o original", Gabriele Mazzotta Editore, Milão, 1972.

CAPÍTULO I

1. **A cidade como obra de arte.**

Na introdução de seu mais belo livro, Mumford exprimiu tudo isso fazendo seus os termos mais complexos e estimulantes dos estudos sobre a cidade. Em particular, toda aquela literatura anglo-saxã (sem excluir o estetismo vitoriano) que ele desenvolveu. Cito o trecho a partir da tradução italiana:

"A cidade é um fato natural como uma gruta, um ninho, um formigueiro. Mas também é uma obra de arte consciente e encerra na sua estrutura coletiva muitas formas de arte mais simples e mais individuais. O pensamento toma forma na cidade e, por sua vez, as formas urbanas condicionam o pensamento. Porque o espaço, não menos que o tempo, é reorganizado engenhosamente nas cidades; nas linhas e contornos dos recintos, no estabelecimento de planos horizontais e cumes verticais, na utilização ou na contraposição da conformação natural (...) A cidade é, ao mesmo tempo, um instrumento material de vida coletiva e um símbolo daquela comunidade de objetivos e de consensos que nasce em circunstâncias tão favoráveis. Juntamente com a linguagem, ela é, talvez, a maior obra de arte do homem".

LEWIS MUMFORD, *The Culture of Cities*, Hartcourt Brace, Nova York, 1938; ed. ingl. Secker & Warburg, sem bibl., Londres, 1944.

A cidade como obra de arte torna-se com freqüência o conteúdo e a experiência insubstituível na obra de muitos artistas, cujo nome muitas vezes é ligado a uma cidade. Como exemplo de particular importância para uma pesquisa das relações entre a cidade e a obra literária e pela própria cidade como obra de arte, ver o discurso de Thomas Mann sobre Lübeck, feito em 5 de junho de 1926.

THOMAS MANN, *Lübeck als geistige Lebensform*, em Thomas Mann, Zwei Festreden, Verlag Philipp Reclam Jun., Leipzig, 1945, pp. 6-38; republ. in THOMAS MANN, *Altes und Neues. Kleine Prosa aus fünf Jahrzehenten*, S. Fischer Verlag, Frankfurt am Main, 1953, pp. 290-314.

A complexidade da análise da estrutura urbana já aparece em forma moderna no diário de viagem de Montaigne e se desenvolve nos estudiosos, viajantes e artistas do período do Iluminismo.

MICHEL EYQUEM DE MONTAIGNE, *Journal de voyage en Italie par la Suisse et l'Allemagne en 1580 et 1581*, avec des notes par M. De Querlon, chez Le Jay, Paris, 1774; ed. crítica por Maurice Rat, Éditions Garnier Frères, Paris, 1955.

2. **Cidade e natureza dos fatos coletivos.**

CLAUDE LÉVI-STRAUSS, *Tristes tropiques*, Librairie Plon, Paris, 1955.

"A cidade... coisa humana por excelência."

P. 121: o A. introduz as primeiras considerações sobre a qualidade do espaço e sobre as características misteriosas da evolução da cidade. Na conduta de cada indivíduo tudo é racional, mas nem por isso deixa-se de encontrar na cidade um momento inconsciente; por isso, a cidade na relação indivíduo-coletividade oferece um estranho contraste.

P. 122: "Não é pois de maneira metafórica que se tem o direito de comparar – como se fez com tanta freqüência – uma cidade com uma sinfonia ou com um poema: são objetos de mesma natureza. Talvez mais preciosa ainda, a cidade situa-se na confluência da natureza com o artifício." Nas considerações do A. sobre o tema, confluem os estudos de natureza ecológica, as relações entre o homem e o ambiente e entre o homem e a conformação do ambiente.

Compreender a cidade de modo concreto significa apreender a individualidade dos habitantes, individualidade que é a base dos próprios monumentos.

"Compreender uma cidade é, para além de seus monumentos, para além da história inscrita em suas pedras, descobrir a maneira de ser particular de seus habitantes."

3. MAURICE HALBWACHS, *La mémoire collective*, pref. de Jean Duvignaud, intr. de J. Michel Alexandre, PUF, Paris, 1ª ed., 1950, 2ª ed. rev. e aum. 1968 (obra póstuma).

4. **A concepção de Cattaneo**

CARLO CATTANEO, *Agricoltura e morale*, publ. pela primeira vez em *Atti della Societa d'incoraggiamento d'arti e mestieri. Terza solenne distribuzione dei premi alla presenza di S.A.I.R., il Serenissimo Arciduca Vicerè nel giorno 15 maggio 1845*, Milão, 1845, pp. 3-11; mais tarde no vol. I dos *Scritti completi ed inediti di Carlo Cattaneo*, primeira edição milanesa reorganizada por Arcangelo Ghisleri..., 3 vols., Edizioni del Risorgimento, Milão, 1925-26.

O escrito foi republ. (com o outro título dado por Cattaneo, Industria e morale) na "opera omnia" editada por Le Monnier, organizada por temas:

CARLO CATTANEO, *Scritti economici*, 3 vols., org. Alberto Bertolino, Casa editr. Felice Le Monnier, Florença, 1956, vol. III, pp. 3-30. As citações são tiradas das pp. 4-5.

Nessas páginas, o A. dá o quadro completo da sua concepção dos "fatos naturais", numa análise em que lingüística, economia, história, geografia, direito, geologia, sociologia e política contribuem para individuar a estrutura dos fatos. Além da herança iluminista, seu positivismo fica claro diante dos diferentes problemas.

"A língua alemã chama com a mesma palavra a arte de edificar e a arte de cultivar; o nome da agricultura ('Ackerbau') não soa como cultivo, mas como construção; o lavrador é um edificador ('Bauer'). Quando as ignaras tribos germânicas viram edificar-se à sombra das águias romanas as pontes, as estradas, os muros e, com esforço muito semelhante, transformarem-se em vinhedos as margens virgens do Reno e do Mosela, abarcaram todas essas obras com um só nome. Sim, um povo deve edificar seus campos, como as suas cidades." (p. 5) As pontes, as estradas, os muros são o início de uma transformação; essa transformação conforma o ambiente do homem e se torna, ela mesma, história.

A clareza dessa colocação faz de Cattaneo um dos primeiros urbanistas em sentido moderno, quando se aplica aos problemas do território – veja-se sua intervenção nos problemas que surgiam dos novos *traçados ferroviários*. Assim, Gabriele Rosa diz em sua biografia de Carlo Cattaneo: "Tratava-se de abrir a artéria entre Milão e Veneza. Os matemáticos estudavam rigidamente a questão geográfica, prescindindo da população, da história, da economia tópica, dos elementos rebeldes às linhas matemáticas. Era necessária a mente profunda e versátil de Cattaneo para lançar uma límpida luz sobre essa nova e grave questão (...) Ele procurou a linha que prometesse maior margem de lucro privado, de utilidade pública. Disse que a obra não devia ser sacrificada à tirania do terreno, que o objetivo não era tanto passar velozmente, quanto tornar lucrativa a velocidade; que o vaivém é maior em pequenas distâncias; que a corrente máxima devia ser na linha que ligasse os centros persistentes e muito antigos; e que, na Itália, quem prescinde do amor às diferentes pátrias locais sempre semeará na areia."

GABRIELE ROSA, *Commemorazione di Carlo Cattaneo* (lida na reunião de 11 nov. 1869 do Istituto Lombardo di Scienze e Lettere), in "Rendiconti del Reale Istituto Lombardo", s. III, II, Milão, 1869, pp. 1061-1082; republ. com o tít. *Carlo Cattaneo nella vita e nelle opere*, como introd. aos *Scritti completi editi ed inediti di Carlo Cattaneo*, ed. Arcangelo Ghisleri, cit. acima, vol. I, pp. XIII-XXXIX.

5. KEVIN LYNCH, *The image of the City*, The MIT Press and Harvard University Press, Cambridge (USA), 1960.

6. MAXIMILIEN SORRE (Max Sorre), *Géographie urbaine et écologie*, in VÁRIOS, *Urbanisme et architecture. Études écrites et publiées en l'honneur de Pierre Lavedan*, Henri Laurens Éditeur, Paris, 1954, pp. 341-46.

MARCEL MAUSS, *Essai sur les variations saisonnières des sociétés eskimos. Étude de morphologie sociale*, avec la collaboration de M. H. Beuchat, in "L'année sociologique", neuvième année (1904-05), Félix Alcan, Paris, 1906, pp. 39-132.

Ver também a nota 1 do cap. III.

7. Sobre a **cidade como artefato**, ver o livro:

VÁRIOS, *The Historian and the City*, org. por Oskar Handlin e John Burchard, The MIT Press and Harvard University Press, Cambridge (USA), 1ª ed., 1963, Paperback Edition, 1966.

No ensaio de JOHN SUMMERSON, *Urbans Forms* (pp. 165-76), fala-se de "the city as artifact" (p. 166).

No ensaio de ANTHONY N. B. GARVAN, *Proprietary Philadelphia as artifact* (pp. 177-201), depois de esclarecer o termo do ponto de vista arqueológico e antropológico, o A. sustenta: "Se, portanto, o termo pode ser aplicado a um complexo urbano, deveria sê-lo de maneira a investigar todos os aspectos da cidade e da sua vida pelos quais a estrutura material, os edifícios, as ruas, os monumentos constituem em sentido próprio uma ferramenta ou artefato" (p. 178).

Nesse sentido, Cattaneo fala da cidade como coisa física, como construção do trabalho humano: "O esforço construiu as casas, as barragens, os canais, as estradas" (*Industria e morale*, in CARLO CATTANEO, *Scritti economici*, cit. nota 4, cap. I, vol. III, p. 4).

8. CAMILLO SITTE, *Der Städtebau nach seinen künsterlischen Grundsätzen*, Carl Gräser Verlag, Viena, 1ª e 2ª ed., 1889. A cit. é da p. 95 da ed. italiana [*L'arte di costruire le città*, org. e introd. de Luigi Dodi, Antonio Vallardi Editore, Milão, 1953]. É interessante a biografia cultural de **Sitte**, que é essencialmente a de um técnico. Estudou na Politécnica de Viena e fundou em 1875 a Staatsgewerbeschule (escola técnica profissional do Estado) de Salzburg e, mais tarde, a de Viena.

9. JEAN-NICOLAS-LOUIS DURAND, *Précis des leçons d'architecture données à l'École Polytechnique, 2 vols., chez l'auteur, à École Polytechnique*, Paris, 1ª ed., 1802-5, 2ª ed., 1809.

A cit. é tirada da 2ª ed., vol. II, p. 21.

10. FRANCESCO MILIZIA, *Principij di Architettura Civile*, cit. na nota 4 da "Introdução". A frase citada inicia a "Segunda Parte. Da comodidade", p. 221.

11. ANTOINE CHRYSOSTÔME QUATREMÈRE DE QUINCY, *Dictionnaire historique d'architecture comprenant dans son plan les notions historiques*, descriptives, archaeologiques, biographiques, théoriques, didactiques et pratiques de cet art, 2 vols., Librarie d'Arien le Clère, Paris, 1832.

A **definição de tipo** dada por Quatremère foi retomada recentemente por G.C. Argan e desenvolvida com particular interesse no ensaio:

GIULIO CARLO ARGAN, *Sul concetto di tipologia architettonica*, republ. no livro do mesmo autor *Progetto e destino*, Il Saggiatore, Milão, 1965, pp. 75-81.

Sobre esse problema ver, finalmente:

LOUIS HAUTECOEUR, *Histoire de l'architecture classique en France*, 7 tomos (sendo o t. I e o t. II em 2 vols.), Éditions A. e J. Picard et Cie., Paris, 1943-57; em partic., o t. V, *Révolution et Empire*. 1792-1815, publ. em 1953, onde Hautecoeur escreve na p. 122:

"Como lembrou Schneider, Quatremère professava que há uma 'correlação entre as dimensões e as formas e as impressões que nosso espírito delas recebe'" (Hautecoeur cita de R. SCHNEIDER, *Quatremère de Quincy*, p. 42.).

12. Entre os novos aspectos da pesquisa realizada pelos arquitetos sobre os **problemas tipológicos**, são particularmente interessantes as lições dadas por Carlo Aymonino no Instituto Universitário de Arquitetura de Veneza.

Numa delas (*La formazione del concetto di tipologia edilizia*), ele afirma: "Podemos pois tentar distinguir algumas 'características' das tipologias edificatórias que nos permitem precisá-las melhor: a) a unicidade do tema, ainda que subdividido em uma ou mais atividades, de que se deve derivar uma notável elementaridade (ou simplicidade) do organismo: isso também vale para os casos mais complexos; b) a indiferença – na fundamentação teórica – ao entorno, isto é, a uma precisa situação urbana (de que deriva uma notável intercambiabilidade desta?) e a constituição de uma relação somente com a sua planimetria, como um único limite aceitável (relação incompleta); c) a superação dos regulamentos de edificações, na medida em que o tipo é individuado precisamente através de sua forma arquitetônica. De fato, o tipo é condicionado também pelos regulamentos (de higiene, de segurança, etc.), mas não apenas por eles" (da p. 9 de VÁRIOS, *La formazione del concetto...*, cit. abaixo).

As lições de Aymonino estão publicadas nos volumes:

VÁRIOS, *Aspetti e problemi della tipologia edilizia. Documenti del corso di caratteri distributivi degli edifici. Anno accademico 1963-1964*, Istituto Universitario di Architettura di Venezia, Editrice Cluva, Venezia, 1964.

VÁRIOS, *La formazione del concetto di tipologia edilizia. Atti del corso di caratteri distributivi degli edifici. Anno accademico 1964-1965*, Istituto Universitario di Architettura di Venezia, Editrice Cluva, Venezia, 1964.

Além disso, várias dessas lições foram republicadas, com revisões, como capítulos do livro:

CARLO AYMONINO, *Il significato della città*, Laterza, Bari, 1975.

13. BRONISLAW MALINOWSKI, *A scientific theory of culture and other essays*, University of Carolina, Chapel Hill (USA), 1944.

Funcionalismo em geografia. O conceito de função foi introduzido por Ratzel em 1891 e, tomado de empréstimo da fisiologia, assimila a cidade a um órgão; as funções da cidade são as que justificam sua existência e seu desenvolvimento. Estudos mais recentes distinguem as funções ligadas à centralidade e à relação com a região (Allgemeine Funktionen) das funções particulares (Besondere Funktionen). Nesses últimos estudos, a função tem uma maior referência espacial. Sobre o uso desse termo em relação com a ecologia, ver a nota 29 deste capítulo.

Já no seu surgimento, o funcionalismo em geografia encontrava-se em sérias dificuldades para classificar a *função comercial*, que adquiria naturalmente o predomínio. Ratzel, na *Anthropogeographie*, definia a cidade como "uma duradoura concentração de homens e moradias humanas, que cobre uma porção considerável de terreno e se encontra no centro das maiores vias de comunicação".

Hermann Wagner também insiste na cidade como ponto de concentração do comércio ("Handel und Verkehr").

FRIEDRICH RATZEL, *Anthropogeographie*, 2 vols., J. Engelhorn, Stuttgart, 1ª ed., vol. I, 1882, vol. II, 1891; 3ª ed., vol. I, 1909, vol. II, 1922.

Para um resumo das teses dos geógrafos alemães a esse respeito, ver o dicionário:

VÁRIOS, *Allgemeine Geographie*, org. por Gustav Fochler-Hauke, Fischer Bücherei, Frankfurt, 1959, em particular o verbete "Siedlungsgeographie" (pp. 286-311), de Günter Glaubert.

Ver finalmente:

JACQUELINE BAUJEU-GARNIER, GEORGES CHABOT, *Traité de géographie urbaine*, Armand Colin, Paris, 1963.

JOHN HAROLD GEORGE LEBON, *An Introduction to Human Geography*, Hutchinson University Library, Londres, 1ª ed., 1952; 5ª ed. rev., 1963.

14. GEORGES CHABOT, *Les villes. Aperçu de géographie humaine*, Armand Colin, Paris, 1ª ed., 1948; 3ª ed., 1958.

Chabot classifica as principais funções da cidade em: militares, comerciais, industriais, terapêuticas, intelectuais e religiosas, administrativas. Enfim, ele admite que na cidade várias funções se confundem uma com a outra, terminando assim por adquirir o valor de um fato inicial; tratar-se-ia, pois, muito mais de funções elementares e originais do que de fatos permanentes.

No sistema de Chabot, a função é um momento, junto com o plano, da vida urbana. Sua concepção é pois mais rica e articulada.

15. MAX WEBER, *Wirtschaft und Gesellschaft. Grundriss der Verstehenden Soziologie*, 4ª ed., org. e introd. Johannes Winckelmann, 2 vols., J. C. B. Mohr-Paul Siebeck, Tübingen, 1956.

16. JEAN TRICART, *Cours de géographie humaine*, 2 vols. mimeog. (Fascículo I, *L'habitat rural*, Fasc. II, *L'habitat urbain*), Centre de Documentation Universitaire, Paris, 1963.

Tricart adverte que "como todo estudo dos fatos em si, a morfologia urbana supõe uma convergência de dados habitualmente levantados por disciplinas diferentes: urbanismo, sociologia, história, economia política, até mesmo direito. Basta-nos que essa convergência tenha por objetivo a análise e a explicação de um fato concreto, de uma paisagem, para afirmar que ela tem seu lugar no âmbito geográfico" (Fasc. II, *L'habitat urbain*, p. 4)

17. RICHARD UPDEGRAFF RATCLIFF, *The Dynamics of Efficiency in the Locational Distribution of Urban Activities*, in VÁRIOS, *Readings in Urban Geography*, org. Harold Melvin Mayer e Clyde Frederick Kohn, The University of Chicago Press, Chicago, 1960, pp. 299-324. Cit. p. 299.

18. MARCEL POÈTE, *Introduction à l'Urbanisme. L'évolution des villes, la leçon de l'antiquité*, Boivin & Cie., Paris, 1929. [Ed. ital.: Introduzione all'urbanistica. *La città antica*, pref. e trad. de Mario Zocca, Einaudi, Turim, 1958].

Acerca da influência exercida por **Poète** sobre os estudos urbanos, ver a revista "La vie urbaine", editada pelo Institut d'Urbanisme de l'Université de Paris à la Sorbonne e dirigida por Lavedan. A revista, editada trimestralmente de 1920 a 1940, publicou estudos e pesquisas sobre a cidade, de caráter predominantemente histórico, de notável importância.

A monumental obra de Poète, talvez inigualada nos estudos globais sobre a cidade, é:

MARCEL POÈTE, *Une vie de cité. Paris de sa naissance à nos jours*, 4 vols., Auguste Picard, Paris, 1924-1931:

Vol. I: *La jeunesse. Des origines aux temps modernes*, 1924.

Vol. II: *La cité de la Renaissance. Du milieu du XVe siècle à la fin du XVIe siècle*, 1927.

Vol. III: *La spiritualité de la cité classique. Les origines de la cité moderne (XVIe-XVIIe siècles)*, 1931.

Álbum: *Six cents illustrations d'après les documents, accompagnées de légendes et d'un exposé historique*, 1925.

Os estudos sobre Paris estão condensados em MARCEL POÈTE, *Comment s'est formé Paris*, Hachette, Paris, 1925. Mumford definiu este livro como um pequeno livro rico do saber de uma vida inteira.

19. A frase é de Estrabão, cit. in MARCEL POÈTE, Introduction à l'urbanisme, cit. nota precedente, p. 60.

20. Entre as obras de **Lavedan** recordemos:

PIERRE LAVEDAN, *Géographie des villes*, Gallimard, Paris, 1ª ed., 1936; 2ª ed. rev., 1959.

PIERRE LAVEDAN, *Histoire de l'urbanisme*, 3 vols., Henri Laurens, Paris, 1926-1952:

Vol. I, *Antiquité. Moyen-Âge*, 1926; 2ª ed. completamente refeita quanto à parte sobre a Antiguidade, com Jeanne Hugueney, 1966;

Vol. II, *Renaissance et temps modernes*, 1941, 2ª ed. rev., 1959;

Vol. III, *Époque contemporaine*, 1952.

PIERRE LAVEDAN, *Les villes françaises*, Éditions Vincent, Fréal & Cie., Paris, 1960.

21. **O pensamento iluminista**. Sobre as relações entre os edifícios e a cidade, Voltaire escreve, por exemplo:

"Muitos cidadãos construíram edifícios magníficos, porém mais rebuscados no interior do que recomendáveis pelo gosto exagerado do exterior e que mais satisfazem ao luxo dos particulares do que embelezam a cidade".

FRANÇOIS MARIE ARQUET DE VOLTAIRE, *Le siècle de Louis XIV* (1ª ed. definitiva, 1768), in *Oeuvres complètes de Voltaire*, 4 vols., Jules Didot aîné, imprimeur-libraire, et Dufour et Cie., libraires, Paris, 1827-29, vol. III. Cit. extraída da p. 2993 do vol. III.

JEAN MARIETTE, *L'Archicteture françoise, ou Recueil des Plans, Élevations, Coupes et Profiles des Églises, Palais, Hôtels, & Maisons particulières de Paris & des*

Chasteaux et Maisons de Campagne ou de Plaisance des Environs, & des plusieurs autres Endroits de France, Bâtis nouvellement par les plus habils Architectes et levés et mesurés exactement sur les lieux, 3 vols. in-folio, chez Jean Mariette, Paris, vol. I, 1727, vols. II e III, depois de 1832.

Essa grande coletânea de levantamentos e edifícios, organizada por Jean Mariette, editor e comerciante de gravuras, foi reeditada no centenário da publicação com o tít. *L'architecture française*, org. e introd. Louis Hautecoeur, G. Van Oest, Paris-Bruxelas, 1927.

ANTHONY BLUNT, *François Mansart and the Origins of French Classical Architecture*, The Warburg Institute, Londres, 1941.

22. FRANCESCO MILIZIA, *Principij di Architettura Civile*, cit. na nota 4 da "Introdução". O tratado de Milizia é dividido em três partes: "Primeira Parte. Da beleza"; "Segunda Parte. Da comodidade"; "Terceira Parte. Da solidez das construções".

23. *Ibidem*, p. 371 (da "Segunda Parte").

24. *Ibidem*, p. 663 (da "Conclusão da terceira parte e de toda a obra").

25. *Ibidem*, p. 418 (da "Segunda Parte").

26. *Ibidem*, p. 420 (da "Segunda Parte").

27. *Ibidem*, p. 235 (da "Segunda Parte").

28. *Ibidem*, p. 236 (da "Segunda Parte").

29. Um estudo desse problema deveria encarar o grande tema da **ecologia** que se desenvolve desde as obras clássicas de Humboldt, Grisebach e Warming até o debate moderno.

ALEXANDRE DE HUMBOLDT (Alexander von Humboldt), *Essai sur la géographie des plantes, accompagné d'un tableau physique des régions équinoxiales...*, Paris, 1805.

AUGUST GRISEBACH, *Die Vegetation der Erde nach ihrer klimatischen Anordnung. Ein Abriss der Vergleichenden Geographie der Pflanzen*, 2 vols., Verlag von Wilhelm Engelmann, Leipzig, 1872.

EUGENIUS WARMING, *Oecology of Plants. An Introduction to the study of plant-communities*, Clarendon Press, Oxford, 1909 (ed. original em dinamarquês, 1895).

O ponto de partida é o reconhecimento das formas de crescimento (growthforms) da espécie e o esforço para colocar em primeiro plano o reconhecimento dos fatores externos (ambiente físico), sem esquecer a ação recíproca dos seres vivos, inclusive o homem. Para uma ampla bibliografia a esse respeito, ver a obra de Brunhes:

JEAN BRUNHES, *La géographie humaine. Essai de classification positive. Principes et exemples*, Félix Alcan, Paris, 1ª ed., 1 vol., 1910; 4ª ed., 3 vols., 1934.

É evidente o fascínio desses estudos pela ciência urbana. O termo "ecologia humana" remonta a Park (1921).

AMOS H. HAWLEY, *Human Ecology. A Theory of Community Structure*, The Ronald Press, Nova York, 1950.

Sobre esses temas, ver também o par. 18 do cap. III ("O locus") e a nota 13 desse cap.

30. Interessante, mas pouco fundamentado num estudo da cidade como fato concreto, o seguinte ensaio de Souriau:

ÉTIENNE SOURIAU, *Contribution à la physiologie des cités. Le végétal ville ou rythme et raison*, in VÁRIOS, *Urbanisme et architecture. Études écrites et publiées en l'honneur de Pierre Lavedan*, Henri Laurens Éditeur, Paris, 1954, pp. 347-354.

31. FRANCESCO MILIZIA, *Principij di Architettura Civile*, cit. na nota 4 da "Introdução"; a cit. é da p. 235.

32. CHARLES BAUDELAIRE, *Les Fleurs du Mal*, Poulet-Malassis et de Broise Éditeurs, 2ª ed. orig., Paris, 1861; entre as ed. críticas, v. a org. por J. Crépet, G. Blin, Cl. Pichois, Librairie J. Corti, Paris, 1968.

Os versos são de "Tableaux parisiens, nº 89, Le Cygne".

CAPÍTULO II

1. Uma concepção desse tipo da cidade e das **partes urbanas** está na base do ensinamento urbanístico de **Schumacher**; essa teoria retorna no plano de Colônia e no de Hamburgo, mais famoso.

Sobre o ensinamento urbanístico de Schumacher, a obra mais importante é sem dúvida:

FRITZ SCHUMACHER, *Vom Städtebau zur Landesplanung und Fragen Städtebaulicher Gestaltung*, Verlag Ernst Wasmuth, Tübingen, 1951.

Ver em particular, na p. 37, o par. que trata das "Diferentes exigências das partes urbanas": a diferenciação da cidade moderna é a característica principal da sua particularidade (Eigenart) e todas as zonas tendem a se distinguir cada vez mais claramente umas das outras. O modo de conformação e seus objetivos (Gestaltungsaufgabe) caracterizam a estrutura da cidade, independentemente de uma única lei ou princípio formal.

Sobre o plano de Hamburgo, ver:

FRITZ SCHUMACHER, *Zum Wiederaufbau Hamburgs*, discurso na Câmara de Hamburgo, 10.10.1945), Johann Trautmann Verlag, Hamburgo, 1945; o discurso foi republicado em 1955, na 2ª ed. de um livro de FRITZ SCHUMACHER, *Strömungen in deutscher Baukunst seit 1800*, Verlag E. A. Speemann, 1ª ed., Leipzig, 1935, 2ª ed., Colônia, 1955.

GEMEINSAMER LANDESPLANUNGSRAT HAMBURG/SCHLESWIG-HOLSTEIN, *Leitgedanken und Empfehlungen*, Hamburgo-Kiel, 1960.

Quanto à área-estudo e algumas interpretações da "natural area", entendida como área original, ver minha pesquisa:

ALDO ROSSI, *Contributo al problema dei rapporti tra tipologia edilizia e morfologia urbana. Esame di un'area di studio di Milano, con particolare attenzione alle tipologie edilizie prodotte da interventi privati*, ILSES (Istituto Lombardo per gli Studi Economici e Sociali), Milão, 1964.

2. **A sociologia americana e a escola de Chicago**.

ERNEST W. BURGESS, *The Determination of Gradients in the Growth of the City*, in "Publications of the American Sociological Society", XXI, 1927, pp. 178-184.

ERNEST W. BURGESS, *The Growth of the City*, in "Proceedings of the American Sociological Society", XVIII, 1923, pp. 85-89; republ. posteriormente em:

ROBERT E. PARK, ERNEST W. BURGESS, RODERICK D. MCKENZIE, *The City*, The University of Chicago Press, Chicago, 1925; reeditado, com introd. de Morris Janowitz, por The University of Chicago Press, Chicago-Londres, 1967.

HOMER HOYT, *The Structure and Growth of Residential Neighborhoods in American Cities*, Federal Housing Administration, Washington, 1939.

Para a discussão de algumas teses de sociologia urbana americana, ver o ensaio:

MAX SORRE, *Géographie urbaine et écologie*, in VÁRIOS, *Urbanisme et architecture. Études écrites et publiées en l'honneur de Pierre Lavedan*, Henri Laurens Éditeur, Paris, 1954, pp. 341-6.

3. A obra principal de **Baumeister** é:

REINHARD BAUMEISTER, *Stadterweiterungen in technischer, baupolizeilicher und wirtschaftlicher Beziehung*, Ernst und Korn, Berlim, 1876 (trad. do tít.: "A expansão urbana em seus aspectos técnicos, legislativos e econômicos").

Trata-se do primeiro manual alemão a ter grande difusão. Alguns trechos traduzidos são citados (pp. 187-256) na antologia organizada por Donatella Calabi, contida no volume:

GIORGIO PICCINATO, *La costruzione dell'urbanistica*. Germania 1871-1914, Officina Edizioni, Roma, 1974.

4. Sobre os **regulamentos berlinenses** ver o livro de WERNER HEGEMANN, *Das steinerne Berlin. Geschichte der grössten Mietkasernenstadt in der Welt*, cit. nota 12, cap. II; ver além disso o par. 11 do cap. II ("O problema tipológico da residência em Berlim").

5. As vicissitudes urbanas da **cidade de Viena** são particularmente interessantes pela importância histórica dessa cidade e pela ampla documentação existente a respeito dela. Hugo Hassinger descreve a cidade em 1910 como constituída pela Altstadt (cidade velha), circundada pelo Ring e pelo Grossstädtischer Vorstadgürtel, isto é, a parte da cidade de altíssima densidade entre o Ring e o Gürtel. Fora dessas partes, que ele indica como sendo constituintes do Grossstadtkern, do núcleo da cidade, Hassinger indica a passagem entre a cidade e o campo: o Grossstädtischer Weichbild, aquilo que os estudiosos americanos definiram mais tarde como orla urbana. Mas o Weichbild não é periferia; ele é definido em sua imagem e, mesmo hoje, essas zonas constituem um aspecto tão típico de Viena quanto a Josefplatz.

A evolução geral da cidade é melhor compreendida estudando-se a constituição e a conformação das diferentes áreas que a constituem, áreas cujo uso está intimamente ligado à residência. A situação da residência em Viena explica-se com a "Hofquartierspflicht". Ela remonta ao estabelecimento da corte dos Habsburgo na cidade; não se podendo satisfazer às exigências residenciais do numeroso séquito da corte, foi promulgada essa lei, que significa que os donos das residências privadas eram obrigados a suprir de imediato as necessidades de alojamento da corte. Isso significou a destruição das residências góticas de três andares no período barroco, para se erigirem em casas de seis a sete andares, com dois ou três andares de porões. O valor dos terrenos no interior dos muros já se tornara tão elevado em 1700, que a camada pobre da população e os artesãos se transferiram para os distritos externos, que cresceram depois de 1683. É interessante notar que, nesse caso, uma interpretação esquemática do fenômeno da urbanização não nos explicaria a formação da cidade até o século XIX. Quando, a partir de 1850, começa o processo de crescimento do período industrial, Viena já destruiu uma parte da cidade antiga.

ALDO ROSSI, *Un piano per Vienna*, in "Casabella-continuità". nº 277, julho de 1963, pp. 2-21; republ. in ALDO ROSSI, *Scritti scelti sull'architettura e la città 1956-1972*, org. e introd. de Rosaldo Bonicalzi, Clup, Milão, 1975, pp. 193-208.

HUGO HASSINGER, *Kunsthistorischer Atals der K. K. Reichshaupt- und Residenzstadt Wien und Verzeichnis der erhaltenswerten historischen, Kunst und Naturdenkmale des Wiener Stadtbildes*, Anton Schroll & Co., Viena, 1916.

ROLAND RAINER, *Planungskonzept Wien*, Verlag für Jugend und Volk, Viena, 1962.

Ver além disso a revista "Der Aufbau", em particular:

o nº 4/5 de 1961, "Gemeinwirtschaft, Planen und Bauen"; o nº 7/8 de 1961, "1946-1961, 15 Jahre", com o artigo de GEORG CONDITT, *Stadtplanung und Planungsgrundlagen*; o nº 11/12 de 1962, "Aussenbezirke der Stadt Wien", com os artigos de SOKRATIS DIMITRIOU, *Die Wiener Gürtelstrasse*, e de KARL FELTINEK, *Kulturelle Mittelpunkte in den Wiener Aussenbezirke*.

Ver finalmente ROBERT E. DICKINSON, *The West European City. A Geographical Interpretation*, Routledge & Kegan Paul Limited, Londres, 1ª ed., 1951, 2ª ed. rev., 1961; em partic., no cap. 10, o par. "Vienna: Capital of Austria", pp. 184-94.

6. KEVIN LYNCH, *The image of the City*, cit. nota 5, cap. I.

7. *Ibidem*, pp. 87-8.

8. EUGENE EMMANUEL VIOLLET-LE-DUC, *Dictionnaire raisonné de l'architecture française du XIe au XVIe siècle*, 10 vols., Ancienne Maison Morel, Paris, 1854-69; a citação é do vol. VI, verbete "Maison", p. 214.

9. "Hofquartierspflicht": para uma explicação dos conteúdos dessa lei, ver a nota 5 deste cap.

10. PETER BEHRENS, *Die Gemeinde Wien als Bauherr*, in "Bauwelt", nº 41, 1928; trad. ital., *Il Comune di Vienna come committente di costruzioni*, in "Casabella-continuità", nº 240, junho de 1960, p. 48.

No número de "Casabella", o escrito de Behrens é introduzido pelo meu artigo:

ALDO ROSSI, *Peter Behrens e il problema dell'abitazione moderna*, pp. 47-8, republ. in Aldo Rossi, Scritti scelti..., cit. nota 5 cap. II, pp. 107-11.

Nesse artigo, eu sustentava que os pontos fundamentais da temática do mestre alemão no campo da residência podiam ser reportados a dois pontos principais: 1) somente um sistema de casas baixas com jardim e de casas de vários andares, num terreno escolhido e estudado para tanto, torna o bairro harmonioso, respeitavelmente habitável e econômico; 2) as distintas partes da construção devem ser padronizadas e os materiais, unificados. Desde 1910, Behrens já tem claro o processo formativo de um novo espaço urbano.

Sobre o **problema da residência no movimento racionalista**, é fundamental:

VÁRIOS, *Die Wohnung für Existenzminimum*, publicado pelo Internationale Kongresse für Neues Bauen, Zurique; 1ª ed. de Englert & Schlosser Verlag, Frankfurt, 1930; 3ª ed. de Julius Hoffmann Verlag, Stuttgart, 1933.

O livro, que traz as atas do II Congresso Internacional de Arquitetura Moderna (CIAM), realizado em Frankfurt em 1929, contém os principais escritos dos arquitetos do movimento moderno sobre o problema da habitação, entre os quais: ERNEST MAY, *Die Wohnung für Existenzminimum*; WALTER GROPIUS, *Die soziologischen Grundlagen der Minimalwohnung für die städtische Industriebevölkerung*, LE CORBUSIER e PIERRE JEANNERET, *Analyse des éléments fondamentaux du problème de la "Maison Minimum"*; HANS SCHMIDT, *Bauvorschriften und Minimalwohnung.*

O livro foi traduzido em italiano, com uma longa introdução de Carlo Aymonino, junto com as atas do III CIAM, realizado em Bruxelas em 1930 e centrado na questão dos "Métodos construtivos racionais. Casas baixas, médias e altas":

CARLO AYMONINO (org.), *L'abitazione razionale. Atti dei Congressi CIAM 1929-1930*, Marsilio Editori, Pádua, 1ª ed., 1971, 2ª ed. corrigida, 1973.

Para alguns aspectos metodológicos do movimento moderno, ver o escrito de Rogers, *Problemi di metodo (La prefabbricazione)*, 1944 e 1949, republ. in:

ERNESTO NATHAN ROGERS, *Esperienza dell'architettura*, Einaudi, Turim, 1958, pp. 80-7.

A questão da residência no movimento racionalista é magistralmente exposta por Giuseppe Samonà, que enfrentou o conjunto desses problemas focalizando a relação arquitetura-cidade. Da exposição de Samonà convém citar o seguinte trecho: "Procurou-se um organismo polemicamente contraposto à caótica corpulência da cidade existente e, por isso, proporcional em todas as suas atividades e serviços às necessidades de uma vida associada, programável em seus comportamentos com a exatidão esquemática de um padrão pré-construído para cada atividade e capaz de se traduzir em dimensões bem determinadas. O sentido quase institucional da 'dimensão' como medida de toda atividade impediu que se sentissem as situações urbanas de dentro de suas instâncias sociais, que se penetrasse na sua descontinuidade e na sua complexidade, pois nelas o ímpeto explosivo de forças e de interesses antagônicos teria sido irredutível a um esquema, ainda que tecnicamente perfeito".

GIUSEPPE SAMONÀ, *L'urbanistica e l'avvenire della città negli stati europei*, Laterza, Bari, 1959; ed. aumentada, 1971; a citação é da 1ª ed., pp. 99-100.

11. JEAN GOTTMAN, *Megalopolis. The Urbanized Northeastern Seabord of the United States*, introd. de Augusto Keckscher, "The Twentieth Century Fund", Nova York, 1961; reed. da The MIT Press, Cambridge (USA), 1964.

12. Esse estudo sobre a residência em **Berlim** é desenvolvido no meu artigo:

ALDO ROSSI, *Aspetti della tipologia residenziale a Berlino*, in "Casabella-continuità", nº 288, junho de 1964, pp. 10-20; republ. in Aldo Rossi, Scritti scelti..., cit. nota 5, cap. II, pp. 237-52.

Principais publicações sobre Berlim:

LOUIS HERBERT, *Die Geographische Gliederung von Gross-Berlin. Läderkündliche Forschungen*, Stuttgart, 1936.

WERNER HEGEMANN, *Das steinerne Berlin. Geschichte der grössten Mietkasernenstadt in der Welt*, primeiras ed. de Kiepenhauer, Berlim, 1930, e Jakob Hegner, Lugano, 1930; reed. por Ullstein, Berlim, 1963.

ROBERT E. DICKINSON, *The West European City...*, cit. nota 5 cap. II (em partic. o cap. 13, "Berlin", pp. 236-49).

FRITZ SCHUMACHER, *Strömungen in deutscher Baukunst seit 1800*, Verlag E. A. Seemann, 1ª ed., Leipzig, 1935, 2ª ed., Colônia, 1955.

ERICH HAENEL, HEINRICH TSCHARMANN, *Das Kleinwohnhaus der Neuzeit*, Verlag von J. J. Weber, Leipzig, 1913.

WALTER MÜLLER-WULCKOW, *Deutsche Baukunst der Gegenwart*, ed. completa com três partes em um só vol., Karl Robert Langewische Verlag, Königstein im Taunus-Leipzig, 1909.

HERMANN ZILLER, *Schinkel*, Verlag von Velhagen & Klasing, Bielefeld-Leipzig, 1897.

W. FRED, *Die Wohnung und ihre Ausstattung*, Verlag von Velhagen & Klasing, Bielefeld-Leipzig, 1903.

HEINZ JOHANNES, *Neues Baeun in Berlin. Ein Führer mit 168 Bildern*, Berlim, 1931.

ROLF RAVE, HANS-JOACHIM KNÖFEl, *Bauen seit 1900 in Berlin*, Verlag Kiepert, Berlim, 1968.

ADOLF BEHNE, *Vom Anhalter bis zum Bauhaus*, 1922; republ. em "Bauwelt", nºs 41-42, 1961.

PETER BEHRENS, *Il futuro di Berlino*, in "Casabella-continuità", nº 240, junho de 1960, p. 33, trad. de um artigo publ. no jornal "Berliner Morgenpost", 27-11-1912.

Ver além disso as seguintes revistas:

"Moderne Bauformen" (em partic. os anos entre 1920 e 1930);

"Bauwelt";

"Deutsche Architektur".

Ver finalmente:

os cadernos da "Deutsche Bauakademie", Berlim;

as publicações do "Institut für Raumforschung", Bad Godesberg.

13. Na literatura italiana, o termo Siedlung foi traduzido de modo tão impreciso quanto feliz por "quartiere" (bairro). Como se sabe, Siedlung tem o significado mais geral de assentamento e de colonização; no entanto, foi empregado amplamente para indicar os novos assentamentos residenciais nas zonas periféricas das cidades alemãs.

Hassinger define a Siedlung do seguinte modo: "No sentido mais amplo da palavra, 'Siedlung' é qualquer assentamento humano, tanto o refúgio do caçador ambulante... como o acampamento instalado durante algum tempo por pastores nômades num mesmo lugar, como enfim a feitoria, a aldeia ou a cidade".

A citação é tirada do vol. II, p. 403, de VÁRIOS, *Allgemeine Geographie. Handbuch der Geographischen Wissenschaft*, 2 vols. (vol. I, *Physikalische Geo-*

graphie; vol. II, *Das Leben auf der Erde*), org. Fritz Klute, Akademische Verlagsgesellschaft Athenaion, Potsdam, 1933. Trata-se de uma vasta obra dirigida por Fritz Klute, constituída, além dos 2 vols. indicados de geografia geral, de 11 vols. de geografia regional, publicados entre 1930 e 1939. De Hugo Hassinger é a parte dedicada a *Die Geographie des Menschen (Anthropogeographie)*, vol. II, pp. 167-542, com um capítulo sobre a "Siedlungsgeographie" (pp. 403-56).

14. STEEN EILER RASMUSSEN, *Towns and Buildings described in Drawings and Words*, 1ª ed. ingl. rev. (a partir da 1ª ed. dinamarquesa de 1949), The University Press of Liverpool, Liverpool, 1951; 1ª ed. amer., Harvard University Press, Cambridge (USA), 1951.

Sobre a **ville radieuse**, ver o volume: LE CORBUSIER, *La Ville Radieuse. Éléments d'une doctrine d'urbanisme pour l'équipement de la civilisation machiniste*, Éditions de "L'Architecture d'Aujourd'hui", Boulogne-sur-Seine, 1935.

A obra foi republicada pelas Éditions Vincent, Fréal & Cie., Paris, 1964.

Para uma avaliação moderna da **cidade-jardim**, o juízo mais atual é o de Rodwin que, ao estudar as New Towns e toda a experiência urbanística inglesa fornece delas uma avaliação precisa e positiva.

LLOYD RODWIN, *The British New Town Policy*, Harvard University Press, Cambridge (USA), 1956.

Resumindo as várias propostas inglesas, Rodwin afirma: "As propostas fornecem, além disso, sobretudo pensando em quem as avançava, uma demonstração da tendência inglesa à mediação, substancialmente 'o modo de pensar britânico na sua melhor expressão: sempre em contato com o prático, sempre em vista do ideal'. Dentre todas as invenções de Howard, essa prometia ser a mais bem-sucedida. Lewis Mumford pôs em evidência o quanto essas idéias abalaram o pensamento das pessoas: 'no início do século XX, duas grandes invenções tomaram forma diante de nossos olhos, o aeroplano e a cidade-jardim, que antecipam, ambas, uma nova época: a primeira dava asas ao homem, a segunda prometia-lhe uma melhor habitação quando ele voltasse à terra'".

A frase citada por Rodwin é tirada de LEWIS MUMFORD, *The Garden City Idea and Modern Planning*, introd. escrita em 1945 para o livro de Howard: EBENEZER HOWARD, *Garden Cities of Tomorrow*, com introduções de F. J. Osborn e Lewis Mumford, Faber and Faber, Londres, 1945.

O livro de Howard foi publicado pela primeira vez em 1898 com o título *Tomorrow: a Peaceful Path to Real Reform*; em 1902, com algumas revisões, com o título *Garden Cities of Tomorrow*.

15. Uma avaliação sugestiva e problemática da experiência inglesa foi levada a cabo por Carlo Doglio em um artigo que considero um dos trabalhos mais estimulantes e inteligentes da literatura urbanística italiana do pós-guerra.

CARLO DOGLIO, *L'equivoco della città-giardino*, in "Urbanistica", ano XXIII, nº 13, 1953, pp. 56-66.

O artigo de "Urbanistica" é formado por partes de um ensaio mais vasto, publ. pela primeira vez em capítulos em "Voluntà", ano VIII, nºs 1/2, 3, 4, 5, 6/7, 1953; reunido mais tarde em opúsculo pelas Edições RL, Nápoles, 1953; finalmente, republ. em volume:

CARLO DOGLIO, *L'equivoco della città giardino*, com intr., bibl. e notas de Antonio Camarada, Crescita Politica Editrice, Florença, 1974.

A cidade-jardim constitui um ponto de tanta importância para a arquitetura européia, em todas as suas implicações, que mereceria uma pesquisa muito ampla.

16. CARLO DOGLIO, *L'equivoco...*, in "Urbanistica", cit. na nota ant., p. 56.

17. WILLY HELLPACH, *Mensch und Volk der Grossstadt*, Ferdinand Enke, Stuttgart, 1ª ed., 1939, 2ª ed. rev., 1952.

A frase, tirada do "Prefácio" do livro, concluía uma exposição sobre *A origem e a formação dos tipos étnicos metropolitanos*, feita por Hellpach em 1935, no Congresso internacional de demografia de Berlim .

18. DAVID LEWIS, *Complesso residenziale Park Hill a Sheffield. Un'esperienza rivoluzionaria*, in "Casabella-continuità", nº 263, maio de 1962, pp. 5-9; citação da p. 7.

19. HANS PAUL BAHRDT, *Die moderne Grossstadt. Soziologische Überlegungen zum städtebau*, Rowohlt, Hamburgo, 1961.

20. FRANCESCO MILIZIA, *Principii di architettura civile...*, cit. na nota 4 da "Introdução"; a citação é da p. 663.

21. DOMENICO FONTANA, *Libro secondo in cui si ragiuona di alcune fabriche fatte in Roma et in Napoli dal Cavallier Domenico Fontana*, Nápoles, 1603, p. 18, cit. in:

SIEGFRIED GIEDION, *Space, Time and Architecture*, Harvard University Press, Cambridge (USA), 1ª ed., 1941.

Da transformação do Coliseu, Giedion fala em um capítulo ("Sisto V e il piano regolatore della Roma barocca", pp. 77-100), acrescentado com outros na ed. ital.

A importância dessa transformação foi vista pela primeira vez por Giedion, embora não entendida desse modo.

22. FRANÇOISE LEHOUX, *Le Bourg Saint-Germain-des-Prês depuis ses origines jusqu'à la fin de la Guerre de Cent Ans*, ed. da autora, Paris, 1951.

PIERRE LAVEDAN, *Les villes françaises*, cit. nota 20, cap. I.

Sobre a formação de **Paris** (acerca da qual ver também os livros de MARCEL POÈTE, citados na nota 18 do cap. I), existem estudos particularmente importantes de topografia histórica. Na coleção "Bibliothèque d'histoire de Paris", ver:

LOUIS HALPHEN, *Paris sous les premiers Capétiens (987-1223). Étude de topographie historique*, 1 vol. e 1 álbum in-fólio com 11 estampas, Ernest Leroux Éditeur, Paris, 1909.

Algumas obras adquirem um caráter de excepcional importância para a história da estrutura urbana, fornecendo uma série de dados e de indicações que permitem conhecer a fundo o mecanismo da dinâmica urbana na formação da cidade moderna. Ver a esse respeito, na mesma coleção:

GEORGES HUISMAN, *La juridiction de la Municipalité parisienne, de Saint Louis à Charles VIIe*, Ernest Leroux Éditeur, Paris, 1912; em particular o cap. VII: "La juridiction du domaine de la ville" (I); "La juridiction du domaine municipal public" (II); "La juridiction du domaine privé" (III).

23. HENRI PIRENNE, *Les villes et les institutions urbaines*, 2 vols., Félix Alcan, Paris, e Office de Publicité, Bruxelas, 4ª ed., 1939.

HENRI PIRENNE, *Les villes du Moyen Âge. Essai d'histoire économique et sociale*, Maurice Lamertin, Bruxelas, 1927.

24. HENRI PIRENNE, *Les villes et les institutions urbaines*, cit. na nota precedente, p. 345.

25. *Ibidem*, p. 338.

26. *Ibidem*, p. 48.

27. VINCENZO RIZZI, *I cosiddetti Statuti Murattiani per la città di Bari. Regolamenti edilizi particolari*, Editrice Leonardo da Vinci, Bari, 1959.

28. PETER HALL, *London 2000*, Faber and Faber, Londres, 1ª ed., 1963, pp. 26 e 162-4.

29. CARLOS BARRAL, *Diecinueve figuras de mi historia civil*, Jaime Salinas Editor, Barcelona, 1961.

Os versos pertencem à poesia "Geografía o historia".

30. EUGÈNE-EMMANUEL VIOLLET-LE-DUC, *Dictionnaire raisonné de l'architecture française...*, 10 vols., cit. nota 8, cap. II.

Ambas as citações são tiradas do vol. 8, verbete "Style", p. 480.

Para Viollet-le-Duc, a arquitetura é a conseqüência de uma profunda observação dos princípios sobre os quais a arte pode e deve repousar. O arquiteto deve procurar o princípio e dele deduzir, com lógica rigorosa, todas as conseqüências.

31. "Bricks and mortar", tijolos e argamassa. Ver o ensaio:

JOHN SUMMERSON, *Urban Forms*, no livro VÁRIOS, *The Historian and the City*, nota 7, cap. I, pp. 165-76.

P. 166: "... porque estou disposto a condenar o tipo de história urbana que se concentra na arquitetura a expensas da produção edificatória total; tal trabalho pode ser ou não uma boa história da arquitetura, mas não é a história da cidade como artefato. Nosso historiador tem de se haver com a massa física total de mármore, tijolos e argamassa, aço e concreto, asfalto e entulho, condutos metálicos e trilhos – todo o artefato. Ele tem de tratar disso tudo dentro de limites."

32. BERNARD BERENSON, *The Italian Painters of the Rennaissance*, com 400 ilustr., The Phaidon Press, Londres, 1952.

O livro compreende quatro ensaios, já publicados separadamente entre 1894 e 1907.

33. ARTHUR E. SMAILES, *The Geography of Towns*, Hutchinson University Library, Londres, 1953; 2ª ed. rev., 1957.

34. PIERRE LAVEDAN, *Géographie des villes*, cit. nota 20, cap. I.

O trecho citado encontra-se nas pp. 91-92, prosseguindo assim: "Esse elemento gerador não é necessariamente o mesmo que o elemento gerador da cidade. Vimos, por exemplo, que muitas cidades deviam sua origem a uma fonte; essas origens quase nunca tiveram influência sobre o traçado das ruas; com freqüência, inclusive, ficavam fora da aglomeração propriamente dita. É o caso de Cahors, a antiga 'Divona Cadurcorum': a fonte que atraiu os primeiros habitantes está tão longe da Cahors romana quanto da cidade medieval ou moderna. Se Cahors é, quanto à origem, uma cidade de fonte, seu plano é o de uma cidade de estrada. (...) o elemento gerador do plano corresponde ao elemento de crescimento, não ao elemento de origem da cidade" (p. 92).

35. GEORGES GUDORF, *L'Université en question*, Payot, Paris, 1964, p. 83.

36. CLAUDE LÉVI-STRAUSS, *Tristes tropiques*, cit., nota 2, cap. I. O trecho citado encontra-se na p. 121 da ed. franc.

CAPÍTULO III

1. O "locus" e as teorias do fracionamento do espaço.

MAXIMILIEN SORRE (Max Sorre), *Géographie urbaine et écologie*, in VÁRIOS, *Urbanisme et architecture...*, cit. nota 6, cap. I.

MAXIMILIEN SORRE, *Rencontres de la géographie et de la sociologie*, Librairie Marcel Rivière & Cie., Paris, 1957.

CLAUDE LÉVI-STRAUSS, *Tristes tropiques*, cit., nota 2, cap. I.

MARCEL MAUSS, *Essai sur les variations saisonnières des sociétés eskimos*, in "Année sociologique", cit. nota 6, cap. I.

Nesse estudo, Marcel Mauss notou que os nomes dos grupos costumam ser nomes de lugares e que o final dos nomes em mut significa, na língua dos esquimós, "habitante de...". Assim, os povos selvagens definem-se com base no território: o homem é homem daquela montanha, daquele rio, etc. O sentido da orientação torna-se claro quando se trata de unir dois pontos: o percurso adquire então um valor subjetivo.

MAURICE HALBWACHS, *La topographie légendaire des Évangiles en Terre sainte. Étude de mémoire collective*, PUF, Paris, 1941.

A importância desse estudo é posta em evidência por Georges Friedmann no seu prefácio para outra obra de Halbwachs; nesse texto Friedmann revela que o estudo, embora não tenha sido concebido expressamente para isso, tem afinidade com os grandes trabalhos dedicados aos problemas das origens cristãs, depois daqueles de David Friedrich Strauss e de Joseph Ernest Renan. O prefácio está em:

MAURICE HALBWACHS, *Esquisse d'une psychologie des classes sociales*, Librairie Marcel Rivière & Cie., Paris, 1955.

2. HENRI PAUL EYDOUX, *Monuments et trésors de la Gaule. Les récentes découvertes archéologiques*, pref. de Jérôme Carcopino, Plon. Paris, 1958; reed. Union Générale d'Éditios, Paris, 1962.

Ver em partic. o cap. II (pp. 33-60 da 1ª ed.), "Dieux, héros et artistes à Entremont, capitale de la confédération gauloise des Salyens".

HENRI PAUL EYDOUX, *Cités mortes et lieux maudits de France*, Plon, Paris, 1959.

O estudo dos lugares arqueológicos da Provença é de particular interesse para os estudos urbanos, devido à presença viva dos monumentos nos próprios lugares e à amplitude do material. A esse respeito, constituem material de primeira importância os mapas arqueológicos da Gália Romana.

INSTITUT DE FRANCE, ACADÉMIE DES INSCRIPTIONS ET BELLES LETTRES, *Forma Orbis Romani. Carte archéologique de la Gaule Romaine* (mapa geográfico em escala 1:200.000 e fascículos de texto), editado sob a dir. de Adrien Blanchet, Librairie Ernest Leroux, Paris; entre 1931 e 1939 foram publicados os "Fascicules" I, II, IV, V, VI, VII; outros foram publicados depois da guerra. Os diferentes mapas correspondem aos diversos departamentos. Para o estudo do desenvolvimento urbano na Provença, ver também:

PAUL-ALBERT FÉVRIER, *Le développement urbain en Provence de l'époque romaine à la fin du XIVe siècle (Archéologie et histoire urbaine)*, Éditions E. De Boccard, Paris, 1964.

3. HENRI FOCILLON, *Vie des formes*, Librairie Ernest Leroux, Paris, 1933; *Vie des formes. Édition nouvelle, suivie de l'éloge de la main*, Félix Alcan Éditeur, Paris, 1939.

O conceito expresso na citação pode ser tido, de maneira bastante geral, como a base da obra científica de **Focillon**. Ver também:

HENRI FOCILLON, *Art d'Occident. Le Moyen Âge roman et gothique*, Armand Colin, Paris, 1938.

Do "Prefácio": "Nosso trabalho não é, pois, nem uma iniciação, nem um manual de arqueologia, mas sim um livro de história, isto é, um estudo das relações, diferentes segundo tempos e lugares, que se estabelecem entre os fatos, as idéias e as formas, não podendo estas últimas ser consideradas simples valores ornamentais; elas fazem parte da atividade histórica, representam sua parábola, que contribuíram vigorosamente para delinear. A arte da Idade Média não é uma concreção natural nem a expressão passiva de uma sociedade; em grande medida, a própria Idade Média é uma criação sua ".

4. JACOB BURCKHARDT, *Weltgeschichte Betrachtungen*, ed. comentada org. por Rudolf Marx, Alfred Kröner Verlag, Stuttgart, 1963.

O livro, publicado em 1905 pelo sobrinho de Burckhardt, Jacob Oeri, reúne aulas e conferências dadas no período de 1868-71.

5. ADOLF LOOS, *Trotzdem. Gesammelte Aufsätze 1900-1930*, Brenner Verlag, Innsbruck, 1931. A citação é de "Architektur", de 1910, um dos escritos que compõem o volume. Trotzdem é um dos dois livros que Loos publicou durante a vida, reunindo os textos de artigos e conferências, bem como outros escritos. O segundo livro é:

ADOLF LOOS, *Ins Leere gesprochen. Aufsätze in Wiener Zeitungen und Zeitschriften aus den Jahren 1897-1900*, Georges Crès, Paris, 1921 (1ª ed.) e Brenner Verlag, Innsbruck, 1932 (2ª ed. corrigida).

Dos dois livros, indico aqui as edições originais, mas eles se encontram republicados agora no volume I dos escritos completos, com edição de Franz Glück:

ADOLF LOOS, *Sämtliche Schriften*, Band I, Verlag Herold, Viena-Munique, 1962.

Para a avaliação da obra de Adolf Loos, inclusive com respeito às teses aqui sustentadas, ver meu ensaio:

ALDO ROSSI, *Adolf Loos. 1870-1933*, in "Casabella-continuità", nº 233, novembro de 1959, pp. 5-12; republ. in Aldo Rossi, *Scritti scelti...*, cit. nota 5, cap. II, pp. 78-106.

No mesmo número de "Casabella" o leitor também encontrará uma bibliografia analítica, completa até 1959.

6. VICTOR HUGO, *Notre-Dame de Paris*, in *Oeuvres complètes de Victor Hugo*, édition de l'Imprimerie Nationale, Albin Michel-Ollendorf Éditeurs, Paris, 1904.

A citação do romance (publicado pela primeira vez em versão definitiva em 1832, pelo editor Gosselin) é do Livro III, cap. I, p. 90, da edição citada.

Ver também a nota 12 do cap. III.

7. ALEXANDRE DE LABORDE, *Les Monuments de la France classés chronologiquement et considérés sous le rapport des faits historiques et de l'étude des*

arts, 2 vols., in-fólio, Imprimerie de P. Didot l'aîné, Paris, 1816-36. A citação é do vol. I, p. 57.

8. CLAUDE-NICOLAS LEDOUX, *L'Architecture considérée sous le Rapport de l'Art, des Moeurs et de la Législation*, l'auteur, Paris, 1804 (só o 10º vol. foi publ.)

Ver também a 2ª ed., póstuma:

L'ARCHITECTURE DE CLAUDE-NICOLAS LEDOUX, org. e "Avertissement" de Daniel Ramée, Lenoir, Paris, 1847. "A edição organizada por Daniel Ramée não contém o texto nem todas as estampas da edição de 1804, mas é compensada com felicidade pela coletânea de muitos edifícios realizados e de vários projetos nunca executados; a biografia sumariamente esboçada serve de introdução" (EMIL KAUFMANN, *Tre architetti rivoluzionari*..., cit. nota 17, cap. III, p. 191).

9. EUGÈNE EMMANUEL VIOLLET-LE-DUC, *Dictionnaire raisonné de l'architecture française*..., 10 vols., cit. nota 8, cap. II.

A descrição do **Castelo Gaillard** está no vol. III, verbete "Château", pp. 82-102. O castelo, perto de Andelys, foi construído por Ricardo Coração de Leão. A construção dessa fortaleza, chave da Normandia, estava dirigida contra os projetos dos reis de França. O castelo-fortaleza é um sistema completo de obras defensivas às margens do Sena, no ponto em que o rio pode cobrir Rouen com um exército proveniente de Paris. Sua disposição estratégica é excepcional, sobretudo do ponto de vista das lutas entre a Inglaterra e os reis de França. Viollet-le-Duc detém-se muito nesse aspecto, referindo-se ao livro de Deville.

A. DEVILLE, *Histoire du château Gaillard et du siège qu'il soutint contre Philippe-Auguste, en 1203 et 1204*, Rouen, 1849.

10. ALBERT DEMANGEON, **Problèmes de Géographie humaine**, Armand Colin, Paris, 1952.

Ver em partic. "L'habitation rurale en France. Essai de classification des principaux types", pp. 261-87, ensaio já publ. em "Annales de Géographie", XXIX, nº 161, 15-9-1920, pp. 352-75. O livro, publicado pela primeira vez em 1942, postumamente, é uma coletânea de escritos de Demangeon, em boa parte já publicados nos "Annales de Géographie".

11. LE CORBUSIER (Charles-Édouard Jeanneret), *Manière de penser l'Urbanisme*, Éditions de "l'Architecture d'Aujourd'hui", Paris, 1946; republ. rev., Éditions Gonthier, Paris, 1963.

FRANÇOIS DE PIERREFEU, Le Corbusier (Charles-Édouard Jeanneret), *La maison des hommes*, Librairie Plan, Paris, 1942.

12. Sobre as relações entre **Victor Hugo** e a arquitetura, saiu recentemente na França uma esplêndida pesquisa, que abarca todas as relações entre a cultura do século XIX e a arquitetura:

JEAN MALLION, *Victor Hugo et l'art architectural*, Presses Universitaires de France, Paris, 1962.

13. AS RELAÇÕES ENTRE HOMEM E AMBIENTE.

MAXIMILIEN SORRE, *Géographie urbaine et écologie*, in VÁRIOS, *Urbanisme et architecture*..., cit. nota 6, cap. I.

MAXIMILIEN SORRE, *Rencontres de la géographie et de la sociologie*, cit. nota 1, cap. III.

WILLY HELLPACH, *Mensch und Volk der Grossstadt*, cit. nota 17, cap. II.

Do livro de Hellpach, ver minha resenha:

ALDO ROSSI, *L'uomo della metropoli*, in "Casabella-continuità", nº 258, dezembro de 1961, pp. 22-5.

Aqui, retomando uma famosa frase de Bismarck citada por Hellpach (pp. 23-4), eu escrevia que, na cidade guilhermiana, o imigrante gozava, no final das contas, de certa liberdade, pelo menos de uma liberdade maior do que no campo; a liberdade consistia também numa forma da cidade em que certas estruturas ou modos de ampliação eram positivos para todo o agregado urbano. Mesmo que a preocupação com o embelezamento e a ampliação das capitais escondesse com freqüência fenômenos imponentes de especulação, ainda assim esse embelezamento era desfrutável por todos os citadinos. Então, essa forma da cidade burguesa teve um sentido, de modo que os citadinos participaram daquelas estruturas residenciais e administrativas e das maiores soluções monumentais. E certamente o homem da metrópole de Hellpach melhorou e refinou sua percepção, enquanto o camponês de que Bismarck falava podia passear sob as tílias das avenidas e encontrar um lugar para sentar, "ouvir um pouco de música" e "tomar cerveja".

Ver também, a propósito da polêmica sobre a grande cidade burguesa, as partes deste livro relativas a Engels e Hegemann, par. 31 e 32 do cap. IV.

14. KEVIN LYNCH, *The Image of the City*, cit. nota 5, cap. I.

15. ANDRÉ CHASTEL, *Art et Humanisme à Florence au temps de Laurent le Magnifique. Études sur la Renaissance et l'Humanisme platonicien*, PUF, Paris, 1959.

16. PAUL FRÉART, SIEUR DE CHANTELOU, *Journal du voyage du Cavalier Bernini en France*, descoberto e publ. em capítulos por Louis Lalanne na "Gazette des Beaux Arts", Paris, 1883-5; republ. em forma de extrato, Paris, 1885.

17. Para o estudo dos **arquitetos da revolução**, ver a obra de Kaufmann.

EMIL KAUFMANN, *Von Ledoux bis Le Corbusier. Ursprung und Entwicklung der autonomen Architektur*, Verlag Dr. Rolf Passer, Leipzig-Viena, 1933.

EMIL KAUFMANN, *There Revolutionary Architects. Boullée, Ledouz and Lequeu*, The American Philosophical Society, Filadélfia (USA), 1052.

EMIL KAUFMANN, *Architecture in the Age of Reason. Baroque and Post-Baroque in England, Italy and France*, Harvard University Press, Cambridge (USA), 1955.

Sobre o termo arquitetos da revolução, e desenvolvendo uma tese contrária a eles, ver a obra de Sedlmayr.

HANS SEDLMAYR, *Die Revolution der modernen Kunst*, Rowohlt, Hamburgo, 1955.

Hans Sedlmayr, Verlust der Mitte. Die bildende Kunst des 19 und 20 Jahrhunderts als Sympton und Symbol der Zeit, Otto Müller Verlag, Salzburgo, 1948.

Para uma ampla avaliação dessas teses, ver meus estudos:

ALDO ROSSI, *Emil Kaufmann e l'architettura dell'Illuminismo*, in "Casabella-continuità", nº 222, novembro de 1958, pp. 42-7, republ. in ALDO ROSSI, *Scritti scelti...*, cit. nota 5, cap. II, pp. 62-71;

ALDO ROSSI, *Una critica che respingiamo*, in "Casabella-continuità", nº 219, maio de 1958, pp. 32-5, republ. in ALDO ROSSI, *Scritti scelti...*, cit. nota 5, cap. II, pp. 48-61.

Uma análise das obras e uma avaliação crítica geral indispensável é a de:

LOUIS HAUTECOEUR, *Histoire de l'architecture classique...*, cit. nota 11, cap. I.

Para uma avaliação das relações entre as artes e as ciências na França durante a Revolução, ver a pesquisa fundamental de Fayet:

JOSEPH FAYET, *La Révolution française et la science. 1789-1795*, Librairie Marcel Rivière & Cie., Paris, 1960.

18. ANDRÉ CHASTEL, *Art et Humanisme à Florence...*, cit. nota 15, cap. III.

RUDOLF WITTKOWER, *Architectural Principles in the Age of Humanism*, The Warburg Institute, University of London, Londres, 1949; 2ª ed., Alec Tiranti Ltd., Londres, 1952.

19. ANDRÉ CHASTEl, *op. cit.*, p. 149.

20. Sabe-se que a **questão da planta central** é um dos temas clássicos da história da arquitetura. Procuramos aqui introduzi-la em nosso ensaio referindo-a a um edifício, o **San Lorenzo** de Milão, que é um extraordinário fato urbano e uma excepcional permanência numa cidade em que a dinâmica urbana é muito forte. Arquitetura e história constituem a imagem desse edifício, e essa imagem está ligada à idéia coletiva que a cidade tem de seus monumentos. Damos aqui uma série de estudos essenciais para a compreensão e o estudo analítico desse monumento.

ARISTIDE CALDERINI, *La zona monumentale di San Lorenzo in Milano*, pref. de Giuseppe De Capitani D'Arzago, com um "Appendice" de Carlo Francesco Giani, Casa editrice Ceschina, Milão, 1934.

JULIUS KOHTE, *Die Kirche San Lorenzo in Mailand*, Verlag von Ernst und Korn, Berlim, 1890.

GINO CHIERICI, *Un quesito sulla basilica di San Lorenzo*, in "Palladio. Rivista di storia dell'architettura", ano II, nº 1, 1938, pp. 1-4.

FERNAND DE DARTEIN, *Étude sur l'Architecture lombarde et sur les origines de l'Architecture romano-byzantine*, 2 vols. (*Texte et Atlas de Planches*), Dunod Éditeur, Paris, 1865-82; reimpr. com reprod. fotolitográfica da ed. orig. pela Novindustria de Mario Botti (Grafiche Mariani Ritti, Milão), Como, 1963.

EBERHARD HEMPEL, *Francesco Borromini*, Kunstverlag Anton Schroll & Co., Viena, 1924.

Henry de Geymüller (Henry von Geymüller), *Les projets primitifs pour la Basilique de Saint-Pierre de Rome par Bramante, Raphael Sanzio, Fra-Giocondo, les Sangallo, etc., publiés pour la première fois en fac-simile avec des restitutions nombreuses et un texte, bilíngüe* (francês e alemão), 2 vols. (*Texte et Atlas de planches*), J. Baudry Libraire-Éditeur, Paris, Lehmann et Wentzel Libraires, Viena, 1875-80.

21. CARLO AYMONINO, *Analisi delle relazioni tra i servizi e le attrezzature*, in VÁRIOS, *Aspetti e problemi della tipologia edilizia...*, cit. nota 12, cap. I, pp. 33-45. A citação é da p. 44.

O mesmo escrito foi republ. em:

CARLO AYMONINO, *Il significato delle città*, cit. nota 12, cap. I, pp. 25-45.

22. Sobre **Roma** e o **Foro Romano**, ver os seguintes textos:

JÉROME CARCOPINO, *La vie quotidienne à Rome à l'apogée de l'Empire*, Hachette, Paris, 1939.

LÉON HOMO, *Rome impériale et l'urbanisme dans l'antiquité*, Albin Michel, Paris, 1951.

GIUSEPPE LUGLI, *Roma antica. Il centro monumentale*, Giovanni Bardi, Roma, 1946.

LUDOVICO QUARONI, Una città eterna — quattro lezioni da ventisette secoli, in VÁRIOS, *Roma città e piani*, Edizioni di "Urbanistica", rivista dell'INU, Turim, s.d., pp. 5-72. As quatro lições foram remanejadas e ampliadas em:

LUDOVICO QUARONI, *Immagine di Roma*, Laterza, Bari, 1ª ed., 1969; ed. econ. 1976.

PIETRO ROMANELLI, *Il foro romano*, Licinio Cappelli Editore, Bolonha, 1959.

Essas publicações contêm uma ampla bibliografia.

De extraordinário interesse, pela inteligência das coisas romanas vistas como num tempo contínuo e pela emergência dos fatos urbanos, são as lições de Ludovico Quaroni. Veja-se o seguinte trecho (p. 15):

"O que mais nos interessa, porém, é que o pomério era o limite da cidade, entendida no sentido da edificação; o limite, diríamos nós, do plano regulador e do regulamento de edificações, que não valia fora dele, além do qual a cidade era considerada terminada. Para a economia da defesa, das distâncias e da administração, a cidade era entendida como uma zona de construção contínua, a mais restrita possível. Naturalmente, nada impedia que a parte mais pobre da população, aquela que, de resto, não desfrutava de todos os direitos de cidadania, construísse seus casebres abusivos fora do pomério. Os 'continentia' constituíam vastos subúrbios, como as 'favelas' e os bairros populares abusivos e semi-rurais que hoje proliferam por toda parte em torno de Roma, onde o custo baixo do solo e a presença de comunicações fáceis facilitam a instalação."

Análises desse tipo fazem Roma, em particular a Roma imperial, com seus defeitos, seus abusos, suas contradições, ficar estranhamente próxima da imagem da grande cidade moderna. Mais adiante, Ludovico Quaroni insiste nas relações entre a regra romana de administrar e construir e as condições concretas da vida em Roma, que era determinada pela persistência das características iniciais e pela mescla dos elementos importantes mais heterogêneos.

Estamos cada vez mais convencidos de que um estudo vasto e sistemático das vicissitudes urbanas de Roma, inclusive com base no enorme material analítico à disposição, seria fundamental para a ciência urbana.

23. VIRGÍLIO, *Eneida*, livro VIII, versos 359-60.

As "Carinae" eram um lugar do monte Esquilino, onde surgiu um dos bairros mais ricos e monumentais da Roma de Augusto. Rosa Calzecchi Onesti, tradutora de Virgílio para o italiano, escreve que esse bairro "corresponde à pequena elevação onde, hoje, surge S. Pietro in Vincoli e ao vale ao pé dela".

24. TITO LÍVIO, *Ab urbe condita*, livro V, cap. LV.

25. ARISTÓTELES, *Política. Tratado sobre economia*, Livro VII (H), 12 1331 a-b.

26. PIETRO ROMANELLI, *Il Foro Romano*, cit. nota 22, cap. III, p. 26.

27. MARCEL POÈTE, *Introduzione all'urbanistica...*, cit. nota 18, cap. I, p. 368.

28. FERDINANDO CASTAGNOLI, CARLO CECCHELLI, GUSTAVO GIOVANNONI, MARIO ZOCCA, *Topografia e urbanistica di Roma*, cit. nota 22, cap. III.

O escrito de De Tournon consta do "Appendice" da "Parte terza. Roma dal Rinascimento al 1870", de Gustavo Giovannoni, pp. 537-8.

Ver também:

PAOLO MARCONI, *Giuseppe Valadier*, Officina Edizioni, Roma, 1964; em partic. o cap. IX, "L'occupazione francese", pp. 168-87.

29. DOMENICO FONTANA, *Della trasportatione dell'Obelisco Vaticano et delle fabriche di Nostro Signore Papa Sisto V fatte dal Cavallier Domenico Fontana architetto di Sua Santità*, Livro I, gravado por Natal Bonifatio da Sebenicco, na gráfica de Domenico Basa, Roma, 1590.

A citação é extraída da p. 101. A frase é citada por SIEGFRIED GIEDION, *Spazio, tempo e architettura*, cit. nota 21, cap. II.

30. SIEGFRIED GIEDION, Spazio, tempo e architettura, cit. nota 21, cap. II, p. 92.

31. *Ibidem*, pp. 95-6.

32. JEAN-NICOLAS-LOUIS DURAND, *Précis des leçons d'architecture données à l'École Polytechnique*, 2 vols., cit. nota 9, cap. I.

JEAN-NICOLAS-LOUIS DURAND, *Partie graphique des cours d'architecture faits à l'École Royale Polytechnique depuis sa réorganisation, précédée d'un sommaire des leçons relatives à ce nouveau travail*, chez l'auteur, à l'École Polytechnique, Imprimerie de Firmin Didot, Paris, 1821.

O trecho citado é do *Précis des leçons*, 2ª ed., vol. I, p. 17.

Ver também a nota 9 do cap. I. Referências às lições de Durand são feitas igualmente por Aymonino nos textos citados na nota 12 do cap. I.

33. CARLO CATTANEO, *La città considerata come principio ideale delle istorie italiane*, Milão, 1858.

Esse ensaio foi publicado pela primeira vez em quatro partes, de 17 de outubro a 26 de dezembro de 1858, no jornal "Crepuscolo", de Carlo Tenca (nºs 42, 44, 50, 52). Como observa G. A. Belloni, se bem que "várias vezes essas páginas tenham sido buscadas e várias vezes tenha sido invocada a sua produção para o público", só viram a luz pela primeira vez em 1931:

CARLO CATTANEO, *La città considerata come principio ideale delle istorie italiane*, org., introd. e notas de G. A. Belloni, Vallecchi, Florença, 1931.

Em 1949 é republicado, com um título mais breve:

CARLO CATTANEO, *La città*, org. e pref. de G. Titta Rosa, Valentino Bompiani Editore, Milão-Roma, 1949.

Fez parte enfim da "opera omnia" de Cattaneo, publicada neste pós-guerra por Le Monnier, agrupando os escritos por temas:

CARLO CATTANEO, *Scritti storici e geografici*, 4 vols., org. Gaetano Salvemini e Ernesto Sestan, Editore Felice Le Monnier, Florença, 1957, vol. II, pp. 384-487.

Além do valor da escolha, é evidente o interesse desse ensaio para **Cattaneo**. Ver a *Introduzione* de Salvemini para a obra de Cattaneo, onde as *Notizie naturali e civili sulla Lombardia* (de 1844) são definidas como um "modelo de antropogeografia regional, ainda insuperado na Itália". E o juízo de Croce, que o definiu como um "corte" de história italiana: "Cattaneo não escreveu uma história da Itália, mas ofereceu como que um 'corte' dela nas *Notizie naturali e civili della Lombardia...*, que, pela sua admirável objetividade, não parecem escritas apenas alguns anos antes de 48".

GAETANO SALVEMINI, *Introduzione*, in *Le più belle pagine di Carlo Cattaneo scelte da G. Salvemini*, Milão, 1922, pp. I-XXXI; republicada em GAETANO SALVEMINI, *Opere*, II, vol. II: *Scritti sul Risorgimento*, org. de Piero Pieri e C. Pischedda, Feltrinelli, Milão, 1961, pp. 371-92.

BENEDETTO CROCE, *Storia della storiografia italiana nel secolo decimonono*, 2 vols., Laterza, Bari, 1ª ed., 1921, 2ª ed. rev., 1930, 4ª ed., 1964, citação do vol. I, p. 211.

34. CARLO CATTANEO, *La città considerata come principio...*, in CARLO CATTANEO, *Scritti storici e geografici*, cit. nota precedente, vol. II, p. 391.

35. *Ibidem*, p. 416.

36. *Ibidem*, p. 387.

37. *Ibidem*, p. 396.

38. *Ibidem*, p. 386.

39. *Ibidem*, p. 406.

40. *Ibidem*, p. 421.

41. ANTONIO GRAMSCI, *Quaderni del carcere*, 3: *Il Risorgimento*, Einaudi, Turim, 1964.

A citação é do par. sobre "Quintino Sella", pp. 160-61; na reed. da Editori Riuniti (1971, 1975), pp. 200-201; na nova ed. crít. em 4 vols. dos *Quaderni del carcere*, do Istituto Gramsci, org. de Valentino Gerratana (Einaudi, Turim, 1975), p. 197 (vol. I), Quaderno 2 (XXIV), par. 42.

Para o debate sobre **Roma capital**, ver o belo livro de Caracciolo:

ALBERTO CARACCIOLO, *Roma capitale. Dal Risorgimento alla crisi dello stato liberale*, Edizioni Rinascita, Roma, 1976.

Enfim:

ITALO INSOLERA, *Roma moderna. Un secolo di storia urbanistica*, Einaudi, Turim, 2ª ed., 1962.

Ver, no livro de Caracciolo, citados na p. 20, alguns trechos do discurso de Cavour de 25 de março de 1861, em que o estadista piemontês sustentava que Roma "é a única cidade da Itália que não tem memórias exclusivamente municipais". Ainda no livro de Caracciolo, ver as pp. 10-11.

"Roma foi, antes de tudo, no movimento nacional, uma força unificadora de extraordinário vigor moral. Se uma tradição comum podia ser encontrada em toda a península, essa tradição se chamava Roma. Nenhum estudo sobre as origens da consciência nacional italiana poderia prescindir daquilo que foi através dos séculos a força de atração desse nome. Cada vez que se tentou encontrar uma unidade na história da Itália, foi preciso voltar-se, de uma maneira ou de outra, para aquele ponto. A potência da Roma antiga e a autoridade da Roma papal são os elementos característicos que determinam e quase enchem por si a história italiana de dois milênios. Toda força ativa da península deve ajustar as contas com a potência religiosa, política, moral, resumida no nome dessa cidade (...)

"Ainda nos albores do movimento do Risorgimento, tanto entre os neoguelfos como entre os liberais e os democratas de formação laica, o nome de Roma volta com freqüência, precisamente porque o problema da Igreja romana está sempre de pé e é capaz de condicionar o sucesso de toda tentativa de unificação e de renovação. Pode-se tentar destruí-la, ou arrastá-la consigo, ou neutralizá-la, mas não se pode, em caso algum, ignorar essa entidade decisiva na Itália."

42. MAURICE HALBWACHS, *La mémoire collective*, cit. nota 3, cap. I, p. 132.

43. JACOB BURCKHARDT, *Sullo studio della storia*, cit. nota 4, cap. III, p. 98.

44. KARL KERÉNYI (Kàroly Kerényi), *Die Mythologie der Griechen. Die Gotter- und Menschheitgeschichten*, Rhein-Verlag, Zurique, 1951.

KARL KERÉNYI, *Die Heroen der Griechen*, Rhein-Verlag, Zurique, 1958.

CARL GUSTAV JUNG, KARL KERÉNYI, *Einführung in das Wesen der Mythologie*, 1940-41.

Gostaria de desenvolver alguns resultados de Kerényi acerca do conceito de "locus" e do valor da fundação dos fatos urbanos. Mas, além da economia deste ensaio, uma pesquisa desse tipo requer ainda alguns anos de trabalho e uma disponibilidade de material analítico muito vasto. Nesta obra, Kerényi trata da fundação das cidades, tal como ela atravessa continuamente o trabalho sobre os deuses e os heróis na Grécia, iluminando ao mesmo tempo o múltiplo e o originário que a constituem. Ver também o valor do fundador da cidade e do próprio desenho constitutivo. "Não é apenas o psicólogo que encontra juntas tripartições e quadripartições. As tradições antigas conhecem a importância do três nas plantas de cidades, seja na Etrúria, seja na própria Roma; elas falam de três torres, três ruas, três bairros, três templos ou templos tripartidos. Não podemos deixar de observar uma multiplicidade nem mesmo quando buscamos o uno e comum, o originário. E isso já implica uma resposta, pelo menos à pergunta sobre se tem sentido indagar a respeito da origem particular das diferentes formações locais e cronológicas."

45. KARL MARX, *Zur Kritik der politischen Oekonomie*, in *Marx-Engels Werke*, Band 13, Dietz Verlag, Berlim, 1961.

O trecho citado é da *Einleitung*, isto é, da *Introdução* que Marx escrevera para a obra entre agosto e setembro de 1857, mas que, suprimida da edição de 1859, só foi publicada pela primeira vez em 1903 (pp. 640-2).

46. MARCEL POÈTE, *Introduzione all'urbanistica...*, cit. nota 18, cap. I, p. 232.

47. CARLO CATTANEO, *La città considerata come principio ideale...*, in CARLO CATTANEO, *Scritti storici e geografici*, cit. nota 33, cap. III, vol. II, pp. 384-5.

48. *Ibidem*, p. 386.

49. *Ibidem*, pp. 386-7.

50. MARCEL POÈTE, *Introduzione all'urbanistica...*, cit. nota 18, cap. I, p. 215.

51. ROLAND MARTIN, *L'urbanisme dans la Grèce antique*, Éditions A. & J. Picard & Cie., Paris, 1ª ed., 1956, 2ª ed. aum., 1974.

CAPÍTULO IV

1. MAURICE HALBWACHS, *Les expropriations et le prix des terrains à Paris*

(1860-1900), thèse pour le doctorat..., E. Cornély & Cie., Paris, 1909.

MAURICE HALBWACHS, *Les cadres sociaux de la mémoire*, PUF, Paris, 1925.

MAURICE HALBWACHS, *La population et les tracés de voies à Paris depuis un siècle*, 2ª ed. aumentada e atualizada com a parte I do livro *Les expropriations et le prix des terrains à Paris*, PUF, Paris, 1928.

MAURICE HALBWACHS, *L'évolution des besoins dans les classes ouvirères*, PUF, Paris, 1933.

2. HANS BERNOULLI, *Die Stadt und ihr Boden*, Verlag für Architektur, Erlenbach-Zurique, 1ª ed., 1946, 2ª ed. rev., 1949.

3. MAURICE HALBWACHS, *La population et les tracés de voies...*, cit. nota 1, cap. IV.

Sobre a aplicação do método e dos resultados do nosso estudo, ver também nossa pesquisa:

ALDO ROSSI, *Contributo al problema dei rapporti tra tipologia edilizia e morfologia urbana...*, cit. nota 1, cap. II.

4. MAURICE HALBWACHS, *La population et les tracés de voies...*, cit. nota 1, cap. IV, p. 4.

5. ALDO ROSSI, *Contributo al problema dei rapporti tra tipologia edilizia e morfologia urbana...*, cit. nota 1, cap. II.

A zona de Milão considerada nessa pesquisa é constituída pelo triângulo compreendido entre os antigos bastiões espanhóis e os dois eixos formados pelo Corso Italia e o Corso di Porta Romana (convergindo na Piazza Missori) e, mais ao sul, por uma parte do ex-município de Vigentino.

6. ALDO ROSSI, *Il concetto di tradizione nell'architettura neoclassica milanese*, in "Società", rev. bim., ano XII, nº 3, junho de 1956 (Turim), pp. 474-93; republ. in ALDO ROSSI, *Scritti scelti...*, cit. nota 5, cap. II, pp. 1-24.

Neste estudo já entrevejo, partindo da análise do concreto histórico da história urbana milanesa, a possibilidade de uma teoria urbana mais vasta que leve em conta a unidade do desenrolar dos fatos, inclusive em seus múltiplos aspectos. Assim, a arquitetura do século XVIII tornava-se emblemática do antagonismo entre uma concepção racional e iluminada da cidade e o interesse pelas situações particulares.

As principais linhas da formação do **plano napoleônico milanês** são as que se seguem. Pelo decreto vice-real de 9 de janeiro de 1807, as prefeituras de Milão e de Veneza eram dotadas de uma Comissão de Ornato, com vastos poderes e ampla esfera de ação. Era tarefa da Comissão "levantar um tipo geral das vias internas da cidade para uma posterior ordenação das mesmas; fazer, a pedido da Prefeitura, os projetos necessários para a melhoria simétrica das construções ao longo das ruas, para o alargamento retilíneo das mesmas e para acertar com os particulares a execução dos projetos...; fiscalizar, tendo em vista a segurança pública, o estado das construções, etc..." A Comissão, nomeada pelo Governo, era composta das personalidades mais insignes que havia em Milão nesse domínio, na época; entre elas, estavam Cagnola e Canonica. Naturalmente, o primeiro trabalho a que a Comissão de Ornato Público se dedicou foi o do Plano Regulador, cujo projeto foi concluído naquele ano; mas ela não descuidou de um atento trabalho de orientação, de disposições, de intervenção direta e contínua no desenvolvimento da cidade naqueles anos, que vão de 1807 a 1814.

Podemos falar do plano em suas linhas gerais. Ele previa, dando-a por realizada, a construção de um novo grande centro, o Foro Bonaparte, projetado por Antolini diante do Castello Sforzesco; daí deveria partir a grande rua Napoleone (mais ou menos onde hoje é a Via Dante), que desembocaria, na altura do Cordusio, numa interessante praça triangular, de onde prosseguia em linha reta tendo como fundo o Ospedale Maggiore e San Nazaro. Quase paralela a esta, outra rua, partindo mais ou menos do fundo da Via San Giovanni sul Muro, dirigia-se para o templo de San Sebastiano del Tibaldi, isolado e descrito numa grande praça retangular que, dilatando-se em torno da sua planta central, sublinhava seu volume. Entre o Arcebispado e o Palácio da Justiça, desembocava o Corso della Riconoscenza (outrora Corso di Porta Orientale e hoje Porta Venezia). A Piazza del Duomo seria alargada sem alterar a primitiva rede viária romana.

Em conclusão do estudo, eu escrevia: "Enfim, devem-se considerar o respeito pelos edifícios artísticos e as memórias históricas da cidade, os monumentos tidos como sede e testemunho da história municipal, colocados como fundo das vias retilíneas e no centro das praças, como elementos constitutivos daquele mais vasto plano de construção e de ordenamento que a história vai formando no tempo e em que as cidades vêm espelhar-se" (p. 491 in "Società", p. 21 in *Scritti scelti...*).

Sobre a história urbana de Milão existe um vastíssimo material analítico e úteis apreciações.

7. ORIOL BOHIGAS, *Barcelona, entre el Pla Cerdà i el barraquisme*, Edicions 62, Barcelona, 1963.

ILDEFONSO CERDÀ, *Teoría General de la Urbanización y aplicación de sus principios y doctrinas a la Reforma y Ensanche de Barcelona*, 2 vols. (tomo I, *La urbanización considerada como un hecho*; tomo II, *Estadística urbana de Barcelona*) Imprenta Española, Madrid, 1867; republ. em ed. fac-símile com um "Prólogo" de Antonio Barrera de Irimo e, de Fabián Estapé, um estudo sobre "La vida y la obra de Ildefonso Cerdà", uma bibliografia e um "Anexo documental" com os outros escritos principais publicados por Cerdà, 3 vols., Instituto de Estudios Fiscales-Editorial Ariel-Editorial Vicens Vives, Barcelona, 1968.

Bohigas talvez tenha sido o primeiro a estudar e tornar conhecido o **plano de Cerdà** e seu ensinamento; ele nota que a obra, de 1867, precede em 26 anos o livro de Stübben, *Der Städtebau, Handbuch der Architektur* (parte IV, vol. IX), considerado o primeiro tratado de urbanismo. (O tratado de Joseph Stübben foi publicado em sua totalidade entre 1883 e 1890; o vol. cit. sobre o urbanismo foi publicado pela 1ª vez em Darmstadt, Bergsträsser Verlag, 1890.)

Considero interessante reportar aqui alguns trechos da obra de Cerdà, citados pelo estudioso catalão, remetendo ao ensaio de Bohigas para uma avaliação da sua obra e do plano de Barcelona.

"A grande cidade... não é mais que uma espécie de estação ou parada... Sempre terá uma ou mais vias que partem... da grande rede viária que cruza a superfície de nosso globo. Dessas vias, a que chamamos transcendentais, partem outras, que distribuem o movimento... por toda a cidade. Destas, que são as vias propriamente urbanas, partem outras, que vão comunicar com as habitações particulares... As circunscrições formadas pelas vias urbanas em conseqüência de suas intersecções recíprocas devem ser muito menores do que as circunscritas pelas transcendentais. Essas circunscrições relativamente pequenas, embora maiores que as particularistas, são as que... se denominam bairros."

Estes são "... refúgios que o homem reservou para sua estada ou permanência, sempre que deseje apartar-se do grande movimento que agita a humanidade".

Bohigas nota com perspicácia que, embora muitos temas de Cerdà sejam comuns à literatura romântica, ele se diferencia completamente dela pela importância dada à classificação urbana e à análise das situações concretas.

8. "Illa", plural "illes", termo catalão usado também para "quarteirão" (em castelhano, "manzana").

9. VINCENZO RIZZI, *I cosiddetti Statuti Murattiani per la città di Bari...*, cit. nota 27, cap. II.

10. PIERRE LAVEDAN, *Les villes françaises*, cit. nota 20, cap. I, pp. 102-3.

A cidade de **Richelieu** é uma criação do grande cardeal, ministro de Luís XIII, de 1635-40. Por volta de 1638, os muros da cidade, a igreja e um certo número de edifícios são iniciados. Em 1641, o conjunto parece terminado. O plano é muito regular, com um grande eixo central que divide a cidade em duas partes simétricas. O eixo, partindo de uma porta, é circundado por casas uniformes e desemboca numa praça quadrada de ângulos fechados, onde se encontram os edifícios principais. Em Richelieu, a ordem é imposta não apenas a uma praça ou a uma rua, mas a uma cidade inteira; é uma magnífica unidade monumental, que se conservou até nossos dias. Desapareceu porém o castelo, que desde o início era estranho à cidade; no desenho desta, não se tentou uma composição mais vasta de que o castelo poderia ser um elemento de desenvolvimento.

Com uma evolução topográfica muito mais complexa, temos a outra grande cidade residencial francesa: Versalhes.

11. HANS BERNOULLI, *Die Stadt und ihr Boden*, cit. nota 2, cap. IV.

12. *Ibidem.*

13. *Ibidem.*

14. *Ibidem.*

15. WERNER HEGEMANN, *Das steinerne Berlin...*, cit. nota 12, cap. II.

O **livro de Hegemann** constitui uma das mais importantes contribuições à história urbana de Berlim; um livro excepcional em que o empenho político para uma renovação democrática das instituições civis se funde com um extraordinário conhecimento do desenvolvimento da cidade.

Para Hegemann, Berlim, a maior cidade de casernas de aluguel estabelecidas por um sinistro regulamento de polícia, também é uma cidade que tem em si grandes possibilidades de renovação. O seguinte parágrafo ("Os falanstérios desejados pela polícia") é indicativo da força e da precisão da sua obra.

"Berlim contava cerca de 450.000 habitantes quando o Presidente da Polícia da época, desprezando as reivindicações de mais de vinte anos de sociólogos e economistas, promulgou seu temerário Plano Regulador, que destinava – para o futuro – enormes superfícies de charnecas dos arredores de Berlim para a construção de gigantescos falanstérios, grudados uns aos outros e dotados de pátios mal iluminados – de dois a seis para cada edifício – e fadava a população, calculada em cerca de 4 milhões, a uma forma de alojamento que somente um demônio teria podido conceber, como um inferno para vivos!

"As pranchas ilustradas mostram também ao construtor profano o que combinaram então o Presidente da Polícia e seus Conselheiros Secretários e o que Berlim poderia ter se tornado, se tivesse subido um pouco antes ao poder aquele eleitorado que ganhou a maioria no Parlamento prussiano depois da derrocada de 1918. O bairro de Schöneberg, eriçado de construções densas, e o de Britz, mais arejado, assim como os falanstérios (Mietkasernen) de Tempelhof e a cidade-jardim, são espécies de campos abertos, exatamente da mesma natureza. Somente um incorrigível opositor poderá afirmar que as construções feias, dessas e malsãs do período anterior à guerra, que deturpam quase toda Berlim, foram necessárias e de utilidade pública. (...)

"Nos capítulos precedentes, foi demonstrado como o arbítrio dos reis e dos príncipes prussianos influiu com freqüência de maneira danosa sobre o urbanismo berlinense. No entanto, muitas vezes esse arbítrio era acompanhado de uma boa vontade, e mesmo as suas realizações desastradas foram mais suportáveis do que a anarquia construtiva provocada pelo governo prussiano no século XIX. Na luta entre Estado e cidade, o bem-estar público foi confiado apenas ao acaso, ou totalmente sacrificado pela vantagem do momento. Mas como se chegou a semelhante anarquia?

"O governo, por mais de 100 anos, sempre se furtara ao dever – que lhe competia – de ampliar a cidade. Inesperadamente, teve de arcar com os custos da construção de novas ruas, que afinal era necessário abrir, mas se opôs, pretextando que o decreto municipal de 1808 separara as finanças da cidade das finanças do Estado. (...) Todavia o governo não quis se decidir a ceder à capital os direitos e deveres administrativos necessários à autonomia urbanística.

"Num país em que o absolutismo suprimiu totalmente ou debilitou acentuadamente a autonomia dos cidadãos e até mesmo a possibilidade – para os mais ricos – de construir para si uma casa decorosa, o bem-estar público deve ser protegido com armas particularmente eficazes contra os abusos dos especuladores privados. Essas armas, no caso em questão, eram constituídas pelo regulamento de edificações e pelo Plano Regulador. (...)

"Mas, por uma triste fatalidade que pesa sobre Berlim, o governo prussiano conseguiu tornar ineficazes essas duas armas. Por quê? Por medo reacionário da autonomia administrativa, pelo costume hereditário de imiscuir-se em todo assunto público ou privado, em resumo, por incapacidade política. Assim, o governo reservou para si a compilação do regulamento de edificações. A elaboração e o detalhamento dos planos reguladores foi pedida – despeitosamente – às cidades prussianas, depois porém de se ter aprovado e indicado como modelo (imitado com muita freqüência!) o inacreditável Plano Regulador de Berlim, não em benefício da comunidade, por certo, mas para agradar os proprietários de terrenos.

"Assim, o regulamento de edificações e o plano regulador, que podemos definir como duas faces da mesma arma (fuzil e cartuchos!), foram confiados a duas autoridades diferentes, cuja incompatibilidade e cuja desconfiança mútua tiveram conseqüências muito piores do que, por exemplo, a corrupção dos funcionários, que tanto mal fez a muitas cidades americanas.

"Os únicos a sair ganhando, porém, foram os especuladores do solo, que deveriam ter sido contidos com essas armas: tornando-as ineficazes, o governo prussiano acabou estimulando-os a enriquecerem-se inescrupulosamente e sem serem incomodados, ao contrário, com o apoio das autoridades, à custa da comunidade. As desvantagens eram reservadas apenas à cidadania indefesa, à grande massa dos habitantes que a errônea ação governamental forçava a um aquartelamento que o mundo nunca conhecera antes. (...)

"O urbanismo e a construção de edificações berlinense tornavam a cair – até 1853 – sob o decreto de 1641, completado por normas adicionais de 1763. (...)

"O novo regulamento de edificações policial de 1853 preocupou-se quase exclusivamente com a máxima segurança contra os incêndios. Essa proteção contra o fogo (definida como 'piromania' por Ernst Bruch, o melhor crítico do Plano) era tão exagerada e submetia os construtores a precauções tão caras, que praticamente a construção de casas mais econômicas e mais 'racionais' tornou-se impossível. Em compensação, ao longo de ruas com mais de 15 m de largura, podiam ser erguidos edifícios de qualquer altura, e mesmo em ruas menos largas eram admitidas alturas de até 1 1/4 da amplitude da rua. Mas essas normas – já por si insuficientes – só valiam para a fachada! Nos grandes terrenos situados atrás delas, o governo permitiu a construção dos famosos 'pátios berlinenses', para os quais bastava a profundidade e a largura de 5,3 m, enquanto as fachadas posteriores que os circundavam podiam chegar a até 22 metros, ou serem exatamente tão altas quanto as fachadas da rua.

"Pelo menos metade das janelas desses prédios davam para os minúsculos pátios. Não existia limitação da superfície edificável a ser utilizada; por isso, a relação entre a largura da rua e a altura do prédio era apenas uma espécie de bravata exterior. No que dizia respeito aos fundos dos prédios, o governo prussiano teria dispensado até mesmo a ventilação e a iluminação – com efeito, ele não fazia objeção alguma aos vãos sem janelas –, não fosse o medo que tinha dos incêndios. Por isso, os pátios exigidos tinham exatamente a largura mínima suficiente para manobrar a bomba antiincêndio. (...)

"Esse absurdo Plano Regulador pôde continuar funcionando sem mudanças notáveis até 1887. Foi até respeitosamente imitado por muitas outras cidades alemãs! Quando o governo, depois de 30 anos de sua vigência, tentou melhorá-lo um pouco, os proprietários de terrenos lutaram como leões para defender os direitos adquiridos e continuar, inclusive futuramente, a explorar o solo contra o interesse da comunidade e a manter os preços no mais alto nível possível, como lhes fora permitido, ou melhor, 'recomendado', pelo Estado prussiano. (...)

"No entanto, um dos problemas mais importantes permanecera sem solução no regulamento de 1853: quem devia arcar com as despesas do solo necessário para as obras viárias, particularmente urgentes em toda parte? Segundo o código regional, qualquer limitação de propriedade tem de ser baseada numa lei. (...) Em 1885, o ministro do Comércio, que, na Prússia, também se encarregava das Obras Públicas, procurou descarregar nos municípios a obrigação pela indenização do terreno viário."

16. HANS PAUL BAHRDT, *Die moderne Grossstadt*..., cit. nota 19, cap. II.

Ver em particular a "Primeira Parte" do livro, "Kritik der Grossstadtkritik", pp. 12-34.

17. FRIEDRICH ENGELS, *Zur Wohnungsfrage*, três artigos publ. no jornal "Volksstaat" de 1872, republ. em livro, 2ª ed. rev., Leipzig, 1887.

FRIEDRICH ENGELS, *Die Lage der arbeitenden Klasse in England. Nach eigner Anschauung und autentischen Quellen*, Leipzig, 1845, 2ª ed. rev., Stuttgart, 1892.

18. FRIEDRICH ENGELS, *La questione delle abitazioni*, cit. nota preced., p. 25.

O parecer global de Engels sobre a questão é expresso claramente quando declara: "Não preciso sequer me defender da outra acusação: a de que as infames condições habitacionais em que vivem atualmente os operários são, para mim, 'miudezas insignificantes'. Pelo que sei, fui o primeiro na Alemanha a descrever essa situação na sua forma de evolução clássica, que é a da Inglaterra... Mas resolver a chamada *questão* da habitação sequer me passa pela cabeça; do mesmo modo que não me ocupo dos detalhes da solução da *questão alimentar*, que é ainda mais importante. Fico satisfeito conseguindo demonstrar que a produção da nossa sociedade atual é suficiente para dar de comer a todos os seus membros e que há imóveis suficientes para proporcionar, no momento, moradia sadia e espaçosa para todas as massas trabalhadoras. Especular com fatos, como o modo pelo qual a sociedade futura regulará a distribuição de alimentos e de habitações, leva direto à *utopia*".

19. STEEN EILER RASMUSSEN, *London: The Unique City*, 1ª ed. ingl. rev. (com base na 1ª ed. dinamarquesa, de 1934), Jonathan Cape, Londres, 1937; 1ª ed. americana, com introd. de James Bone, The Macmillan Company, Nova York, 1937; reed. por Penguin Books, Harmondsworth, 1960, e, com introd. de James Bone, pela The MIT Press, Cambridge (USA), 1967.

Quanto às obras de Poète, ver nota 18 do cap. I; de Hegemann, nota 12 do cap. II.

20. Por exemplo, em:

Städte verändern ihr Geschicht, Stadtplanungs und Vermessungsamt Hannover, Stuttgart, 1962.

Com uma bibliografia interessante para esse tipo de colocação dos problemas, bibliografia em grande parte de natureza sócio-econômica. Note-se, por outro lado, que a referência à primeira revolução industrial como o momento do salto qualitativo urbano acompanha (e paralisa) toda a historiografia do movimento moderno.

21. JEAN GOTTMANN, *Megalopolis. The Urbanized Northeastern Seaboard of the United States*, nota 11, cap. II.

22. LEWIS MUMFORD, *The Culture of Cities*, cit. nota 1, cap. I.

23. JEAN GOTTMANN, *De la ville d'aujourd'hui à la ville de demain. La transition vers la ville nouvelle*, in "Prospective", nº 11, junho de 1964, número dedicado a "L'urbanisation", PUF, Paris, pp. 171-80.

Ver também a "Introduction" de Pierre Massé, pp. 5-16.

24. RICHARD UPDEGRAFF RATCLIFF, *The Dynamics of Efficiency...*, cit. nota 17, cap. I.

25. GIUSEPPE SAMONÀ, participação na *Tavola rotonda sulle componenti urbanistiche e gli strumenti di intervento* [Mesa-redonda sobre os componentes ur-

banísticos e os instrumentos de intervenção], em VÁRIOS, *La città territorio. Un esperimento didattico sul Centro direzionale di Centocelle in Roma*, Leonardo da Vinci Editrice, Bari, 1964, pp. 90-102; citação da p. 91.

26. LEWIS MUMFORD, *The Culture of Cities*, cit. nota 1, cap. I. O juízo sobre Engels é expresso na bibliografia analítica, p. 521 da ed. ital.

Introdução à edição portuguesa*

Ao escrever este ensaio introdutório, não é minha intenção modificar ou corrigir alguns trechos do livro, mas antes levar ao conhecimento do estudioso a ampliação que alguns temas tratados tiveram no decorrer da pesquisa, sobretudo no que concerne à *tendência* que este livro exprime e que nos seis anos transcorridos produziu numerosos trabalhos.

Creio poder afirmar que, tanto nos elogios quanto nas críticas, o sentido deste livro foi captado justamente como o de um *projeto de arquitetura da cidade*; portanto, muitas das suas afirmações não foram acolhidas com a neutralidade que se pode conceder, ou se costuma conceder, a um livro de crítica. Minha referência ao tratado de arquitetura, como desenho geral da obra, pode ser retomada; com ela, não pretendi demolir velhos "ídolos", como o do funcionalismo, para fazer uma batalha crítica, mas sobretudo avançar proposições diferentes acerca do caráter do projeto e do estudo da forma.

Raramente fui obrigado a citar arquitetos, apontando, isto sim, estudiosos de *outras disciplinas*, inclusive geógrafos e historiadores, enquanto, no que concerne à arquitetura, não estabeleci um limite preciso entre os arquitetos antigos e modernos. Pode parecer estranha essa adoção de textos de campos disciplinares estranhos à arquitetura precisamente por parte de alguém que se preocupa em definir os limites do "corpus" dos estudos arquitetônicos. Na realidade, nunca falei de uma autonomia ab-

* A edição portuguesa de *A arquitetura da cidade* foi publicada em novembro de 1977. A introdução foi escrita em 1971, tendo sido publicada também em Aldo Rossi, *Scritti scelti sull'architettura e la città. 1956-1972*, organizado por Rosaldo Bonicalzi, Clup. Milão, 1975, pp. 443-53.

Fig. 146. Giovanni Antonio Canal, chamado il Canaletto; capricho com arquiteturas paladianas, com a Basílica de Vicenza, o projeto de Palladio para a Ponte de Rialto em Veneza e um escorço do Palácio Chiericati de Vicenza (1755-59, Parma, Galleria Nazionale).

soluta da arquitetura ou de uma arquitetura "an sich", como alguns pretendem fazer-me declarar, mas simplesmente preocupei-me em estabelecer quais seriam as proposições típicas da arquitetura. Querer estabelecer através da teoria essas proposições suscitou a desconfiança que, de outro modo, creio eu, minhas arquiteturas não teriam provocado.

Essa observação, que poderia parecer de natureza autobiográfica, deve-se a uma consideração fundamental, sem a qual é difícil compreender todo o setor da pesquisa de que nos ocupamos e que constitui um grande obstáculo, por razões históricas muito precisas, para toda a arquitetura – e sobretudo para ela. Refiro-me à *relação entre teoria e prática*, que raramente vi ser superada, inclusive por pessoas bastante lúcidas quanto à sua atividade. Podemos tratar esse tema de dois modos distintos. O *primeiro*, de caráter geral, é o que limita a história ao ato historiográfico, como puro conhecimento do passado, sem abrir nenhuma perspectiva de conhecimento para o futuro e substituindo, pois, ao problema da perspectiva histórica a fé genérica na progressividade. A referência à história parece-me a mais clara, conquanto a história das artes e das técnicas seja inseparável de uma teoria das artes e das técnicas. O *segundo* diz respeito à insuficiência das concepções teóricas correntes, como a fragilidade da arquitetura contemporânea, hoje totalmente esquecida das posições do movimento moderno e confiada a um gosto freqüentemente comercial.

Para melhor indagar essa relação, que ainda podemos colocar como teoria ou prática e que, na realidade, se identifica na *instituição* arquitetura, procurei ler sucessivamente as *declarações dos artistas* e dar maior peso a elas. Há autores, como Klee, Van de Velde, Loos e outros, que de maneira mais ou menos sistemática nos mostram claramente o caminho a seguir na pesquisa; mas sua pesquisa, que à primeira vista parece a mais clara a ser seguida, costuma ser esquecida. Assim, as indagações sobre a arte são sempre poucas, enquanto se multiplicam os estudos filológicos sobre este ou aquele período histórico, as reconstruções dos fatos, a pesquisa minuciosa dos acontecimentos; não nego que essas contribuições sejam importantes, mas não podem ser decisivas para uma teoria do projeto. A questão é clara diante da herança do Movimento Moderno, que costuma ou ser aceita como um dogma, de resto pouco conhecido, ou limitada pelo ato historiográfico.

No meu *comentário e introdução a Boullée*[1], pretendi enunciar precisamente uma teoria da arquitetura partindo de um texto que constitui

1. ALDO ROSSI, *Introduzione a Boullée*, in ÉTIENNE-LOUIS BOULLÉE, *Architettura. Saggio sull'arte* (tít. orig., *Architecture. Essai sur l'art*), trad. ital. de Aldo Rossi, Marsilio, Pádua, 1967, pp. 7-24.

um raro exemplo de unidade arquitetônica, escrito mediante a formulação e o comentário dos projetos, para construir uma teoria da arquitetura. Aqui, o sentido de construção deve ser referido ao discurso do "corpus" da arquitetura a que eu fazia alusão anteriormente; ele constitui, com respeito à arquitetura e à arte, a mesma referência que existe para a ciência.

O *problema dos predecessores e dos modelos*, da situação particular em que o artista trabalha, e o de trabalhar num âmbito problematicamente já estruturado, colocam-no num plano semelhante ao do cientista e do filósofo. Portanto, se não for lida nesse âmbito, a arte, tanto quanto a ciência e a filosofia, não poderá ter significado. Por outro lado, hoje é dado como certo que a arquitetura possui um âmbito tão particular na transmissão dos seus modelos, que não se deve insistir demais nesses argumentos. Assim, minhas pesquisas, só lateralmente históricas, sobre o neoclássico lombardo, sobre Adolf Loos[2], sobre Étienne-Louis Boullée, na realidade nada mais são que as referências culturais sobre as quais construí minha teoria da arquitetura; procurei constituir com a maior precisão possível o âmbito dentro do qual se podem desenvolver determinados princípios. É natural que o problema histórico do iluminismo tenha nisso uma relevância particular.

Enfim, posso dizer que a *história da arquitetura constitui o material da arquitetura*. Atuamos na construção de um grande projeto unitário no tempo, trabalhando sobre determinados elementos que modificamos lentamente; e, através disso, chegamos seguramente à invenção. Entre esses elementos, têm particular relevo as formas tipológicas. Em *A arquitetura da cidade*, o destaque dado à *tipologia*, embora não sendo preeminente, é importante. Mais tarde, no meu trabalho docente, dei um lugar preeminente à tipologia, considerando-a a base essencial do projeto arquitetônico. Parece-me útil ver por que caminhos esse processo se desenvolveu.

A partir do discurso da *tipologia* desenvolveu-se o aspecto classificatório, de conhecimento da arquitetura, e o conceito de forma tipológica. As ilustrações aqui publicadas são extraídas de uma pesquisa comum sobre a tipologia residencial e sobre a estrutura urbana da cidade de Milão; e também, do livro *La città di Padova*[3], a que me referirei mais adian-

---

2. ALDO ROSSI, *Il concetto di tradizione nell'architettura neoclassica milanese*, in "Società", cit. nota 6, cap. IV.

ALDO ROSSI, *Adolf Loos.1870-1933*, in "Casabella-continuità", cit. nota 5, cap. III.

3. CARLO AYMONINO, MANLIO BRUSATIN, GIANNI FABBRI, MAURO LENA, PASQUALE LOVERO, SERGIO LUCIANETTI, ALDO ROSSI, *La città di Padova. Saggio di analisi urbana*, Officina Edizioni, Roma, 1970.

O ensaio de Aldo Rossi intitula-se *Caratteri urbani delle città venete*, pp. 419-90, e foi republicado em ALDO ROSSI, *Scritti scelti...*, cit. nota 5, cap. II, pp. 379-433.

Fig. 147. **Sintra (Lisboa)**, Palácio Real, construído entre os séculos XIV e XVI, chaminés cônicas das cozinhas (fotografia de Daniele Vitale).

te. O aspecto classificatório das tipologias põe em primeiro lugar o problema das formas tipológicas. Já que essa pesquisa baseia-se no desenvolvimento das teses principais e das hipóteses avançadas em *A arquitetura da cidade*, procurarei resumi-la.

Tomemos uma referência: a *casa urbana*. A casa urbana é entendida como elemento da construção da cidade que se define em seu duplo aspecto de objeto de uso e de obra conformada no interior das características institucionais da arquitetura. O material de pesquisa estava, pois, no campo da arquitetura; trata-se de classificar as tipologias existentes e suas dimensões, indagando sobre o significado que elas assumiram, assumem, mantêm, fora de qualquer esquema pré-constituído de evolução.

Nesse sentido, a relação entre o fato e sua denominação torna-se objeto de uma análise que, no fim das contas, é a análise do próprio processo da arquitetura e da relação que se estabelece constantemente nela entre as formas assumidas e a própria vida da coletividade. Mas a arquitetura, em todo o seu procedimento histórico e em sua constituição e afirmação como disciplina, identifica-se com a cidade e não se pode afirmar sem a cidade. Termos como "hôtel" ou "wohnhof" possuem uma referência num certo fato cultural e referem-se também a uma área determianda, que corresponde a essa cultura; por outro lado, tais termos também podem deformar-se e, portanto, adaptar-se a situações diversas, mas sempre correspondem a fatos claramente individuados.

Somente no interior da sucessão lóg ica dos fatos urbanos pode-se avaliar com maior precisão o caráter *formalista* de certas propostas e, também, aquele grupo particular de propostas, mais ou menos historicamente realizadas, ou positivamente realizáveis, ou parcialmente verificadas, que levam o nome de utopia.

Essa pesquisa tem seu suporte mais válido nos *estudos topográficos-cadastrais*. Assim, o quarteirão, o bairro, definem-se por sua permanência como partes de uma estrutura urbana pré-construída, em que os fatos topográficos, sociológicos, lingüísticos, etc. contribuem seja para uma individualização nítida desses elementos, seja para uma caracterização deles no plano tipológico, pondo em evidência o fato local, regional, nacional, etc., até se tornarem os próprios elementos de uma norma.

Aqui, a relação entre particular e geral torna-se cada vez mais precisa; é possível estabelecer as características do lote gótico, que são intimamente ligadas à tipologia da *moradia gótica*, a chamada casa do mercador. Podemos encontrar uma tipologia desse tipo em muitas situações diferentes: em Veneza, na Alemanha, em Budapeste e em toda a Europa.

Cada situação é caracterizada por um aspecto particular, pelo fato de ser aquela arquitetura precisa; mas, por outro lado, ela é redutível a

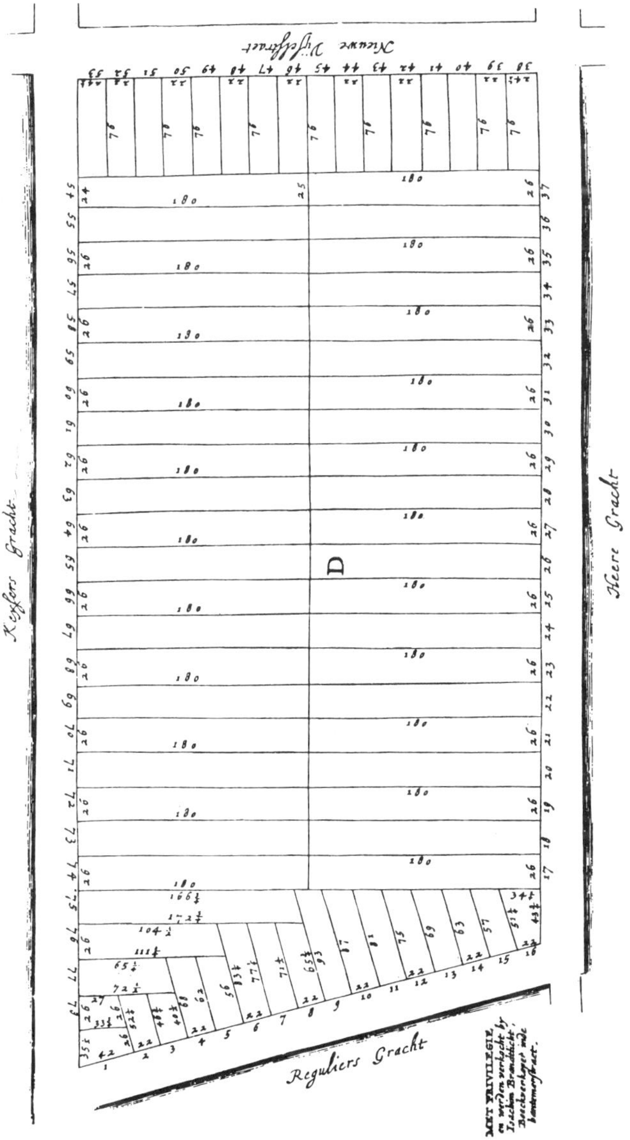

Fig. 148. Amsterdã, plano de loteamento de um quarteirão em 1612. O quarteirão está compreendido na zona de expansão do plano de 1607, organizada com base no sistema de novos canais.

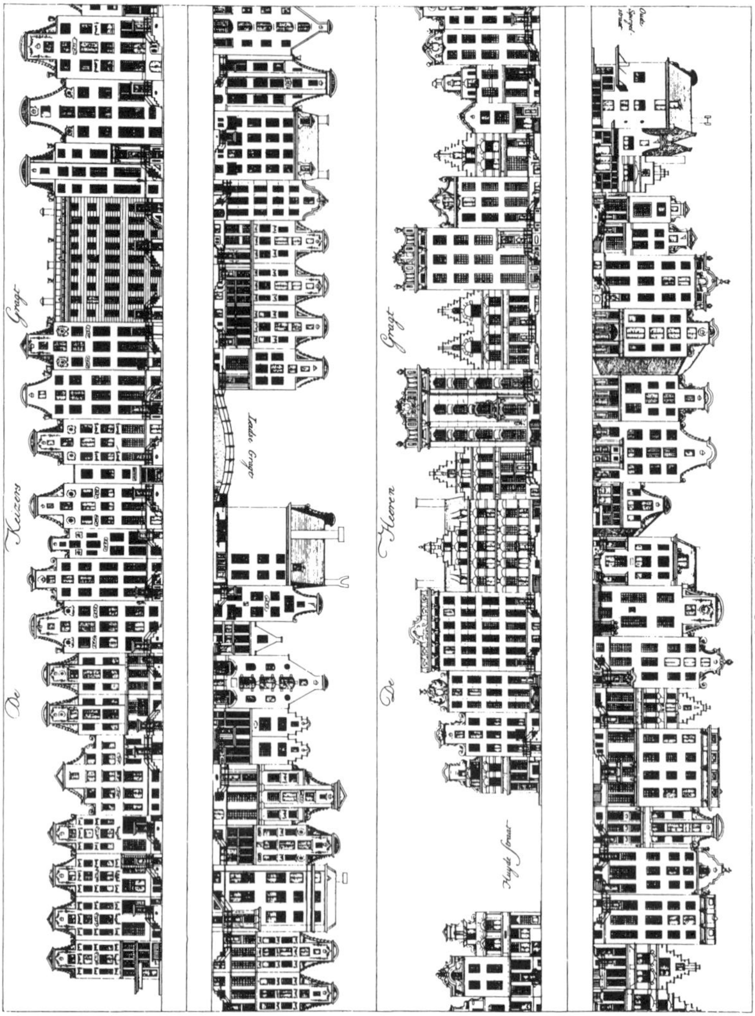

Fig. 149. Amsterdã, fachadas de casas ao longo do Heren Gracht e do Keizers Gracht, dois dos três grandes canais concêntricos previstos pelo plano de 1607 (de acordo com uma série de gravuras da segunda metade do século XVIII, de Caspar Philips).

um desenho geral. Esse desenho geral pode ser definido como *forma tipológica*.

A classificação das diversas casas góticas leva-nos à necessidade de individuar a característica comum que as unifica, que faz delas uma experiência única; e essa característica é a forma. Uma forma que, depois de se ter definido através da relação com diferentes realidades, se torna *um modo para enfrentar a realidade*; um modo pelo qual, seja como for, num certo quadro histórico, se divide o terreno e se fixam as características da casa. Ele tem, para a arquitetura, o valor de uma lei, com uma autonomia, com uma capacidade de se impor sobre o real. O lote gótico, com sua forma estreita e longa, com a posição da escala prefixada e uma relação, desde então constante, de cheio e vazio, constitui uma experiência precisa da unidade. Uma experiência que permanece como forma inclusive em situações diferentes, também hoje, de maneira que, quando um arquiteto apreende a beleza do corte comprido e estreito dos apartamentos de Le Corbusier, refere-se a uma experiência precisa que aprendeu através da arquitetura.

Então, por forma tipológica entendem-se aquelas formas que, na história, ou na opção a elas atribuída em certos períodos, ou nas implicações dadas a elas, acabaram assumindo um caráter sintético de um processo que é manifesto precisamente na própria forma. Ora, pode-se afirmar que as *inovações arquitetônicas* sempre se valeram de nuances particulares, não de invenções da tipologia. Não existe nenhuma possibilidade de invenção da tipologia, se admitirmos que ela se conforma através de um longo processo no tempo e possui um vínculo complexo com a cidade e a sociedade.

Um exemplo singular é proporcionado pelo uso da tipologia clássica por Palladio, que de um lado realiza uma mistura herética de elementos religiosos e civis, que reduzem os edifícios religiosos a edifícios estatais, e de outro, tipologicamente, assume indiferentemente tipos ligados a usos diversos como formas em si – em particular, os tipos clássicos da planta central do templo. No primeiro caso, a invenção arquitetônica (nos limites citados) antecipa as maiores descobertas dos arquitetos da Revolução; no segundo, as considerações sobre a tipologia da habitação como forma que, a partir de Schinkel, percorrem toda a arquitetura moderna.

Creio que poucos exemplos são capazes de mostrar como as características imutáveis da tipologia são, na realidade, aquelas sobre as quais o projeto arquitetônico mais pode trabalhar.

Outra tese deste livro sobre a qual a pesquisa avançou é a relativa às *partes da cidade*. Aqui se fala da cidade como um conjunto constituído de vários pedaços completos em si, sendo o caráter distintivo de toda cidade, portanto também da estética urbana, a tensão que se criou e se cria entre áreas e elementos e entre as diferentes partes. Eu afirmava,

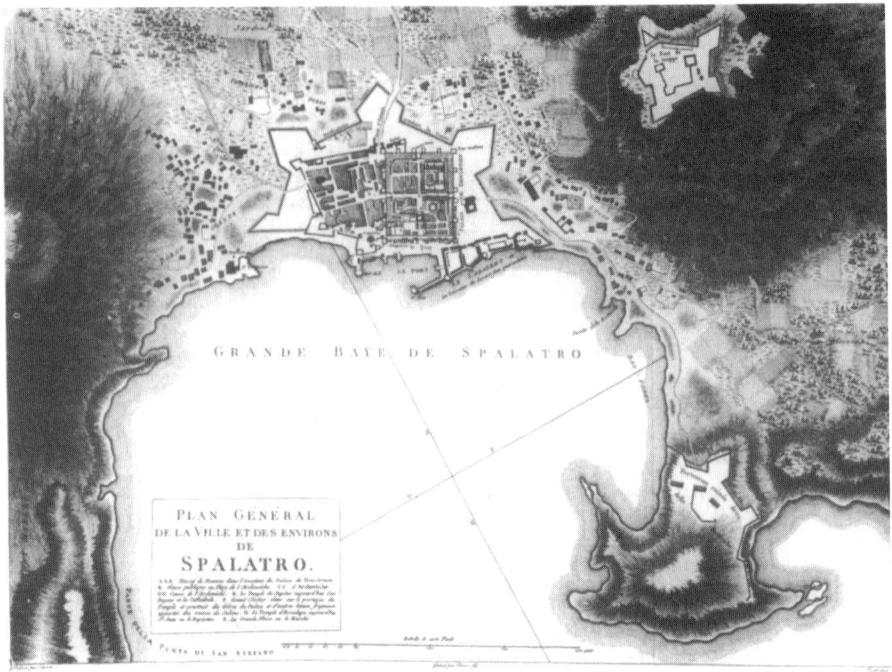

Figs. 150, 151. Spalato, planimetria geral da cidade e dos arredores e vista do mar no fim do século XVIII (gravuras do pintor e gravador francês L. F. Cassas, publicadas em Paris em 1802).

além disso, que essa cidade, constituída de vários pedaços completos em si, é a que melhor permite a liberdade de opção. A cidade é vista, precisamente, através de suas partes.

Essa teoria desenvolveu-se através do estudo do concreto das cidades e emerge em todo tempo da história da cidade. Também os planejamentos, sobre os quais é importante dizer mais alguma coisa, representam uma parte de cidade. Os estudos que realizei antes deste livro sobre as grandes *cidades européias*, em particular sobre Viena e Berlim[4], junto com uma pesquisa que pude empreender sobre uma parte da cidade de Milão[5], convenceram-me de que esse princípio era generalizável, que ele constituía uma hipótese fundamentada.

Mais tarde, o estudo das *cidades vênetas* proporcionou-me novos elementos para verificar essa hipótese; e, por extensão, todas as cidades mediterrâneas e mercantis, onde, por um lado, as permanências romanas e as influências orientais são mais fortes e, por outro, o capitalismo se apresenta cedo e com características específicas. Um dos exemplos mais interessantes nesse sentido é dado pelo gueto de Veneza e, em geral, pela estrutura de Veneza e das cidades vênetas.

É certo que todas essas teses são disponíveis para um aprofundamento científico do ponto de vista dos estudos urbanos e como elemento de projeto; naturalmente, como percebo, elas podem ser distorcidas num sentido acadêmico. Mas a riqueza cada vez maior dos fatos também leva a invenção a uma maior compreensão e a uma maior capacidade. Refiro-me à tese dos *elementos primários* e dos *monumentos*, sustentada pela primeira vez neste livro e que, na época da minha pesquisa global, teve mais documentos a atestá-la. A esse respeito, eu tinha citado como exemplos alguns casos clamorosos, como o anfiteatro de Arles e a cidade de Vila Viçosa, insistindo sobretudo nesses exemplos.

O discurso deve ser aprofundado, conduzido paralelamente às questões tipológicas, isto é, demonstrando como a presença da *forma*, da arquitetura, é *preeminente com respeito à questão distributiva*, sendo, portanto, a negação de toda teoria que ainda queira referir a tipologia à distribuição do edifício. A forma possui uma perfeita indiferença distributiva precisamente quando se constitui como forma tipológica. A referência com que essa pesquisa começa é o Palazzo della Ragione de Pádua, e ainda hoje não sou capaz de encontrar exemplo mais esclarecedor.

---

4. ALDO ROSSI, *Un piano per Vienna*, in "Casabella-continuità", cit. nota 5, cap. II.

ALDO ROSSI, *Aspetti della tipologia residenziale a Berlino*, in "Casabella-continuità", cit. nota 12, cap. II.

5. ALDO ROSSI, *Contributo al problema dei rapporti tra tipologia edilizia e morfologia urbana...*, cit. nota 1, cap. II.

Fig. 152. Spalato, levantamento tipológico do centro histórico, situação em 1966.

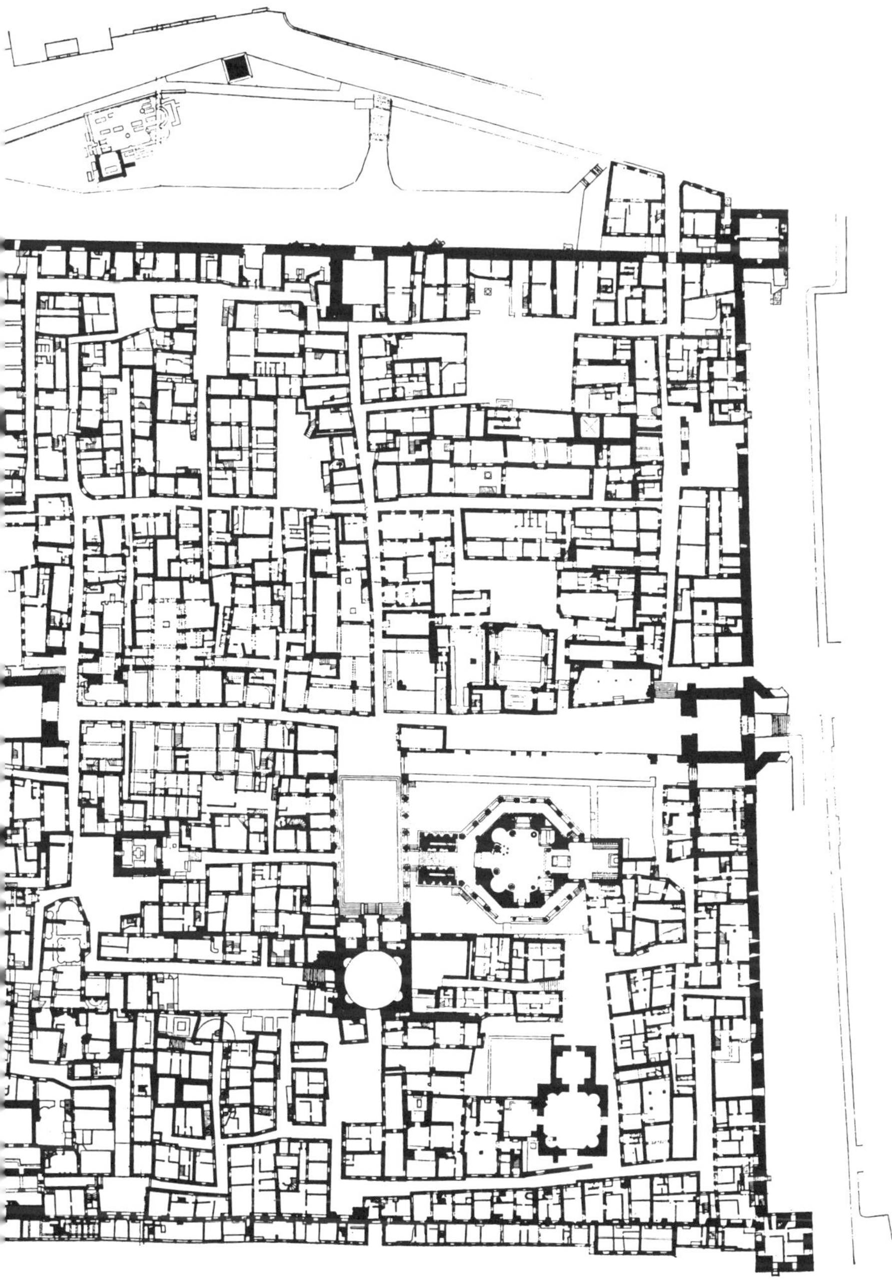

Mas, no nível urbano, não ilustrei aqui o caso de Spalato que a meu ver constitui não um exemplo excepcional, mas certamente o mais convincente. Isto é, o de um grande edifício, um palácio, que se torna cidade e transforma suas características internas em características urbanas, demonstrando a riqueza infinita das transformações analógicas na arquitetura quando esta age sobre formas precisas. Com respeito aos exemplos como Vila Viçosa ou Bragança, onde a cidadela se torna núcleo urbano e onde, enfim, a questão pode ser relacionada à questão mais complexa dos muros, o caso de Spalato representa uma verdadeira transformação dos espaços externos num sentido coletivo, isto é, urbano.

Portanto, além de Arles, Nîmes e Lucca (com implicações morfológicas relativas a uma cidade diferente), Spalato reencontra em sua forma tipológica toda a cidade; portanto, o edifício é relacionado analogamente a uma forma de cidade. Daí decorre que também o edifício pode ser projetado por analogia com a cidade.

Esse conceito não é certamente relacionável apenas aos exemplos antigos e mitológicos; basta pensar na "rua corredor" de Le Corbusier e na deformação no sentido da rua que os arquitetos modernos deram da varanda contínua, embora trabalhando também aqui sobre uma tipologia preestabelecida: a do elemento horizontal, que torna livres vários pequenos ambientes. Recentemente, um arqueólogo italiano exprimiu claramente isso, quando, ao falar da tipologia clássica, definiu claramente que "*a atribuição de funções variadas a edifícios de tipologia única*" era uma regra[6]. Essa afirmação é válida para toda a arquitetura e nos dá o sentido do monumento. É verdadeira para a arquitetura que mais se identifica com a forma tipológica. Refiro-me ainda à planta central de Palladio. Por outro lado, a arquitetura moderna compreendeu bem esse conceito de relação arquitetura-cidade no desenvolvimento das unidades residenciais e das grandes "Höfe"[7] da arquitetura alemã. O desenvolvimento dessas teses levou-me a ver mais claramente o nexo existente entre o *estudo da forma tipológica e o projeto arquitetônico*, ainda que as novas aquisições que podemos oferecer sejam bem firmes na referência urbana. Em alguns casos, como os da tipologia em Palladio, já citados, a relação é muito clara; em outros, como a análise do convento cartusiano e beneditino que fiz em minhas aulas na Politécnica de Milão, os nexos entre tipologia, arquitetura e cidade se estabelecem com complexidade e conseqüencialidade cada vez maior.

Elementos complexos, embora cada vez mais ordenados, levaram-

6. GUIDO A. MANSUELLI, *Architettura e città. Problemi del mondo classico*, ilustr. selecionadas por Giorgio Gualandi, Edizioni Alfa, Bolonha, 1970.

7. *Hof* (plur. *Höfe*), pátio.

me a enunciar a *teoria da cidade análoga*, sobretudo na introdução ao meu estudo das cidades vênetas e em outros escritos.

Aqui posso apenas aludir a essa teoria, apesar de ela constituir um desenvolvimento derivado das teses sustentadas neste livro. A cidade análoga pode ser entendida como um procedimento compositivo centrado em alguns fatos fundamentais da realidade urbana e em torno dos quais constitui outros fatos no âmbito de um sistema analógico.

Para ilustrar esse conceito, avancei algumas considerações sobre a *Vista de Veneza por Canaletto*, conservada no Museu de Parma, em que a Ponte de Rialto, do projeto paladiano, a Basílica, o Palazzo Chiericati são postos lado a lado e descritos como se o pintor reproduzisse um ambiente urbano observado por ele. Os três monumentos paladianos, dos quais um é um projeto, constituem assim uma Veneza análoga, cuja formação é consumada com elementos certos e ligados à história tanto da arquitetura como da cidade. A transposição geográfica dos monumentos em torno do projeto constitui uma cidade que conhecemos, embora constituindo-se como lugar de puros valores arquitetônicos. Essa referência servia-me para mostrar como uma operação lógico-formal podia traduzir-se num modo de projetar; logo, apresentava a hipótese de uma teoria do projeto arquitetônico em que os elementos são preestabelecidos, formalmente definidos, mas em que o significado que brota ao cabo da operação é o sentido autêntico, imprevisto, original da pesquisa. Isso é um projeto.

Creio que há muitos caminhos para se chegar a esse projeto, se definirmos cada vez mais os argumentos que apenas mencionei aqui. Um caminho parte diretamente da *pesquisa urbana*: a análise realizada por nós sobre a cidade de Milão encontrou em seu percurso todas as dificuldades que a análise teórica pusera em evidência; mas, de maneira bastante imprevista, levou-nos a compor quadros de elementos presentes que ordenavam um projeto. As ilustrações aqui publicadas, que são o fruto do trabalho realizado com Vanna Gavazzeni e Massimo Scolari, proporcionaram a possibilidade de realizarmos uma série de operações cuja natureza se tornava cada vez mais de caráter compositivo. Também aqui a cidade análoga significou um sistema de referência da cidade a elementos fixos, de que é possível derivar outros fatos. Por outro lado, a supressão de claros limites de tempo e de espaço oferece ao desenho aquela tensão que encontramos na memória.

Nesse sistema, os *projetos* têm uma existência própria, como as arquiteturas construídas; são um termo de referência do todo real. A cidade de Milão, estudada pelos arquitetos, contém o projeto de Antolini do Foro Bonaparte como um elemento real. E ele é real na medida em que se traduz numa série de fatos sucessivos, que não são explicáveis sem a sua presença; em outras palavras, sem a sua forma.

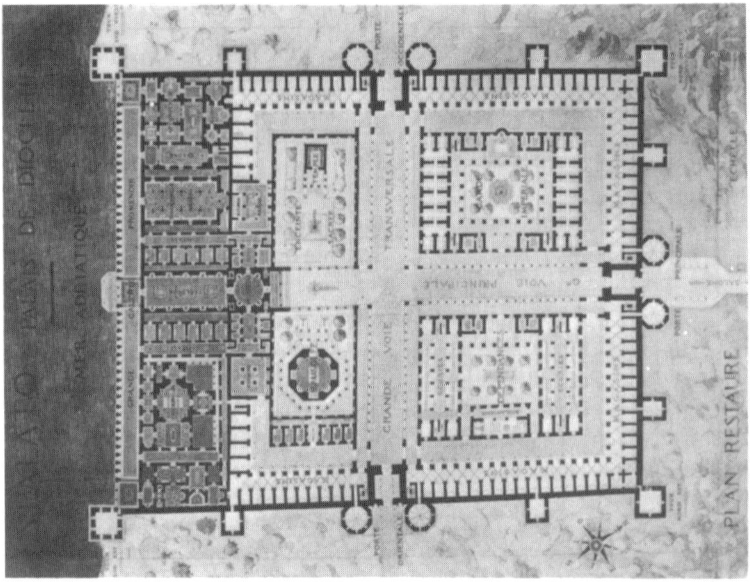

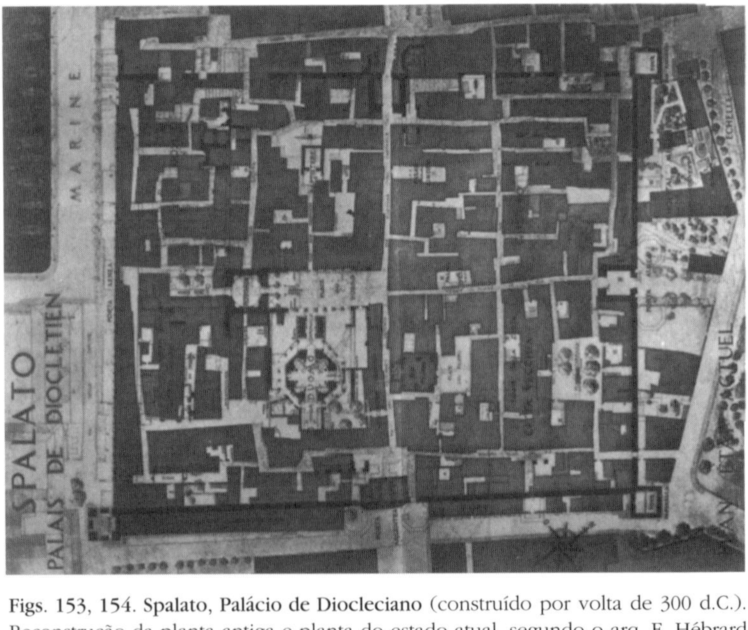

Figs. 153, 154. Spalato, Palácio de Diocleciano (construído por volta de 300 d.C.). Reconstrução da planta antiga e planta do estado atual, segundo o arq. E. Hébrard e o historiador e arqueólogo J. Zeiller (1912).

Figs. 155, 156. Spalato, Palácio de Diocleciano. Reconstrução das fachadas setentrional e meridional, e vista aérea de oeste, segundo E. Hébrard e J. Zeiller (1912).

Essa orientação da pesquisa tem um sentido verdadeiramente científico para o mundo da arquitetura. Percebo, porém, que o uso dos *textos de geografia*, para me referir a uma disciplina cujo interesse é notável neste livro, está se tornando uma ocasião para se empreender uma pesquisa rigorosa, mas fechada. Utilizei esses textos como se utiliza um material de construção; o problema está em servir-se deles para a ciência urbana e para a teoria da arquitetura. Assim, ao escrever sobre as cidades vênetas, procurei forçar a interpretação do material, até torná-lo assimilável à teoria da arquitetura.

Parece-me agora que a *ciência urbana*, entendida através de todas as argumentações que avancei, é como uma trama composta de mil fios e cujo desenho se apresenta cada vez mais claro. Veja-se o problema da transformação dos muros da cidade antiga, a presença do material arqueológico, o próprio problema dos centros históricos como partes da cidade, enfim, o estudo da cidade por partes. Não creio que devamos examinar esses elementos em si, mas vê-los como elementos de uma formação unitária.

Por fim, quero expressar meu mais vivo agradecimento a meus alunos e amigos José Charters e José da Nóbrega, que se encarregaram da tarefa de traduzir este livro para o português e que, com seu trabalho sobre as cidades portuguesas e as cidades de fundação, levam adiante a pesquisa aqui iniciada.

ALDO ROSSI

Nota biográfica

Nascido em Milão em 3 de maio de 1931, Aldo Rossi freqüentou a Faculdade de Arquitetura da Escola Politécnica de Milão, onde se formou em 1959. Já quando estudante, trabalhou na revista de arquitetura "Casabella-continuità", dirigida por Ernesto Nathan Rogers, no período em que ela representava um papel determinante na cultura italiana, participando primeiro como colaborador (1955-58, do nº 208 ao 219), depois como membro do centro de estudos (1958-60, do nº 221 ao 248) e finalmente como redator (1961-64, do nº 249 ao 294, último número antes do afastamento de Rogers da direção).

Iniciou sua atividade de ensino como assistente do curso de Urbanismo, ministrado por Ludovico Quaroni em Arezzo em 1963, e do curso de Características Distributivas dos Edifícios, ministrado por Carlo Aymonino em Veneza, no Instituto Universitário de Arquitetura, em 1963-65. Em 1965, foi convidado pela Faculdade de Arquitetura de Milão, como professor encarregado de Características Distributivas dos Edifícios, empenhando-se no processo de experimentação promovido pelo movimento estudantil e dando uma contribuição cultural de grande relevo. Passando a professor ordinário de Composição Arquitetônica, está entre os membros democráticos do Conselho da Faculdade suspensos do ensino em 23 de novembro de 1971, por uma medida repressiva do Ministério da Educação Pública (juntamente com Franco Albini, Ludovico Barbiano di Belgioioso, Pietro Bottoni, Guido Canella, Carlo De Carli, Paolo Portoghesi, Vittoriano Viganò).

A obra principal de Aldo Rossi é *L'architettura della città* [A arquitetura da cidade], publicada em 1966, traduzida em diversos países e que se tornou uma das principais referências de uma nova tendência no campo da arquitetura. Entre os outros escritos, recordemos os que fazem parte do volume coletivo *L'analisi urbana e la progettazione architettonica* [A análise urbana e o projeto arquitetônico] (Clup, Milão, 1970), que reúne os materiais elaborados pelo grupo de pesquisa dirigido por Rossi na Faculdade de Arquitetura de Milão; o volume *Scritti scelti sull'architettura e la città. 1956-1972* [Escritos escolhidos sobre a arquitetura e a cidade] (Clup, Milão, 1ª ed. 1975, 2ª ed. 1978); enfim, os muitos ensaios e artigos publicados na Itália e no exterior. De 1965 a 1972, dirigiu a coleção "Polis-Quaderni di architettura e urbanistica", da editora Marsilio, de Pádua.

Os escritos de Rossi estão ligados à sua obra no campo do projeto, numa relação que vê intimamente ligados a análise científica, a teoria e o projeto. São muitos os projetos de concurso ou feitos por encomenda. Entre os principais edifícios realizados, os principais são a unidade de habitação no conjunto da Società Monte Amiata, no bairro Gallaratese 2 de Milão (1969-74) e a escola elementar de Fagnano Olona, na província de Varese (1972-77); o Teatro del Mondo. um teatro flutuante construído para a Bienal de Veneza e que se tornou famoso (1979); o edifício na Rauchstrasse, em Berlim, concluído em 1985; a sede do Gruppo Finanziario Tessile em Turim, terminada em 1987. Em 1984, com Ignazio Gardella e Fabio Reinhart, venceu o concurso para a reconstrução do Teatro de Ópera Carlo Felice, em Gênova.

Desenvolve paralelamente atividades de ensino, conferências e exposições.

De 1972 a 1974, ensina na Escola Politécnica Federal de Zurique, e a partir de 1975, readmitido como professor na Itália, no Instituto Universitário de Arquitetura de Veneza. Em 1976, é diretor do Seminário Internacional de Arquitetura Contemporânea realizado em Santiago de Compostela (Espanha) e é convidado pela Cornell University de Ithaca, depois pela Cooper Union de Nova York (onde é Mellon Professor em 1977). A partir de 1976, dá regularmente aulas nas universidades americanas e em 1978 inicia a colaboração com o Instituto de Arquitetura e Estudos Urbanos de Nova York, que levará adiante nos anos seguintes.

Em 1978, viaja ao Brasil e à América Latina, onde voltará várias vezes para conferências e propostas de trabalho. Em 1979 é nomeado Accademico di San Luca em Roma. Em 1980, é professor de projeto arquitetônico na Yale University e é convidado a visitar Hong Kong e a China; em 1984 é convidado a visitar o Japão por diversas universidades e instituições.

A experiência americana, as grandes viagens, a observação dos países e das coisas adquirem grande importância, tanto na sua obra como na sua biografia. Em Harvard, onde Rossi ensinou, é publicado em 1981, pela MIT Press, o volume *A Scientific Autobiography* (Cambridge, Massachusetts), no qual a descrição das coisas, as memórias privadas, as reflexões sobre o quotidiano, superpõem-se aos projetos, à arquitetura e ao ofício, até colocá-los sob uma ótica imprevista e diferente. O livro se torna muito popular nas universidades americanas e é traduzido em várias línguas.

Já *Il libro azzurro. I miei progetti* é um pequeno caderno de anotações compilado em 1981 e publicado em fac-símile dois anos depois (com a coordenação de Dolf Schnebli, Jamileh Weber Galerie-Edition, Zurique, 1983): nele, escrita e desenho, misturados e aproximados para construir a trama densa da página, compõem uma sucessão de arquiteturas observadas, imaginadas e projetadas, até confundi-las numa única realidade.

Ao longo do tempo, Rossi dirigiu ou organizou grandes mostras. Em 1973, um setor da XV Trienal de Milão (a Seção Internacional de Arquitetura), em simultaneidade com a qual foi publicado o livro coletivo *Architettura razionale* (Franco Angeli Editore, Milão, 1973); em 1981, a mostra de Arquitetura/Idéia da

XVI Trienal; entre 1983 e 1986, é diretor da Bienal de Veneza para o setor de arquitetura. Mas a influência mais relevante foi, sem dúvida, exercida pelas mostras da sua obra realizadas em diversas partes do mundo. Entre as principais, está a organizada em Moscou em 1987.

Impressão:
Gráfica Palas Athena